Marcus Täuber & Pamela Obermaier

Das Prinzip der Mühelosigkeit

Marcus Täuber & Pamela Obermaier

DAS PRINZIP DER
MÜHELOSIGKEIT

Warum manchen alles gelingt
und andere immer kämpfen müssen

GOLDEGG
VERLAG

Bildrechte Cover: Goldegg Verlag GmbH
Gestaltung Umschlag: Alexandra Schepelmann/donaugrafik.at
Bildrechte Autorenfoto: © Elia Zilberberg

Der Verlag und seine Autoren sind für Reaktionen, Hinweise oder Meinungen dankbar. Bitte wenden Sie sich diesbezüglich an verlag@goldegg-verlag.com.

Der Goldegg Verlag achtet bei seinen Büchern und Magazinen auf nachhaltiges Produzieren. Goldegg Bücher sind umweltfreundlich produziert und orientieren sich in Materialien, Herstellungsorten, Arbeitsbedingungen und Produktionsformen an den Bedürfnissen von Gesellschaft und Umwelt.

ISBN: 978-3-99060-128-0

© 2019 Goldegg Verlag GmbH
Friedrichstraße 191 • D-10117 Berlin
Telefon: +49 800 505 43 76-0

Goldegg Verlag GmbH, Österreich
Mommsengasse 4/2 • A-1040 Wien
Telefon: +43 1 505 43 76-0

E-Mail: office@goldegg-verlag.com
www.goldegg-verlag.com

Layout, Satz und Herstellung: Goldegg Verlag GmbH, Wien
Printed in the EU

Nichts ist mühsam, was man willig tut.

Thomas Jefferson, Gründervater und
Präsident der Vereinigten Staaten (1743–1826)

*Das Glück ist nicht mehr
als die Abwesenheit der Langeweile.*

Arthur Schopenhauer, deutscher Philosoph
und Autor (1788–1860)

Inhaltsverzeichnis

8

Der Traum vom Geist aus der Lampe

Vermutlich haben sich die meisten von uns schon einmal eine Wunderlampe herbeigeträumt, um unsere drei sehnlichsten Wünsche in Erfüllung gehen zu lassen. Was für ein schöner Gedanke, dass unsere größten Sehnsüchte praktisch auf Knopfdruck wahr werden könnten! Stellen Sie sich vor, ein solcher Geist würde tatsächlich vor Ihnen aus seiner Lampe herausschweben: Was würden Sie sich von ihm wünschen? Und was wäre, wenn Sie Ihren Wunsch nicht präzise genug formulieren würden und das fatale Folgen hätte?

Dass die Sache mit dem Wunscherfüllen nicht einfach ist, thematisieren zahlreiche Verfilmungen des bekannten Märchens aus »Tausendundeine Nacht«. Denn so zutiefst menschlich diese Sehnsucht nach dem Flaschengeist sein mag, so wenig könnten wir wohl in der Realität damit umgehen. Das sehen wir etwa im aktuellen Disney-Streifen »Aladdin«, der 2019 die Kinokassen klingeln ließ: Der Protagonist wünscht sich zunächst die falschen Dinge! Um Prinzessin Jasmin heiraten zu können, beauftragt er den Geist Dschinni, ihn zum reichen Prinzen zu machen. Dadurch wird er sich nicht nur selbst untreu, indem er nicht zu sich und seiner Herkunft steht, sondern der Wunsch löst in weitere Folge zudem aus, dass der Bösewicht die Lampe mit dem Geist stehlen kann. Sein zweiter Wunsch – vor dem Ertrinken gerettet zu werden – ist da schon wesentlich klüger, aber vor allem mit seinem letzten macht er das exakt Richtige: Er wünscht sich die Freiheit für Dschinni. Was für ein schönes, passendes Bild! Denn genau darum geht es beim *Prinzip der Mühelosigkeit*: Freiheit im Kopf, Freiheit für unseren Geist ist ein wichtiger Aspekt davon und führt dazu, nicht mehr mühsam um alles kämpfen zu müssen.

Für die älteren Semester unter uns: Auch die TV-Serie rund um die »Bezaubernde Jeannie« zeigt auf höchst amüsante Weise, wie herausfordernd es sein kann, sich das Richtige zu wünschen. Astronaut Tony Nelson hat mit dem Fund des weiblichen Flaschengeists theoretisch einen nachhaltigen Lottosechser in der Tasche, muss aber feststellen, dass der attraktive Geist aus der Wunderlampe nicht nur macht, was er will, sondern zudem meist recht ungeschickt zu Werke geht, um die Wünsche seines neuen Meisters wahr werden zu lassen. Und so hat Nelson immer wieder alle Hände voll damit zu tun, Jeannies Missgeschicke geradezubiegen. Dieser Umstand ist ein weiteres Sinnbild für das neue Lebensprinzip, das wir hier charakterisieren möchten: Nur wenn wir mit unserem Geist, unserem Gehirn richtig umzugehen wissen, können wir unsere Vorstellungen erfolgreich umsetzen und unsere Ziele erreichen – und das sogar mit Leichtigkeit.

Ähnlich wie den Film- und Serienfiguren ergeht es vielen Menschen im echten Leben: Unser Gehirn verhält sich wie ein störrischer Geist in der Flasche, spielt uns Streiche und verhindert somit die Erfüllung unserer Träume – oder wir selbst verhalten uns wie unsere größten Saboteure, weil wir die genialen Fähigkeiten unseres Gehirns nicht einzusetzen wissen. Und dabei gibt es Menschen, bei denen es den Anschein hat, ihnen würde alles mit Leichtigkeit gelingen, ja richtiggehend zufliegen – ganz so, als ob sie im Unterschied zu anderen einen Flaschengeist an ihrer Seite hätten.

Was wäre, wenn wir Ihnen sagen würden, dass auch Sie den Geist in der Lampe längst zum Freund haben und es bloß nicht wissen? Die Frage, die wir beantworten mussten, um Ihnen einen Leitfaden für den optimalen Gebrauch

Ihres Gehirns präsentieren zu können, lautete: Wie bekommen wir unseren Geist in der Lampe – unser Gehirn – dazu, umzusetzen, was wir wollen? Genau das möchten wir Ihnen mit diesem Buch verraten: wie Sie lernen, Ihren persönlichen Flaschengeist optimal zu nutzen, damit Sie das integrative Lebensprinzip der Mühelosigkeit voll ausschöpfen können.

Haben Sie zufällig bemerkt, dass der Name »Dschinni« – genau wie »Jeannie« – denselben Wortstamm hat wie der Begriff »Genie«? Das sagt doch schon eine Menge aus: Jeder von uns hat grundsätzlich ein geniales Gehirn. Die Schwierigkeit ist nur: Wir wissen nicht damit umzugehen.

Darum geben wir Ihnen hiermit eine Anleitung an die Hand, auf dass Sie zukünftig in allen Ihnen wichtigen Gebieten Leistung mit Leichtigkeit erbringen und mit Lebensqualität verbinden können. Wer wünscht sich das nicht? Wenn sich das Leben insgesamt leichtfüßiger anfühlt, weil Sie einen neuen Weg kennen, wie Sie sich die Spitzenleistungen Ihres Gehirns zunutze machen und sich etwa in den sogenannten Flow begeben können, dann haben Sie den besten Flaschengeist aller Zeiten an Ihrer Seite.

Um Missverständnisse zu vermeiden: Diese Art der Mühelosigkeit hat nichts mit Faulheit zu tun. Sie bedeutet auch nicht, dass Sie sich nie mehr anstrengen müssen, sondern es geht bei ihr darum, sich durch einen neuen Zugang mit Ihrem Gehirn zu verbünden, um künftig einer ungekannten Leichtigkeit Einlass in Ihr Leben zu gewähren. Denn normalerweise läuft es ja so: Wir stehen in unserem Alltag praktisch permanent unter Anspannung. Wir kämpfen mit Willenskraft gegen innere Windmühlen und glauben, dass wir nur mehr bekommen und schaffen, wenn mir auch mehr tun. Dadurch sabotieren wir uns oft selbst, weil wir zu angestrengt an die Dinge herangehen. Dabei bedenken wir eines nicht: Das Leben ist keine Mathematik und darum ist eben die Gerade nicht die kürzeste Verbindung zwischen A und B. Mühelosigkeit können wir uns im Gegensatz dazu vorstellen wie den Verlauf eines Flusses: Das Wasser bahnt sich seinen kurvigen Weg durch das Flussbett. Damit sind wir bei den alten Chinesen gelandet, denn bei ihnen gab es zwei Schulen: Konfuzius stand für Disziplin, Anstrengung und propagierte den eisernen Willen. Laotse hingegen förderte als Begründer des Daoismus die Mühelosigkeit und das Wu Wei – das Nichthandeln im Sinne einer »Enthaltung eines gegen die Natur gerichteten Handelns«. Um den Geist aus der Flasche zu locken und Leichtigkeit mit Leistung verknüpfen zu können, brauchen wir mehr vom Zweiten. Disziplin, Anstrengung und Willenskraft haben wohldosiert eingesetzt durchaus ihre Berechtigung. Sie sind über den Weg der Achtsamkeit allerdings wesentlich müheloser zu erreichen, als bisher angenommen, denn meistens ist weniger mehr. Hier kommt schließlich ein weiterer Philosoph ins Spiel: Buddha. In diesem Buch verknüpfen wir die Lehren dieser drei genialen Persönlichkeiten mit jüngsten Erkenntnissen moderner Hirnforschung und bieten Ihnen dadurch ein Konzept für das 21. Jahrhundert, eine »New School«. Dieser innovative Denkansatz beinhaltet eine neue Art zu denken, die zwar die Daoisten mit dem Wu Wie bereits beschrieben haben, wofür es aber erst seit Kurzem ein tieferes neurobiologisches Verständnis gibt. Auf Basis dessen werden Sie erfahren, was Shaolin-Mönche, Albert Einstein, Steve Jobs und Felix Baumgartner gemeinsam haben: die Fähigkeit, bestimmte Hirnzustände abzurufen und zu nutzen. Sie werden sehen: Wir alle haben ein geniales Gehirn und können das Beste aus ihm herausholen, um eine Art Power-Psyche zu erlangen, mit der es kinderleicht wird, zu jenen Menschen zu gehören, denen so gut wie alles gelingt und die sich nicht durchs Leben kämpfen müssen.

Sollten Sie unser gemeinsames Erstlingswerk »*Gewinner grübeln nicht*« gelesen haben, wissen Sie bereits von einigen bedeutenden, aus den Ergebnissen der Hirnforschung

14

abgeleiteten und sorgfältig entwickelten Erfolgsstrategien. Wir haben dafür gängige Mythen entzaubert und gezeigt, wie Erfolg wirklich funktioniert. Wenn Sie auch unser zweites Buch »*Alles reine Kopfsache!*« kennen, verfügen Sie zudem schon über Werkzeuge, mit denen Sie Ihr Gehirn neu programmieren können, um schlechte Gewohnheiten loszuwerden oder sich gewünschte Verhaltensweisen anzueignen. Damit haben wir Ihnen das Phänomen der Neuroplastizität nähergebracht und Ihnen die Kunst der Veränderung mit Hilfe der »Big Five« vorgestellt, durch deren Wirkungsweise sich jeder neu programmieren kann.

Um die Trilogie des Erfolgs nach neuesten neurobiologischen Erkenntnissen komplett zu machen, präsentieren wir Ihnen hier nun das *Prinzip der Mühelosigkeit*. Auf dem Weg zu seiner Umsetzung werden Sie feststellen, dass weniger eben doch mehr ist und Sie Ihr Gehirn nicht dopen müssen, damit Sie es zu Höchstleistungen anspornen. Wir werden das Geheimnis um kreative Prozesse lüften, demonstrieren, wie Sie wesentlich schneller als gewohnt etwas Neues erlernen können, und Ihnen schildern, wie erfolgreiche Kommunikation Sie in vielen Bereichen genauso mühelos weiterbringt wie eine optimale persönliche Außenwirkung. Wir werden uns mit Einsteins Gehirn beschäftigen, um zu veranschaulichen, dass Sie die gleichen Voraussetzungen für Genialität haben wie er. Sie werden erfahren, welche Hirnzustände Sie mit Leichtigkeit vorwärtsbringen und wie Sie regelmäßig in diese Zustände gelangen, die wir Ihnen anschaulich in Form eines Quadrats der vier Spitzenzustände des Gehirns präsentieren werden: Mindwandering, Achtsamkeit, Flow und Trance. In einem eigens für dieses Buch von uns entwickelten Persönlichkeitstest können Sie herausfinden, welchem Neuro-Typus Sie entsprechen, und davon ausgehend möchten wir Ihnen für Sie passende Möglichkeiten mit auf den Weg geben, wie Sie die Geschwister der Präsenz schließlich als nachhaltiges Lebensprinzip verinnerlichen. Denn auf diese Weise können wir Menschen nahezu Unmögliches schaffen – eben wie der gute Geist aus der Lampe.

Viel Spaß auf dieser Entdeckungsreise wünschen Ihnen

Marcus Täuber & Pamela Obermaier

Von Pechvögeln und Glückspilzen: Warum manchen alles gelingt und andere immer kämpfen müssen

Haben Sie jemanden in Ihrem Umfeld, bei dem Sie regelmäßig den Eindruck gewinnen, ihm würde alles zufliegen, ständig etwas in den Schoß fallen, ohne dass er sich besonders darum bemühen müsste? Jeder kennt doch solche Siegertypen: Sie schaffen die Schule schon mit Leichtigkeit – oder mogeln sich irgendwie durch –, leiden im Teenageralter kaum unter Liebeskummer, weil sie beim jeweiligen Schwarm natürlich sofort gut ankommen oder nach einer Enttäuschung wie von Zauberhand schnell wieder frisch verliebt sind, müssen sich nach der Ausbildung nicht lange um einen Job bemühen, und sogar die Gehaltserhöhung und die Beförderung bekommen sie allem Anschein nach geschenkt. Von außen betrachtet sind das Männer und Frauen, die nie schwerwiegende Probleme haben, einen Erfolg nach dem anderen feiern dürfen, denen alles zufällt, während anderen ständig die Felle davonschwimmen.

Solche Menschen beschäftigen die meisten von uns irgendwann im Leben zumindest gedanklich – vorwiegend in Phasen, in denen wir schwer zu kämpfen haben und uns wie richtige Pechvögel fühlen. »Der ist ja schon mit einem goldenen Löffel im Mund geboren worden!«, »Alles, was die anfasst, wird zu Gold!« oder »Der ist auf die Butterseite des Lebens gefallen!«, lästert der Volksmund in solchen Fällen. Aber was schwingt in diesen Redewendungen mit? Nicht vordergründig Verachtung für solche scheinbar vom Schicksal auserkorenen Glückskinder, sondern blanker Neid! Manchmal fällt es eben schwer, unseren Mitmenschen zu gönnen, dass ihnen aus unserer Sicht alles ohne Anstrengung gelingt. Das ist nur allzu menschlich – wenn uns das Gefühl des Neids auch letzten Endes lediglich selber schadet, was wir insgeheim freilich wissen. Folglich sollten wir derlei Personen nicht beneiden, sondern sie uns zum Vorbild nehmen und versuchen herauszufinden, was sie anders machen.

Gut, prinzipiell sind manche Menschen wahrlich vom Glück geküsst und hinter dieses Geheimnis des Schicksals werden wir nie kommen – selbst wenn wir uns der Sachlage noch so analytisch widmen. Doch vermutlich steckt zudem etwas anderes dahinter, wie wir erkennen werden, wenn wir einen Schritt zurückgehen, um das Gesamtbild zu betrachten. Vielleicht erlauben wir uns dann zu realisieren, dass viele Glückspilze ein anderes Mindset haben als die Pechvögel, dass sie irgendwann – bewusst oder unbewusst – beschlossen haben, aus jeder Not eine Tugend zu machen, schwierige Situationen als Chancen wahrzunehmen und sich nicht lange damit aufzuhalten, wenn etwas nicht ideal funktioniert hat. Denn auch, wenn wir sicher sind, dass diese Glückskinder keine echten Probleme kennen und ihnen »alles geschenkt wird«, so können wir dennoch nicht in sie hineinschauen und wissen in Wahrheit nicht, wie viele Rückschläge sie einstecken mussten und ob wirklich immer alles nach ihren Vorstellungen läuft. Menschen neigen ja dazu, bei anderen nur den Erfolg zu sehen, aber nicht, was hinter ihm steckt. Dabei ist es mit den Glanzleistungen ähnlich wie mit dem Unbewussten: Für beides kann der Eisberg als wunderbares Symbol herangezogen werden. Denn so wie über der Wasseroberfläche immer nur die Spitze eines Eisbergs sichtbar ist, während der größte Teil unter Wasser schwimmt, wissen wir längst, dass es sich mit dem Bewussten im Vergleich zum Unbewussten genauso verhält. Und mit den Triumphen ist es dasselbe: Andere sehen meist nur das Ergebnis, aber nicht die viele Arbeit, den Fleiß, die Tränen, die Rückschläge und den Schweiß, den der Erfolgreiche investieren und unter Umständen sogar erleiden musste, um an sein Ziel zu kommen. Unter diesem Gesichtspunkt müssen wir eingestehen, dass solche Gewinnertypen wahrscheinlich nicht gänzlich ohne eigenes Zutun Glückskinder sind, sondern auch Chancenergreifer, Sich-nicht-unterkriegen-Lasser, Stehaufmännchen, Möglichkeitenerkenner, Alternativenwahrnehmer, Den-richtigen-Weg-Registrierer und Perspektivenbemerker. Womöglich wissen sie zudem unbewusst um das *Prinzip der Mühelosigkeit*, denn manche von ihnen sind insofern tatsächlich auf die Butterseite gefallen, als sie ein fantastisches Bauchgefühl haben – ohne es sich erst mühselig im Erwachsenenalter aneignen zu müssen, auf die eigene Intuition zu hören. Und genau das können Sie auch lernen! Denn Glück zu haben und mit Leichtigkeit durchs Leben zu gehen, ist zu einem erheblichen Teil eine Geisteshaltung, eine Einstellung in Kombination mit dem Wissen über die richtigen Erfolgsstrategien: Das Gehirn mit den notwendigen Informationen und Erlebnissen aufzuladen, um in entscheidenden Situationen davon profitieren zu können, kann Sie vom Unglückswurm zum Glückspilz machen.

Wir weihen Sie in den folgenden Kapiteln in die neuesten Erkenntnisse der Neurowissenschaft ein, zeigen Ihnen, wie Siegertypen mit Schwierigkeiten umgehen, auf welche Weise sie Neues lernen, warum sie immer die besten Verkäufer werden, inwiefern sie brillant im Kommunizieren sind, was sie tun, um beim anderen Geschlecht zu punkten, worin sie den Schlüssel der Kreativität gefunden haben, ob sie ihre wegweisenden Entscheidungen mit dem Kopf oder dem Bauch treffen, wie sie aus dem Vollen schöpfen, ihr Gehirn auf Hochtouren bringen und in den optimalen Schaffenszustand kommen, den die Wissenschaft »Flow« nennt, kurzum: wie es ihnen gelingt, wie ein Fisch im Wasser durch den Strom des Lebens zu gleiten – und zwar wahrhaftig mühelos und voller Leichtigkeit. Auch wenn Sie nicht bereits mit dem berühmten goldenen Löffel im Mund das Licht der Welt erblickt haben sollten, so haben Sie es doch in der Hand, jetzt nach diesem Löffel zu greifen und vom sich abmühenden, durch den Alltag quälenden Durchschnittsbürger oder gar Pechvogel zum echten Glückspilz zu werden – und das ohne die Hilfe eines Flaschengeists, rein aus eigener Kraft heraus, indem Sie sich die Ergebnisse der Hirnforschung zunutze machen und ab sofort umsetzen, was Glückskinder in sich tragen: *das Prinzip der Mühelosigkeit.*

Marcus Täubers Prinzip der Mühelosigkeit

Glückspilze fallen nicht vom Himmel. Wenn es ein Beispiel für Talentlosigkeit und bescheidene Voraussetzungen in vielen Bereichen gibt, dann bin ich es definitiv. Meine Mutter war Alleinerzieherin, die meiste Zeit verbrachte ich allein auf den Grünflächen um die Greißlerei herum, in der meine Oma von früh bis spät arbeitete. Ich hatte zu essen und die abgetragene Kleidung vom Secondhandshop – damals hieß das »Tauschzentrale« – war ausreichend, aber ein Kinderzimmer blieb lange ein unerfüllter Traum, und die 6.000 Schilling im Jahr für die Zahnregulierung konnten wir uns einfach nicht leisten. Lernen war alles andere als meine Stärke: lesen, rechnen, schreiben – ein Drama. Statt dem Unterricht zu folgen, hatte ich nur Schabernack im Kopf. Streiche, Raufereien – das In-der-Ecke-Stehen war meine fast schon tägliche Routine. Meine Noten in der Volksschule waren so schlecht, dass ich nicht so einfach aufs Gymnasium gehen konnte. Ich musste zur Aufnahmeprüfung, und glücklicherweise hat die Mittelschule Gnade vor Recht ergehen lassen und mich aufgenommen. Die ersten Jahre im Gymnasium waren geprägt von einer Reihe »Nicht genügend«. Ich stand zum Schulende mit Entscheidungsprüfungen immer an der Kippe. Nicht nur in den üblichen Fächern Deutsch, Englisch, Mathematik – sogar in Biologie, dem Fach, in dem ich später promovieren würde, um als Neurobiologe zu forschen, waren meine Noten grottenschlecht. Was wird sich mein ehemaliger Deutschlehrer gedacht haben, als er zu meiner ersten Buchpräsentation eingeladen wurde und auch kam? Eine Lehrerin meinte übrigens tatsächlich vor allen anderen in der Klasse, dass ich sehr dumm wäre und aus mir nichts werden würde.

Diese kleine und bei Weitem nicht vollständige Auflistung meiner »Unzulänglichkeiten« als Kind und Jugendlicher soll vor allem eines: ermutigen! Unser Schicksal ist nicht in Stein gemeißelt. Bekanntlich hat jeder Mensch auch Stärken. Und diese können als Hebel genutzt werden, damit Menschen über sich selbst hinauswachsen. Bei mir waren und sind es meine Neugierde und meine Fähigkeit zur Selbstreflexion. Der Entdecker ist in jedem von uns, ich war als Kind aber schon besonders an Naturwissenschaften interessiert. Meine Mutter hat mir über den Mond und die Sterne vorgelesen. Ich habe Amöben und Bakterien als »Haustiere« gehalten und viele, viele Fragen gestellt. Diese Neugierde, dieser Antrieb hat mich motiviert, trotz scheinbarer intellektueller Unfähigkeit ins Gymnasium zu gehen. Ab der dritten oder vierten Klasse Gymnasium hat sich das Blatt dann gewendet, ich wurde sukzessive besser. Ich löcherte meinen Physiklehrer mit Fragen wie »Gibt es überhaupt Zeit?« Ich begann Weltliteratur und Philosophie zu lesen, verschlang Werke von Goethe, Camus und Kant. Ich habe ein Gespräch meiner Mutter mit ihrer Freundin belauscht, die erzählt hat, dass ihre eigene demenzkranke Mutter sie nicht mehr erkennt. Ich war schockiert und begann, mich mit dem Gehirn zu beschäftigen. Meine zweite Stärke, die Selbstreflexion, hat mir geholfen, mich wie Münchhausen am eigenen Schopf aus dem Sumpf zu ziehen. War ich als Kind noch schüchtern, unsicher und aufbrausend, vor allem in Situationen vermeintlicher Hilflosigkeit, haben sich zunehmend Gelassenheit, Selbstvertrauen und eine positive Grundhaltung breitgemacht. Ich habe in einem Buch autogenes Training und Selbsthypnose entdeckt und gelernt, mich an meine eigenen Standards anzupassen.

Meine Lehr- und Wanderjahre in der Wissenschaft haben mich nachhaltig geprägt. Wissenschaft ist ein besonderer Zugang. Nehmen wir die Schwerkraft: Bis Galileo Galilei ging die Menschheit davon aus, dass schwere Dinge schneller zu Boden fallen als leichte. Klingt ja zunächst logisch und entspricht unserer Beobachtung: Kastanien fallen schneller als Blätter. Erst das kontrollierte Experiment hat gezeigt, dass dies nur durch den Luftwiderstand verursacht wird. Auch wenn es um den Menschen, sein Gehirn und das Mentale geht, glauben wir zu schnell Dinge, ohne sie zu überprüfen. In NLP-Kursen zum Beispiel werden tagelang Augenzugangshinweise und Repräsentationssysteme gelernt. Wenn jemand von uns aus nach links oben schaut, dann konstruiert er visuell, heißt es. Wissenschaftlich Humbug. Genauso gibt es keine visuellen, auditiven oder kinästhetischen Kommunikationstypen. Auf Facebook sehr beliebt ist der Satz »Starke Menschen hatten nie eine einfache Vergangenheit«. Klingt gut, und muss man doch einfach liken und teilen. Und ja, man kann durch Lernen und Erfahrungen stärker werden. Aber dass starke Menschen *nie* eine einfache Vergangenheit hatten, widerspricht den Basics der Psychologie. Eine gut behütete Kindheit in liebevoller und entspannter Atmosphäre ist die Grundlage einer potenten Resilienz, von der wir für den Rest unseres Lebens profitieren. Ich bin dankbar, dass ich kritisches und eigenständiges Denken lernen durfte. Meine Leidenschaft für Wissenschaftlichkeit begleitete mich weiterhin. Im Labor habe ich Entdeckungen gemacht, aber irgendwas hat gefehlt. Heute weiß ich: Es ist nicht meines, Wissen zu sammeln, sondern ich möchte dieses zusammenbringen. Mich interessiert, fasziniert und begeistert das große Ganze. Ich möchte Zusammenhänge und den Sinn verstehen. Und weil ich fest davon überzeugt bin, dass es solche Zusammenhänge und einen Sinn auch gibt, betrachte ich mich als spirituellen Menschen.

Dies hat mich auch in die Trainerbranche gebracht. Ich wollte das große Ganze verstehen und vermitteln, inspirieren und entwickeln. Mein Start als selbstständiger Trainer war gleich von einem ordentlichen Bauchfleck geprägt. Für eine Kollegin sprang ich an einer privaten Universität ein, um Präsentationstechnik zu unterrichten. Nicht mein Thema, aber ich brauchte jeden Auftrag. Sie meinte, ich soll mir keinen großen Kopf machen, ein paar Basics reichen. Kurz davor ist auch noch ein guter Freund der Familie gestorben, der für mich wie ein Vater war. Schlechte Vorbereitung, Energielosigkeit und ein Thema, das eigentlich nicht meines ist, bedingten: Ich war inhaltlich schwach, und meine Präsentationskünste waren es ebenso: eine gepresste, monotone Stimme, eine verkrampfte, einengende Körpersprache und ein Mindset im Kopf, mit dem ich ausstrahlte, dass ich nicht kann, was ich da unterrichte. Meine Performance dort hat regelrechte Proteste ausgelöst. Schon in der Mittagspause haben sich die Absolventen über mich bei der Uni beschwert – ihr gutes Recht, schließlich legen sie jede Menge Geld für den Lehrgang hin. Nach den Pausen kamen die Studenten viel zu spät, folgten meinen Instruktionen nicht. Jeder machte, was er wollte. Ich hatte völlig die Kontrolle über die Gruppe verloren. Im Feedback an die Uni standen Dinge wie »völlig ungeeignet«. Bei der entsprechenden Uni-Abteilung bin ich seither »Persona non grata«, das heißt: Sie lassen mich explizit nicht mehr dort arbeiten. Ich war danach wie der sprichwörtlich geprügelte Hund. Nach ein paar Tagen Frustration sagte ich aber zu mir: »Das passiert dir nicht mehr.« Und ich habe an dem gearbeitet, was dort gefehlt hatte, das gelernt und geübt, was ich dort nicht vermitteln konnte – und ich habe für ein sprichwörtliches Butterbrot Vorträge gehalten, um Praxis zu sammeln. Die Fortschritte waren langsam, aber ich merkte, wie ich über Monate immer besser wurde. Irgendwie überschätzt man gerne, was in zwei Wochen möglich ist, und unterschätzt, was zwei Jahre ausmachen können. Und ja, ich nehme nicht mehr jeden Auftrag an, sondern nur die, wo ich im Thema gut verhaftet bin, in dem, was ich auch selbst lebe.

Dasselbe gilt im privaten Bereich. Ich bin von Natur aus eher schüchtern, verschlossen, introvertiert. Doch für mich fühlte es sich nicht stimmig an. Ich liebe Menschen und Kommunikation. Und auch da habe ich an meinen Kompetenzen gearbeitet. Begonnen habe ich mit Small Talk – heute geh ich gerne auf andere Menschen zu. Mein gesamtes Wesen hat sich aufgerichtet. Heute fühle ich mich im Umgang mit anderen Menschen stark, selbstbewusst, und ruhig – spüre den eigenen Selbstwert und die Wertschätzung für andere mit jeder Pore. Diese Erfahrung zeigt: Der beste und wirkungsvollste Coach sitzt zwischen den Ohren, und es kommt vor allem auf eines an: sich selbst besser kennenzulernen und sich zu entfalten. Es ist wie ein Blatt Papier, das zusammengefaltet ist. Wenn wir es auseinanderfalten, erkennen wir die ganze Größe. Mit einer inneren Haltung, die Freude am Lernen und der Entwicklung hat, und der Kraft, sein eigenes Ding zu machen, habe ich meinen Weg genommen. Weder die besagte Lehrerin noch die Studenten nach dem Katastrophenauftritt haben mich daran gehindert zu machen, was mich begeistert.

Mentale Stärke wurde mir nicht in die Wiege gelegt,

sondern ich habe sie mir Schritt für Schritt erworben – das *Prinzip der Mühelosigkeit* war dabei die größte Entdeckung meines Lebens. Erst wenn wir uns selbst oder Dinge so annehmen, wie sie sind, kann echte Veränderung passieren. Der Zustand höchster mentaler Stärke geht mit Mühelosigkeit einher, einer Art Zustand der Mitte. Dieses Phänomen ist mir überall begegnet: In der Körpersprache ist es die Grundspannung, bei der Stimme der Eigenton und in der Traditionellen Chinesischen Medizin spricht man davon, dass das Qi fließt. Es fasziniert, was plötzlich möglich wird, wenn wir uns auf diesen Zustand besinnen und immer wieder in ihn zurückkehren können. Die Grundlage dabei ist die Fähigkeit, Präsenz zu erleben. Achtsamkeit, Flow und Trance sind die drei Facetten der Präsenz, die ich selbst trainiere und kultiviere. Diese Zustände kennen keinen Stress und führen daher direkt zum *Prinzip der Mühelosigkeit*. Und dem verdanke ich so viel, mein Selbstvertrauen, meine beruflichen Erfolge und meine Gesundheit. Als ich lernte, den Druck rauszunehmen und mit Imaginationen gezielt zu trainieren, ging mein Tinnitus weg, mein Rücken wurde gerader, und wenn ringsum die Hektik überhandnimmt, bleibe ich gelassen und der Stress prallt ab. Meine Reise geht natürlich weiter. Ich freue mich, noch viel lernen zu dürfen. Sein eigener Coach sein – ich denke, das kann jeder. Darum entwickle ich heute aus tiefster Überzeugung mentale Selbsthilfeprogramme für Persönlichkeitsentwicklung und Gesundheit.

Die Recherche zu diesem Buch hat mich in meiner eigenen Einstellung bestätigt. Die Welt da draußen lässt über Eltern, Schule, Medien eine Message laufen: »Tust du was, dann bist du was, dann hast du was.« Viele beziehen ihren Selbstwert über Lob, Besitz und Erfolg. Doch das ist kein Selbstwert, es ist ein Fremdwert. Es geht genau andersrum. Das *Prinzip der Mühelosigkeit* wirkt von innen. Du bist was – das ist das Fundament. Dann tust du was, und vielleicht – man kann es ja nicht erzwingen – kriegst du dann auch etwas. So funktioniert echter Erfolg. Die Wissenschaft, auf der dieses Buch beruht, bestätigt: Es geht um bestimmte Hirnzustände. Wenn wir unser Gehirn richtig gebrauchen, wird es zu unserem Verbündeten. Die Fähigkeit zur Spitzenleistung ist in jedem von uns angelegt, wir sind alle Talente und Genies. Glücklicherweise gibt es hier ein Umdenken, zum Beispiel bei Eltern oder Trainerkollegen, die den Kurs zum Lerntrainer bei mir buchen, nicht um Schwächen bei Kindern und Jugendlichen »wegzutherapieren«, sondern um die Genialität in ihnen zum Leuchten zu bringen. Das Gleiche erlebe ich auch bei der Mentaltrainerausbildung, wo rund 50 Prozent diesen Kurs als Selbsterfahrung machen, um sich was Gutes zu gönnen. Dieser Ansatz ist pro-aktiv, fördernd und entwickelt – weg vom alten Denken »Da ist ein Problem, ich brauche eine Lösung«.

Pamela Obermaiers Prinzip der Mühelosigkeit

Die wenigsten von uns werden als Glückskinder geboren. Es gibt zwar Menschen, bei denen es so wirkt, als würde ihnen alles mit Leichtigkeit gelingen, aber die meisten müssen es sich erst erarbeiten, Glück zu haben. Meiner Erfahrung nach gelingt das jenen am besten, die einen gesunden Umgang mit ihrem eigenen Scheitern pflegen. So war es auch bei mir. Stellen Sie sich mich als Elfjährige vor: Mit einem Kassettenrekorder in der Hand laufe ich durch die Straßen unseres Wohnorts und halte wildfremden Erwachsenen ein Mikrofon unter die Nase, weil ich wissen will: »Was würden Sie tun, wenn Sie nur noch eine Woche zu leben hätten?«, »Wie engagieren Sie sich für den Umweltschutz?« und »Glauben Sie an ein Leben nach dem Tod?« War ich dabei nervös? Keine Spur! Haben mir die Leute geantwortet und durfte ich das auf Band aufnehmen? Klar! Jahre später war ich plötzlich nicht mehr derart voller Selbstvertrauen, als ich in meiner Funktion als Radioreporterin Rainhard Fendrich ein technisch erheblich professionelleres Mikrofon entgegenstreckte, um ihm wesentlich weniger tiefgründige Fragen zu stellen. Ich glaube nicht, dass mich der erfolgreiche Austromusiker in allerbester Erinnerung behalten hat – so nervös, wie ich mich gebärdet habe. Wie konnte aus dem Mädchen, das voller Selbstbewusstsein gewesen war, eine Frau werden, die regelmäßig an sich zweifelte? Warum war das so? Und bedeutete dieses punktuelle Scheitern ein Scheitern auf ganzer Linie?

Die Antwort darauf werde ich Ihnen an späterer Stelle verraten. Jedenfalls ist es bis heute so: Wenn ich bei einer Angelegenheit strauchle oder ein Problem scheinbar nicht lösen kann, denke ich an mein erstes großes Scheitern im Leben, das sich nachträglich als glückliche Fügung für mich herausgestellt hat: Meine Volksschullehrerin hatte für mich ein bestimmtes Gymnasium ausersehen, da ich ihrer Meinung nach mit meinen musischen und kreativen Anlagen prädestiniert dafür war. Weil mein Wechsel nach der vierten Klasse Volksschule in exakt dieses Gymnasium so klar war, sind alle aus den Wolken gefallen, als ich nach der Aufnahmeprüfung nicht angenommen wurde. Für mich als knapp Zehnjährige hat sich das zwar nicht nach einem Drama angefühlt – ich begriff gar nicht, was das konkret bedeutete –, aber weil sich meine Lehrerin dermaßen schockiert zeigte, ging ich zerknirscht und mich ein bisschen schuldig fühlend davon aus, dass ich offensichtlich etwas nicht geschafft und die Erwachsenen enttäuscht hatte. Was sich im ersten Moment wie ein negativer Schleier über mir angefühlt hat, entpuppte sich als wahrer Glücksfall: Meine Mutter meldete mich auf den letzten Drücker in einem anderen Gymnasium an. Hier fühlte ich mich im Klassenverband nicht nur unheimlich wohl, sondern bekam ausgerechnet in all jenen Fächern, für die das besagte Musische Gymnasium bekannt war, dessen Direktorin mich als Schülerin abgelehnt hatte, außergewöhnlich großartige Lehrer, die mich in den folgenden Jahren optimal gefördert und gefordert haben. Alles, was infolge passierte, brachte mich schließlich Schritt für Schritt auf meinen späteren beruflichen Weg: In der vierten Klasse hatte ich meine große Mühe mit Latein. Außerdem wurde unser genialer Deutschlehrer leider wegen schulinterner Umstrukturierungen ausgewechselt. Seine Nachfolgerin war weniger gefürchtet und auf den ersten Blick die Nettere, aber mir reichte das nicht, denn in Deutsch wollte ich es nicht einfach gemacht bekommen, sondern richtig herausgefordert werden, um alles zu lernen, was es dazu zu wissen und zu können gab. Mein nächster Schritt führte mich folglich für die folgenden vier Jahre doch noch in ein Musisches Oberstufengymnasium. Und hier fand ich meinen wichtigsten Mentor überhaupt: Mein neuer Deutschlehrer gab mir genau die geistige und kreative Herausforderung, nach der ich lechzte. Genauso bedeutend war es für mich, als er mir in der sechsten Klasse meinen wenig durchdachten Plan, die Schule zu schmeißen, ausredete. Das schaffte er nicht, indem er mir irgendetwas von »richtig« und »falsch« erzählte, was mich als schwer Pubertierende ohnehin nicht beeindruckt hätte, sondern indem er mir in schillernden Farben beschrieb, welche berufliche Zukunft ich haben könnte, wenn ich jetzt nicht aus Frust über meine bescheidenen Mathematikfähigkeiten, aus Widerwillen, mich da durchzubeißen, und aus Langeweile in Bezug auf einige der klassischen Lernfächer (in Wahrheit ging es mehr um die dazugehörigen Lehrer und deren wenig motivierende Unterrichtsmethoden) ohne Abschluss in die Welt hinausspazieren würde. Er hat gewonnen – und ich noch viel mehr. Nach der Matura wurde er nicht nur ein Freund meiner Familie – mit seiner Witwe sind wir über seinen Tod hinaus nach wie vor befreundet –, sondern ein Vorbild für Resilienz, wie es seinesgleichen sucht: Er hat durch ein tragisches

Unglück seine erste Frau und die gemeinsamen beiden Kinder verloren – und hat weitergemacht. Niemand kann sich wohl die Verzweiflung vorstellen, die er ohne Frage erleiden musste, aber er hat sich wieder verliebt und hatte noch viele weitere gute Jahre. Und ich durfte erkennen, was ein Mensch alles überwinden kann, wenn er mentale Stärke besitzt. Das fand ich erstaunlich und inspirierend, und dieses Ereignis hat mit dazu geführt, dass ich mich noch mehr als bisher für Psychologie und Mentales interessierte. Neben meiner Familie – und da waren es allen voran meine Mutter, mein Onkel und meine Tante – war er es, der mich darin bestärkt hat, zu studieren, was mich am allermeisten faszinierte, um möglichst alles über Schreibkunst, Theater, Schriftsteller und die menschliche Psyche zu erfahren: Literatur, Sprachwissenschaft, Philosophie und Psychologie. Und damit war der Weg für alles, was ich heute rund um meine Methode der Kommunikation mit Seele und der erfolgreichen Wirkung durch präzise Sprache mache, geebnet. Auch hier war ich sicher eine der lästigeren Studierenden, denn ich wollte immer alles ganz genau wissen und habe ebenso später in meinen diversen Fortbildungen – im Neurolinguistischen Programmieren etwa – jede Sache zigmal hinterfragt. Es war klar, dass ich Journalistin, Autorin, Schauspielerin oder geisteswissenschaftliche Forscherin an der Universität werden musste. Der Zufall wollte, dass es zunächst Ersteres wurde. *Meine Lektion: Es gibt mehrere spannende Möglichkeiten.*

Können Sie sich an Ihr erstes Scheitern erinnern? Als Kinder und Jugendliche haben wir ja noch kein nachhaltiges Problem damit, das Leben auf diese Weise zu sehen: Wir lernen, einen Fuß vor den anderen zu setzen, und fallen dabei ständig hin? Kein Ding! Dann stehen wir eben wieder auf. Wir haben uns in jemanden verliebt, der unsere romantischen Gefühle nicht erwidert? Kein Weltuntergang! Nach einer mehr oder weniger kurzen Phase des Liebeskummers schwärmen wir für jemand anderen. Aber irgendwann verlernen wir diesen gesunden Umgang mit dem Misslingen und fühlen uns als die großen Verlierer, wenn etwas nicht nach unseren Vorstellungen klappt. Mehr noch: Viele erzeugen Hemmungen und bekommen Angst in Situationen, obwohl sie in ihnen bislang nie gescheitert sind. Unsicherheit war auch bei mir ein Gefühl, das erst mit dem Älterwerden spürbar wurde – und sich leider manchmal richtiggehend einschränkend anfühlte. Ich schwitzte viele Male buchstäblich Blut und Wasser, wenn ich auf einer Bühne stand. Bis heute gibt es Auftritte, bei denen ich alles andere als cool bin – wenn ich etwa eine neue Rede erstmals halte oder das Publikum schier unüberschaubar groß ist. Doch inzwischen habe ich meine Methoden, mit all dem umzugehen, und versuche mich beinahe täglich im *Prinzip der Mühelosigkeit*, indem ich seine Parameter beherzige, vor allem das Wissen rund um Fokus, Erholung und Flow. Dass ich mir selbst im Weg stehe, wenn ich zu angestrengt oder verkrampft agiere, hat mich das Leben mehrfach gelehrt, also habe ich mir angeeignet, den Druck rauszunehmen. Das gelingt freilich nicht immer, aber immer öfter und besser. Und am stärksten hilft mir dabei, alles möglichst spielerisch und mit viel Freude und Leidenschaft anzugehen, denn auch als Erwachsene dürfen wir Spaß haben und müssen nicht alles todernst nehmen – nicht mal im beruflichen Kontext!

Die Trilogie des Erfolgs, von der Sie hoffentlich durch unsere drei Bücher »Gewinner grübeln nicht«, »Alles reine Kopfsache!« und »Das Prinzip der Mühelosigkeit« auf ganzer Linie profitieren werden, hat mich auf meinem Karriereweg stets begleitet: Ich habe mich viel und schon vergleichsweise früh mit Persönlichkeitsentwicklung und Verhaltenspsychologie beschäftigt. Zudem interessierte ich mich während des Studiums besonders für die Fachbereiche »Entwicklungspsychologie«, »Entscheidungen«, »Hypnosetherapie«, »Persönlichkeitspsychologie« und für die großen Philosophen und Schriftsteller. Später habe ich autogenes Training und Reiki erlernt, um meinen Fokus zu schärfen, meine Visualisierungsfähigkeit zu verbessern und Achtsamkeit zu üben. Später bin ich auf die Weltanschauung des Buddhismus gestoßen – den ich in jener Form, in der ich ihn kennenlernte, tatsächlich nicht als Religion ansehe, sondern als Lebensprinzip, das vermittelt, wie die Dinge zusammenhängen – und habe die dazugehörigen Lehren faszinierend gefunden.

Mit all diesem wissenschaftlichen und spirituellen Wissen als Background und meiner mir schon immer innewohnenden Freude an der Selbstreflexion hab ich mich aus so manchem mentalen Sumpf gezogen, und während meiner beruflichen Laufbahn habe ich schließlich Schritt für Schritt gelernt, wie ein Glückskind zu denken und zu agieren – und damit das *Prinzip der Mühelosigkeit* zu leben. Am stärksten war ich dazu übrigens durch meine Niederlagen gezwungen. Wieder ein Grund, warum ich das Scheitern als etwas Positives ansehe! Einmal habe ich eine heiß ersehnte Beförderung nicht bekommen, für die ich wirklich hart und lange gearbeitet hatte. Da habe ich mich alles andere als wie ein Gewinnertyp gefühlt, denn ich hatte umsonst darum gekämpft und viele zusätzliche Aufgaben ohne Honorierung erledigt. Vielleicht war ich unbemerkt vom Weg der Mühelosigkeit abgekommen und hatte mich zu sehr angestrengt, es zu sehr gewollt. Ein anderes Mal habe ich eine mir bereits zugesicherte Managementposition in einer Non-Profit-Organisation überraschend doch nicht erhalten, nachdem die Boulevardpresse auf mein erstes Buch mit provokanten Headlines reagiert hatte. Sie können sich bestimmt vorstellen, dass sich das nach echtem Timing-Pech und einer seltsamen Ironie des Schicksals angefühlt hat. Daraufhin musste ich mich entscheiden: Wollte ich mich wie ein Opfer fühlen, um diesen vermeintlichen Traumjob trauern, mich über das schlechte Timing ärgern oder gar bereuen, dass mein Erstlingswerk, das die Entwicklung des Seitensprungverhaltens durch das Internet thematisiert hatte, auf solch ein reges Medieninteresse stieß? Oder wollte ich mich über die Aufmerksamkeit der Presse und den Erfolg des Buches freuen, um daraus etwas Großartiges für meine Zukunft zu machen? An diesen Moment der Entscheidung kann ich mich noch gut erinnern: Ich habe einen ausgiebigen Spaziergang gemacht, gründlich über alles nachgedacht, in mich hineingehört – und mich für die Variante mit dem Freuen entschieden. Statt mich länger ungerecht behandelt zu fühlen, habe ich ein Unternehmen gegründet, in dem ich voll und ganz aufgehe, wodurch ich regelmäßig in Phasen des Flows komme und diesen grandiosen Zustand richtig auskosten kann.

Meine Lektion: Es gibt immer einen Plan B. Seither mache ich aus der Not eine Tugend, wenn sich etwas missglückt anfühlt: Geht etwas nicht auf, wie ich es geplant hatte, schenke ich einer anderen Möglichkeit meine Aufmerksamkeit und meine Energie. Das Wesentliche dabei ist für mich, mir treu zu bleiben, und meinen Ansprüchen an meine berufliche Beschäftigung gerecht zu werden. Die waren insofern immer schon hoch, weil wir mit kaum einer Sache so viel Zeit verbringen wie mit unserer Arbeit. Deshalb sollten wir etwas wählen, das uns liegt, uns Freude bereitet, in dem wir aufgehen können, um den Flow regelmäßig zu erleben.

Sie sehen: Ein Glückskind nimmt die Dinge selbst in die Hand. Nicht jeder meiner Pläne lässt sich umsetzen und ich erreiche längst nicht alles, was ich mir vornehme und wünsche. Doch genau hier beginnt schon das Glückspilzdasein – indem ich für folgenden Gedanken offen bin: »Vielleicht passiert stattdessen etwas anderes, womöglich sogar etwas Besseres!« Ich bin nämlich überzeugt davon, dass das, was wir uns ersehnen, nicht immer auch gleichzeitig das ist, was gut für uns und unsere Persönlichkeitsentwicklung wäre ... Manche Menschen mögen über mich denken, ich wäre ein wahres Glückskind, dem vieles in den Schoß fällt und das meiste erfolgreich gelingt. Andere werden vermutlich schlussfolgern, ich wäre besonders fleißig, arbeite

Tag und Nacht und hätte enormes Durchhaltevermögen. Die Wahrheit liegt wohl in der Mitte, aber vieles davon ist tatsächlich Einstellungssache – und die habe ich mir über die Jahre erarbeitet.

Gewinner denken kreativ wie Einstein

Kennen Sie dieses oder ein ähnliches Szenario? Sie haben sich schon darauf gefreut, sich an einem sonnigen Samstagnachmittag in Ihren Garten zu legen, um ein gutes Buch zu lesen oder ein Nickerchen zu halten. Doch als Sie es sich dort gemütlich machen wollen, startet Ihr Nachbar den Rasenmäher – und die Entspannung ist dahin! Ganz im Gegenteil ärgern Sie sich womöglich so richtig über dieses miese Timing. Was ist dabei in Ihrem Gehirn passiert? Erwartung und Wahrnehmung sind auseinandergeklafft! Sie ärgern sich und färben das Erlebte damit emotional ein.

Was sagt uns das? Unsere Probleme entstehen in unseren Köpfen! Wenn uns der Ärger übermannt, reagieren wir oft unangemessen. Im genannten Beispiel mit dem Rasenmäher könnte daraus ein echter Nachbarschaftsstreit entstehen. Bleiben wir unsere Bedürfnisse betreffend hingegen gelassen, wenn auch bestimmt, gewinnen wir die Freiheit, zu entscheiden, wie wir mit der jeweiligen Situation umgehen wollen. Im beschriebenen Fall könnten Sie Ihren Nachbarn ansprechen und ihn darum bitten, seinen Rasen ein paar Stunden später zu mähen, eine genervte Beschwerde über den Zaun rufen, ihm mit der Polizei drohen (was freilich sinnlos wäre, da er an einem Samstagnachmittag das Ruhegesetz nicht verletzt) oder ihm eine Flasche Wein bringen, um ihm zu erklären, wie anstrengend Ihre Woche war und dass Sie jetzt wirklich ein bisschen Ruhe brauchen würden.

Während Gefühle des Ärgerns unseren Blick verzerren, können wir mit Klarheit im Kopf zum Zaun gehen, um ein Gespräch zu suchen. Unter Umständen erfahren Sie so, dass der Lärmverursacher von nebenan dachte, Sie wären gar nicht zu Hause – und vielleicht hat er Verständnis und mäht ein anderes Mal weiter. Damit hätten Sie die Sache optimal für sich gelöst und könnten sich doch noch im Liegestuhl entspannen.

Problem und Lösung sind zwei Seiten einer Medaille, in deren Spannungsfeld praktisch unser Leben stattfindet. Probleme sind außerdem Tatsachen, die wir emotional einfärben – und dabei erliegen wir meist zu stark unseren Emotionen, weshalb es darum geht, die Bewertung rauszunehmen. Wer lernt, Probleme wie Einstein zu lösen, der wird um bis zu 500 Prozent produktiver. Klingt das nicht vielversprechend? Darum sehen wir uns in diesem Kapitel an, warum Brainstormings nichts taugen, wie Sie Ihre Kreativität merklich erhöhen und auf welche Weise Sie in Zukunft Ihren Schwierigkeiten begegnen können, um mehr und mehr ein Siegertyp zu werden.

Zu viel des Nachdenkens im Sinne von Grübeleien kann uns unglücklich machen, haben wir in »*Gewinner grübeln nicht*« bereits dargelegt. Doch es gibt eine andere Form, seinen Gedanken nachzuhängen, und die ist uns ein Freund, wenn es um das Lösen von Problemen geht: Mindwandering. Damit ist gemeint, sich seinen angenehmen Tagträumen hinzugeben, den eigenen Überlegungen freien Lauf zu lassen, gedanklich abzudriften. Grübeln ist die anstrengende Form davon: Hier kreisen die Gedanken im Kopf, ohne dass wir sie stoppen könnten. Dabei handelt es sich um ein angestrengtes Nachdenken oder Zweifeln. Unsere Tagträumereien können im Unterschied dazu ein Reservoir für Ideen bilden – auch das haben wir bereits erwähnt. In der Tat gibt es nun neue, zusätzliche Forschungsergebnisse, die belegen, dass Tagträumerei der eigentliche Prozess hinter unserer Kreativität ist.

Mehr noch: Kreativität und Mindwandering sind im Prinzip ein und dasselbe. Damit werden wir uns später eingehend beschäftigen. Jüngste Erkenntnisse aus der Hirnforschung belegen, dass wir unsere Tagträume strategisch kontrollieren können, um unseren Hirnzustand den jeweiligen Erfordernissen anzupassen. Sie kennen das bestimmt selbst: Das passiert uns, wenn wir ein Buch lesen und irgendwann bemerken, dass wir seit ein paar Seiten gar nichts mehr vom Inhalt mitbekommen haben, oder wenn wir in einem Gespräch geistig abwesend sind und nicht richtig zuhören, sondern an andere Dinge denken. Der Harvard-Psychologe Paul Seli aus den USA hat sich dieser Thematik im Jahr 2018 angenommen. Dazu verwendete er bei seiner Studie eine Uhr, die sich alle 20 Sekunden auf 12:00 Uhr stellt. Wenn sie exakt 12:00 Uhr anzeigte, sollten die Probanden auf eine Taste drücken. Das Ergebnis: Fünf Sekunden danach passierte das Mindwandering zu 33 Prozent, in den nächsten zehn Sekunden schon zu 50 Prozent – aber sobald es ernst wurde, weil die Uhr auf 12:00 Uhr stand, war der Fokus der Testpersonen wieder voll da. Unter diesen durchaus realistischen Bedingungen nahm die Leistungsfähigkeit durch das Tagträumen keineswegs ab. Die Conclusio: Schaffen wir den Wechsel vom Mindwandering in die Konzentration, wenn es drauf ankommt, ist alles gut. Es kommt eben auf die Dosis und das Timing an.

Das Geheimnis von Fortschritt und Kreativität

Derzeit bahnt sich eine grundlegende Änderung unserer Lebensart und Arbeitsweise an: Die digitale Revolution wird unsere Gesellschaft gehörig umkrempeln. Innovationskraft kann im Zusammenhang damit mit gutem Gewissen als der »Rohstoff der Zukunft« bezeichnet werden. Wissen vermehrt sich nicht nur in atemberaubender Geschwindigkeit – es ist auch über *Google, Alexa, Siri* und Co. rasch wie nie abrufbar. Menschen werden als Folge noch stärker selektieren, welches Wissen wertbeständig und wichtig ist und genau das als Quelle für neue Ideen nutzen. Computer mit künstlicher Intelligenz dagegen werden bald ärztliche Diagnosen mit einer Treffsicherheit übernehmen, die selbst einen erfahrenen und belesenen Spezialisten vor Neid erblassen lassen. Roboter werden unseren Alltag in vielen Bereichen erleichtern, aber es ist ihnen (zumindest soweit absehbar noch) nicht möglich, menschliche Kreativität nachzuahmen. Unsere geistige Schöpferkraft ist folglich unser großer Vorteil gegenüber Chips, Bytes und Maschinen. Wer mit einem flexiblen Mindset an diesen Wandel herantritt, wird als Sieger aus der Digitalisierung hervorgehen. Entscheidend ist die Fähigkeit, Innovationen zu produzieren. Wie funktioniert das? Eine Innovation entsteht, wenn kreative Ideen in einen Businessplan mit Hand und Fuß gegossen werden – das bringt die Menschheit im Kleinen wie im Großen weiter. Viele Geschäftsführer von Unternehmen unterschätzen dabei die Geschwindigkeit der Weiterentwicklung gehörig: Das Wissen der Welt verdoppelt sich gerade alle zwei Jahre. Speicherkapazitäten von Computern werden im selben Zeitraum ums Doppelte größer. Diese Verdoppelung bedeutet, dass unser Fortschritt exponentiell wächst. Das wiederum heißt nichts anderes, als dass Veränderungen in einer immer steileren Kurve ansteigen und damit teilweise richtiggehend nach oben schießen. Das menschliche Gehirn – ein Ergebnis langsamer Evolutionsprozesse – hingegen ist dafür gemacht, linear zu arbeiten, weshalb wir gern in »a – b – c«-Chronologien denken, und das über einen längeren Zeitraum.

Kennen Sie die aus dem arabischen Raum überlieferte Geschichte vom Reiskorn auf dem Schachbrett? Sie ist eine treffsichere Metapher genau dafür: Es war einmal ein kluger Höfling, der seinem König ein kostbares Schachbrett schenkte. Dieser war ihm für den damit verbundenen Zeitvertreib dankbar, weil er sich mit seinen Ministern bei Hofe oft ein wenig langweilte. So sprach er zu seinem Höfling: »Sag mir, wie ich dich zum Dank für dieses wunderschöne Geschenk belohnen kann! Ich werde dir jeden Wunsch gewähren.« Nachdenklich rieb sich der Höfling die Nase und antwortete schließlich: »Nichts weiter will ich, edler Gebieter, als dass Ihr das Schachbrett mit Reis bedecken möget: Legt ein Reiskorn auf das erste Feld und danach auf jedes weitere stets die doppelte Anzahl an Körnern – zwei Reiskörner auf das zweite Feld, vier Reiskörner auf das dritte, acht auf das vierte und so fort.« Der König war erstaunt und entgegnete: »Es ehrt dich, dass du einen solch bescheidenen Wunsch äußerst. Er möge dir auf der Stelle erfüllt werden.« Der Höfling lächelte – eine Spur zu breit vielleicht – und verneigte sich tief vor seinem Herrscher. Sofort traten Diener mit einem Sack Reis herbei und schickten sich an, die Felder auf dem Schachbrett nach den Vorgaben des Höflings zu füllen. Bald stellten sie fest, dass ein Sack nicht ausreichen würde und ließen noch mehr Reissäcke aus dem Getreidespeicher holen. Schon auf das zehnte Feld mussten 512 Körner gelegt werden, beim 21. Feld waren es über eine Million Reiskörner. Irgendwann war klar, dass es nicht genug Reiskörner für alle Felder des Schachbretts gab. Durch sein kluges Begehr wurde der Höfling zum reichsten Mann im ganzen Land – und der König wünschte, er hätte ihm nie etwas geschuldet.

Wer so clever ist wie der beschriebene Höfling, der braucht keinen Geist aus der Lampe mehr, um seine Ziele zu erreichen. Was war geschehen? Dem König war nicht bewusst gewesen, wie rasant die Menge an Reiskörnern anwachsen würde, denn bei zwei, vier oder acht hat das wohl nicht nach viel ausgesehen – doch auf einmal waren seine Getreidekammern leer. Und Ähnliches passiert immer wieder diversen Firmenchefs, die eines Tages feststellen müssen, den Zug in die Zukunft verpasst zu haben, weil sie die Innovationsgeschwindigkeit unterschätzt hatten, die zunächst ebenfalls langsam angestiegen war. *Nokia* und auch *Kodak* sind Mahnmale für dieses Phänomen. Niemals hätte man sich vorstellen können, dass *Nokia*s Verkaufszahlen derart rasant bergab gehen könnten. Immerhin hatte um die Jahrtausendwende jeder dritte Handybesitzer ein Gerät aus diesem Haus – und das kam nicht von ungefähr: *Nokia*-Mobiltelefone waren preisgünstig, robust und die Akkuleistung hat seinesgleichen gesucht. 2007 war das finnische Unternehmen noch weltweiter Marktführer, doch dann hat es den Absprung ins Zeitalter der Smartphones verpasst. Offenbar haben die Manager diese Innovation nicht ernst genug genommen und die Weiterentwicklung des Handys womöglich fälschlicherweise für ein Nischenprodukt gehalten. Um die Verantwortlichen in Schutz zu nehmen: Es war vermutlich nicht absehbar, wie sehr *Samsung* und *Apple* mit ihren Smartphones bzw. dem iPhone einschlagen würden, denn damals ahnte noch niemand, dass das Wischen auf dem Display etwas unserem Gehirn enorm Entsprechendes ist, was die Laufzeit eines Akkus als Kriterium für einen Kauf um Längen schlagen würde. Hier ist das Duell »Kognition gegen Emotion« klar für die Emotion ausgegangen. Nachdem *Nokia* von 1998 bis ins Jahr 2011 durchgehend der weltgrößte Handyhersteller gewesen war, verlor er die Herrschaft über den Mobilfunkmarkt und war damit Schnee von gestern. Und warum? Weil die Geschäftsführung nicht auf die Revolution am Handysektor, die 2007 mit der Einführung des iPhone einsetzte, reagiert hat – jedenfalls nicht schnell genug, denn dem Aufstieg des Smartphones vom Nischen- zum Massenprodukt konnte sie nicht mehr nachkommen. Im Jahr 2013 zogen die Verantwortlichen die Konsequenzen und das Unternehmen damit komplett aus der Handyproduktion zurück, indem sie an *Microsoft* verkauften. Damit ist das ehemalige Erfolgsunternehmen an der Weiterentwicklung der Technik gescheitert.

Ein ähnliches Schicksal ereilte die Marke *Kodak*. 1996 gehörte das Unternehmen mit *Disney*, *Coca-Cola* und *McDonald's* zu den vier größten Marken der Welt. 2014 musste *Kodak* Konkurs anmelden – und das, obwohl die Entwickler dort im Gegensatz zu *Nokia* überaus innovativ waren: Sie haben immerhin die erste Digitalkamera auf den Markt gebracht. Bei *Kodak* scheiterte es am Marketing, das in diesem Fall nicht kreativ und schnell genug agierte: In den Köpfen der Kunden war die Marke immer noch mit analogen Filmrollen verbunden, die man entwickeln lassen muss. Dass das Unternehmen im neuen Jahrtausend angekommen war und auch moderne Produkte herstellte, die top funktionierten, nahmen ihm die Kunden offenbar nicht ab.

Wie geht es Ihnen mit solchen Dingen? Womit fotografieren Sie derzeit? Welches Handy hatten Sie früher und welches haben Sie jetzt? Wie und wo kaufen Sie heute ein? Erinnern Sie sich doch mal daran zurück, wie das vor ein, zwei Jahrzehnten war! Was hat sich seither in Ihrem Alltag verändert, was war irgendwann brandneu und ist inzwischen selbstverständlich geworden? Gibt es Bereiche, in denen Sie den digitalen Wandel unterschätzt haben? Welche Möglichkeiten sehen Sie, dem vorzubeugen?

Vorbildwirkung in Europa, was das Erkennen von Umbrüchen und das Treffen des Zeitgeists betrifft, hat *McDonald's*. Die CEOs sind hier ihrer Zeit immer ein Stück weit voraus, bereiten Veränderungen langsam vor und leiten sie ebenso nach und nach ein, um ihre Restaurants dann beispielsweise in neuem Glanz erstrahlen zu lassen, bevor der Kunde auf die Idee kommen könnte, abzuspringen. Das ist mit der »gesunden« Schiene genauso rechtzeitig geglückt wie mit der Änderung der CI in Form angepasster neuer Farben oder dem Hinzunehmen des *McCafé*, um in unseren Breitengraden Kunden, die ansonsten zu *Starbucks* gehen würden, abzuholen. Und all das probieren sie zunächst in einigen wenigen Test-Filialen aus, um in Ruhe überprüfen zu können, was die Kunden annehmen und was nicht, bevor sie es auf alle Standorte ausweiten. Durch diese schrittweise Änderung kann die Wahrnehmung beim Kunden nachziehen. Was bei *Kodak* schiefgelaufen ist, meistert *McDonald's* immer wieder optimal: das Marketing und damit die Kommunikation mit dem Kunden. Der ist nämlich ein harter Brocken, denn wir Menschen langweilen uns schnell. Darum ist es für Firmen immens wichtig, immer wieder etwas Neues auf den Markt zu bringen, das aber nicht zu rasch zu tun und mit Altbekanntem zu verknüpfen. Bestes Beispiel ist auch hierfür das Smartphone. Wenn Sie sich die Apps auf Ihrem Gerät genau ansehen, wird Ihnen auffallen, dass diese mit alten Symbolen einhergehen: Fürs Telefonieren gibt es einen Telefonhörer, für Kurznachrichten eine Sprechblase, für die Fotografierfunktion eine analoge Kamera – und wenn man den Ton nicht eigenständig ausschaltet, gibt es beim Auslösen sogar noch ein echtes Kamerageräusch, obwohl hier nichts mehr mechanisch funktioniert. Das ist wirklich genial gelöst, weil unser Gehirn so auf bereits Bekanntes zurückgreifen, das Neue mit dem Alten verknüpfen und sich langsam umgewöhnen kann, während es ansonsten sicherlich überfordert wäre. Amüsant zu beobachten ist in diesem Zusammenhang, dass Menschen im Jahr 2019 immer noch mit dem rechten Zeigefinger auf den Auslöseknopf eines imaginären Fotoapparats drücken, wenn sie pantomimisch den Vorgang des Fotografierens darstellen. Ebenso formen sie mit der Hand den Hörer eines Wählscheibentelefons und halten diesen ans Ohr, wenn sie das Telefonieren andeuten wollen. Beides funktioniert in der heutigen Welt längst anders, aber wir sind noch nicht bereit, das in unsere Symbole aufzunehmen, weil die digitalen Ablöser dieser alten Technologien nicht lang genug Teil unseres Alltags sind, sodass wir sie verinnerlicht hätten – zumindest für die älteren und mittelalten Generationen von uns.

Auf Biegen, Brechen und Verbinden

Kreativ zu sein bedeutet nicht, etwas vollkommen Neues zu erfinden. Was im Gehirn nicht schon in irgendeiner Form da ist, kann auch nicht von ihm konstruiert werden. Der Mythos vom völlig Neuen, das die größten Genies der Welt entwickeln, ist ein Irrtum. Diese unrealistische Erwartungshaltung kann als überzogener Anspruch dazu führen, dass wir die Ideenfabrik zwischen unseren Ohren blockieren. Darum ist es wichtig, zu wissen: Im Prinzip ist alles, was wir uns mit unserem Oberstübchen ausdenken können, längst in den grauen Zellen verborgen. Kreativität bedeutet somit, bereits Vorhandenes auf neue Art zu formen oder Verschiedenes neu miteinander zu kombinieren. Dafür haben wir prinzipiell drei Varianten zur Verfügung: Biegen, Brechen und Verbinden. Beim Biegen bringen wir etwas in eine neue Form, beim Brechen zerstören wir es, um es neu zusammenzusetzen, und beim Verbinden kombinieren wir zwei oder mehr Dinge auf innovative Art und Weise.

Sehen wir uns das genauer an: Etwas in eine neue Form zu *biegen*, hieße beispielsweise, die Größe zu verändern, um dadurch Neues zu kreieren bzw. Altbekanntes in einen neuen Kontext zu setzen, wie das bei Jonathan Swifts Roman »Gullivers Reisen« aus dem Jahre 1726 in Bezug auf die menschliche Körpergröße bestens funktioniert hat und auch heute noch unterhält, wenn wir etwa an die damals enorm erfolgreiche US-Komödie »Liebling, ich habe die Kinder geschrumpft!« von 1989 oder den modernen Science-Fiction-Streifen »Downsizing« mit Matt Damon aus 2017 denken. Diese Methode stellt Bekanntes und lange Bestehendes in einem neuen Licht dar, spielt mit der Verwandlung dessen, was wir gewohnt sind, indem Menschen etwa plötzlich klein wie Ameisen sind, und lässt so lustige Situationen und Perspektiven entstehen. Die Form zu verändern oder das Material auszutauschen, führt ebenso in der Architektur und der bildnerischen Kunst zu großartigen Neuerungen – Karikaturen sind beispielsweise Teil dieser Kategorie. Die zweite bewährte Methode – etwas zu *brechen und neu zusammenzusetzen* – gehörte zum Standardrepertoire von Pablo Picasso, der Winkel dadurch wie noch nicht da gewesen erscheinen hat lassen. Aber auch in der Technologie gibt es eindrucksvolle Beispiele dafür: Bei der Mobiltelefonie wurde das Netz ursprünglich wie fürs Fernsehen gemacht, bis sich herausgestellt hat, dass hohe Sendemasten nicht unbedingt für ein großes Sendegebiet stehen, weshalb die Gebiete in kleine Regionen aufgeteilt werden mussten, damit es ohne Sendeausfall funktionieren konnte. Sprachliche Abkürzungen sind ebenfalls nichts anderes, als gebrochenes altes Material, wie es die deutsche Hip-Hop-Rap-Band *Die fantastischen Vier* mit ihrem 1999 veröffentlichten Hit »MfG« über die Vorliebe der Deutschen für Abkürzungen recht treffend auf den Punkt gebracht hat.

Im *Verbinden,* das als das Kreative im engeren Sinne angesehen werden könnte, geht es schließlich um das Kombinieren unterschiedlicher Dinge. Die Natur bedient sich dieses Prinzips in Form der Sexualität: Die Verschmelzung zweier Lebewesen bildet die Basis dafür, dass Erbgut effektiv neu kombiniert wird. Sexualität ist so gesehen eine Art Katalysator, ein Beschleuniger für evolutionären Fortschritt. Auch die menschliche Vorstellung ist voller Beispiele für Kombinationen: In der Mythologie gab es viele auf diese Art entstandene Mischwesen, die halb Mensch und halb Tier waren. Der Fachausdruck dafür lautet »Chimären«. Zu den bekanntesten gehören die Sphinx (Kombination aus Menschenkopf und Löwenkörper), die Meerjungfrau (Frauenoberkörper kombiniert mit Fischunterleib) und der Zentaur (Männeroberkörper mit Pferdeunterleib). Werken und Basteln im Kindesalter sind unter diesem Gesichtspunkt kein Zeitvertreib ohne tieferen Sinn, denn sie schulen jene Skills, die genau für diese Vorgänge gebraucht werden.

Kreativität als Ticket in die Zukunft

Ohne Kreativität und Fantasie wird es auch in Zukunft nicht gehen, werden diese Fähigkeiten doch im digitalen Zeitalter aus genannten Gründen sogar immer wichtiger. Das ist ein guter Grund, sich eingehend mit der eigenen Befähigung, kreativ zu denken und zu arbeiten, auseinanderzusetzen. Je einfallsreicher wir sind, je flexibler im Denken, desto stärker ist unsere Fähigkeit ausgebildet, kreativ zu sein – und umso erfolgreicher sind wir nachweislich in allen Lebensbereichen.

Kreativität können wir als Teamplay zweier Vorgänge in unserem Kopf betrachten: Wir produzieren zunächst Ideen und unterziehen diese gleich einer Bewertung, die sie entweder verfeinert oder aussortiert, denn unsere Einfälle müssen sowohl neu als auch sinnvoll, angebracht und der Sachlage gemäß sein, damit sie uns weiterbringen. Ein Fahrrad als Transportmittel für Reisen durchs Universum ist eben eine Fantasie, aber keine kreative Vorstellung. Dagegen haben die Basteleien der Serienfigur Angus MacGyver, deren Abenteuer aufgrund des enormen Erfolgs der Serie erst 2016 in einer Neuauflage noch einmal verfilmt wurden, immer wieder dazu geführt, sich selbst und die Welt zu retten. Der smarte MacGyver ist damit ein Meister der Kreativität: Er entschärft Atombomben in der Not mit Büroklammern oder knackt ein Türschloss mithilfe des Drahts einer Glühbirne. Für solche sinnvollen Lösungen kommt es auf die richtige Balance und das passende Timing der beiden vorhin genannten Mechanismen im Gehirn an: Während wir tagträumen, tritt der Verstand im Stirnhirn ein wenig in den Hintergrund, schaut aber weiterhin aus einer gewissen Distanz zu. Zwei US-amerikanische Neurobiologen sind 2018 zur Erkenntnis gelangt, dass Tagträumerei und Kreativität in Wahrheit zwei Seiten derselben Medaille sind: Während wir tagträumen, gehen wir mit unserem Fokus nach innen, wodurch wir die Ressourcen im Kopf besser anzapfen und einen neuen Zugang zu einer Angelegenheit bekommen. Zur besseren Erklärung: In unserem Gehirn gibt es ein Ruhenetzwerk, das »Default Mode Network«. Es besteht aus einer Gruppe von Gehirnregionen, die – so paradox das auch klingen mag – beim Nichtstun aktiv werden. Es lässt Gedanken frei springen und innere Bilder intensiver erleben. Insbesondere eine Region im hinteren Teil des Gehirns – der Praecuneus – hilft uns, im Zustand der Entspannung klare Eindrücke zu formen. So kreieren wir das Neue in Form von inneren Bildern: Wir können uns Farben und Formen besser vorstellen, die Bilder in unserem Kopf dazu werden klarer und es entstehen einprägsame Eindrücke. Da unsere Sprache manchmal zu abstrakt für unser Gehirn ist und die Bilder oft nur schablonenhaft sind, prägen sie sich nicht nachhaltig ein, sondern verpuffen wieder. Die größten Abenteuer sind deshalb jene im Kopf, wenn wir unsere Gedankenexperimente im entspannten Zustand stattfinden lassen und auf diese Weise zu neuen Lösungen und Verhaltensweisen finden oder innovative Ideen haben. Das Stirnhirn bewertet, indem es überprüft, ob das Vorgestellte überhaupt sinnvoll und angemessen ist. Diese Kooperation zwischen dem Ruhenetzwerk und dem Verstand im präfrontalen Cortex gelingt am besten, wenn die kognitiven Anforderungen niedrig sind. Durch Aufgaben wie Bügeln, Putzen oder Zählen wird das Stirnhirn abgelenkt und die kritische Instanz ein wenig runtergeschaltet. Zu viel würde die Gedanken wirr werden lassen – wir brauchen die Zielfokussierung – und zu wenig Einsatz des Stirnhirns würde unsere Freiheit im Denken einschränken.

Die Formel für Kreativität lässt sich wie folgt zusammenfassen:

zielgerichtete Anteile + spontane Gedanken = Kreativität

Kreativ zu sein entspringt grundsätzlich dem divergenten Denken – Gedanken, die in verschiedene Richtungen auseinanderstreben –, bei dem viele Möglichkeiten rund um ein Problem gesucht werden. Bei dieser Art des vernetzten Denkens in Zusammenhängen finden wir etwa für simple Büroklammern neue Verwendungsmöglichkeiten, indem wir eine an die nächste reihen und so eine Kette daraus basteln. Durch konvergentes Denken, bei dem die Gedanken wieder zusammenlaufen, soll die eine richtige Antwort auf eine Frage gefunden werden. Diese Form des konzentrierten Überlegens lässt uns beispielsweise eine Rechenaufgabe oder ein Kreuzworträtsel lösen. Spaziergänge fördern übrigens die Fähigkeit, divergent zu denken. Das spüren wir auch intuitiv, denn wenn der Kopf voll ist, gehen wir beinahe automatisch gern in die Natur raus, um unseren Kopf »wieder freizukriegen«. Im Gehen entsteht dann häufig die Lösung. Schon Friedrich Nietzsche meinte dazu Ende des 19. Jahrhunderts: »Alle wahrhaft großen Gedanken kommen einem beim Gehen« und »Ich würde nur einem Gedanken trauen, der mindestens zehn Kilometer gewandert ist«. Das Interessante daran: Gleichzeitig verschlechtert sich das konvergente Denken während eines Spaziergangs. Wissenschaftlich bewiesen ist: Beim Spazierengehen brauchen wir den oberen Teil unseres Stirnhirns – den dorsolateralen praefrontalen Cortex –, weil wir aufmerksam sein müssen, damit wir nicht stolpern. Zeitgleich sehen wir uns die Umgebung an. Das nimmt Kapazitäten des präfrontalen Hirns in Anspruch: Das Unbewusste arbeitet bei der Problemlösung mit herabgesetzter Kritikfähigkeit weiter. Wenn wir gerade Schwierigkeiten beheben wollen, ist das natürlich schlecht. Wenn wir aber unsere Kreativität hinterm Ofen hervorlocken möchten, ist es förderlich, weil genau richtig dafür: Unser Gehirn in den Ruhemodus zu bringen und es dadurch abzulenken, weckt nämlich unser kreatives Denken.

Die großen Denker unserer Zeit dürften das geahnt haben: Steve Jobs hat Meetings im Gehen abgehalten, Mark Zuckerberg macht es genauso. Studien zu diesem Thema haben eindeutig gezeigt: Wir sind im Schnitt um 60 Prozent kreativer, wenn wir uns zwischendurch lediglich sechs Minuten im Freien bewegen. 100 Prozent derer, die während einer Untersuchung dazu spazieren gegangen sind, hatten zumindest eine großartige neue Idee. Und selbst indoor bringt diese leichte, unangestrengte Bewegung eine Steigerung im breiten Denken: Wer im Inneren eines Gebäudes spaziert, wird um immerhin 40 Prozent kreativer. Das funktioniert übrigens sogar noch beim Gehen auf einem Laufband, während wir nur die Wand ansehen, denn das vorhin beschriebene Ruhenetzwerk im Gehirn geht hoch, wenn Menschen sich entspannen – und Kreativität ist direkt an diese Ruhe im Kopf gebunden. Wir müssen deshalb abschalten und in den Ruhemodus schalten, um das Unbewusste ins Bewusstsein zu bringen. Wenn wir zu fokussiert, zu konzentriert sind, klappt es nicht mit dem Kreativsein, denn das ist jenes Programm, in dem unser Gehirn nach der Lösung für ein bestimmtes Problem sucht. Das kennen Sie bestimmt, dass es unmöglich ist, auf Knopfdruck und unter Anspannung eine kreative Idee zu haben. In der Ruhe liegt eben tatsächlich die Kraft.

Wissen Sie, wann die genialsten Menschen der Weltgeschichte ihre großen Ideen hatten? Das wollte ein US-Wissenschaftler wissen, der auf der Suche nach der Antwort sowohl Primärliteratur von Einstein und Stephen Hawking geschriebene Briefe sowie Sekundärliteratur in Form von Aufzeichnungen über als Genies geltende Spitzenleister wie Leonardo da Vinci und Richard Wagner durchforstete. Dabei fand er das mit den Spaziergängen bestätigt: Wolfgang Amadeus Mozart oder auch Nikola Tesla gingen häufig in der Natur spazieren, bevor sie sich an ein neues Werk machten. Generell, so stellte er fest, können kreative Einfälle aber in jeder Lebenslage entstehen: nach dem Aufwachen, vorm Schlafengehen, im Sitzen, im Liegen. Auffällig oft – nämlich in 43 Prozent der Fälle – kommen geniale Ideen allerdings genau dann, wenn man gerade nicht über ein Problem nachdenkt. Das hatte etwa Albert Einstein in Bezug auf seine Relativitätstheorie notiert. Weiters verraten uns seine Aufzeichnungen, dass er an seine Themen zunächst visuell und motorisch herangegangen ist, bevor er in die Wissenschaft mit ihren Formeln und allen abstrakten Komponenten eintauchte, um der jeweiligen Herausforderung auf den Grund zu gehen. Eine seiner Strategien war es, sich Sparring-Partner unter seinen Konkurrenten zu suchen, mit denen er sich austauschen konnte, was er als überaus stimulierend erlebt hat. Zudem hat er viel geschlafen, wusste um die Bedeutung von Entspannung und hat sich das Problem stets in all seinen universellen Zusammenhängen intensiv angesehen. Seine Grundhaltung war, dass alles miteinander verbunden ist. Er verstand sich so gesehen als Entdecker und nicht als Erfinder. Das haben wir von einer Wissenschaftstheoretikerin erfahren, die seine Korrespondenzen an der Universität von Haifa in Israel genau studiert hat, um seine Art des Denkens greifbarer zu machen. Die Zusammenfassung ihrer Ergebnisse: Einstein kannte zwei Stadien des geistigen Arbeitens. Einerseits nahm er sich die Zeit, allein zu sein, sich zurückzuziehen und seinen Überlegungen in Form von bildhaften Gedankenexperimenten wie dem visuell-muskulären Imaginieren einer Fahrt mit einem Aufzug nachzugehen, indem er versucht hat, sogar die Schwere, die man dabei spürt, körperlich nachzuempfinden. Und andererseits begab er sich in den Austausch mit anderen Forschern, ließ sich in Gesprächen mit seiner hochintelligenten Frau kluge Fragen von ihr stellen und brachte sich damit vorwärts. Der Wechsel dieser beiden Phasen wie Ebbe und Flut verursachte irgendwann einen kreativen Kick und führte schließlich zu seinen bahnbrechenden Ideen und Erkenntnissen. 1905 hatte er sein stärkstes Jahr, in dem er vier Publikationen präsentierte, die aus heutiger Sicht nobelpreiswürdig waren. Für eine hat er den Nobelpreis auch verliehen bekommen, doch die anderen

Entdeckungen waren ebenfalls bemerkenswert. All das hat er während seiner Freizeit vollbracht, denn er war hauptberuflich am Berner Patentamt angestellt. Und genau das ist wiederum in Bezug auf das *Prinzip der Mühelosigkeit* interessant für uns: Dieser Posten als Beamter bedeutete eine wenig anspruchsvolle Beschäftigung für ihn, wodurch er viel im beschriebenen Tagtraum-Modus verweilte und sich sein Ruhenetzwerk im Gehirn ausbauen konnte, während er minimal mit dem Stirnhirn zu tun hatte. Am Abend hat er dann hart und hochkonzentriert gearbeitet, brütete über seinen Überlegungen und Publikationen und forderte alles von sich selbst. Eigenen Aussagen zufolge hatte er den »glücklichsten Gedanken seines Lebens« am 25. November 1915, als er auf seinem Sessel im Patentamt saß und sich überlegte, was denn wäre, wenn er sich im freien Fall befände und ihm jemand dabei zusehen würde. Aus diesem Spannungsfeld von Bewegung und Ruhe je nach Beobachtungsperspektive entstand die Grundlage für seine berühmte Relativitätstheorie.

Stellen wir uns vor, Einstein würde in der heutigen Zeit leben: Die Frage ist doch, ob er sein volles Ausmaß an Schöpferkraft heutzutage überhaupt auskosten könnte! Durch das Internet und Social Media wäre er so vielen Ablenkungen ausgeliefert, dass es für ihn im Jahr 2019 ungleich schwieriger sein könnte, regelmäßig ins Tagträumen zu verfallen. Und wir wissen ja mittlerweile: Wer gedanklich nie zur Ruhe kommt, dem fällt es schwer, seine Kreativität anzuzapfen.

Sie kennen das Phänomen sicher: In einem bestimmten Moment fällt Ihnen ein Name nicht ein, obwohl Sie sich wirklich anstrengen, sich daran zu erinnern. Später beim Zwiebelschneiden ist er plötzlich da. Ähnlich verhält es sich mit der Schlagfertigkeit: Sie haben in einer akuten Situation keine passenden Reaktion parat, nachdem Sie beleidigt wurden. Eine halbe Stunde später kommt Ihnen die zündende Idee – leider zu spät. Das passiert, wenn Ihr Stirnhirn Sie blockiert. Unsere Tipps an Sie: Gehen Sie spazieren oder beschäftigen Sie Ihr Stirnhirn auf andere Art ein wenig, wenn Sie Kreativität benötigen! Nutzen Sie die Fähigkeiten Ihres Ruhenetzwerks: Entspannen Sie sich, statt permanent nachzudenken, und halten Sie zeitweise digitale Diät, indem Sie das E-Mail-Programm, Ihr Handy und andere störende Reize abschalten. Sie haben keine Zeit für ausgedehnte Spaziergänge, weil der Job Ihre zeitlichen Ressourcen fordert und daheim der Haushalt wartet? Dann nutzen Sie die Hausarbeit und andere einfache administrative Handlungen als »Spaziergänge für Ihren Geist« – Hauptsache, Sie machen sich dieses Wissen aus der Hirnforschung ab und an bewusst und versuchen, aus dem üblichen Hamsterrad aus Internet & Co. auszubrechen. Denn Kreativität braucht den passenden Rahmen. Sie fällt ansonsten nicht vom Himmel und ist in stressigen Situation noch selten jemandem genau in den Schoß gefallen – nicht einmal den angeblichen Glückspilzen …

Einsteins Gehirn unterm Mikroskop

Der personifizierte Inbegriff von Genialität ist bis heute Albert Einstein. Wohl um herauszufinden, was sein Genie ausgelöst und seine unvergleichlichen Spitzenleistungen ausgemacht hat, wurde sein Gehirn wenige Stunden nach seinem Tod 1955 von einem US-amerikanischen Pathologen und Neurologen namens Thomas Harvey in einer illegalen Nacht-und-Nebel-Aktion entwendet, in 240 Stücke zerlegt und in Formalin getränkt in zwei Einmachgläsern konserviert. Auch die Augen des Verstorbenen hat sich der wissbegierige Dieb unter den Nagel gerissen. Nur der Rest des Leichnams konnte folglich wie von Einstein gewünscht verbrannt werden. Harveys Untersuchungen haben nichts Außergewöhnliches zutage gebracht, also standen die beiden Gläser mit Einsteins zerstückeltem Gehirn und seinen Augen jahrzehntelang in seinem Keller. Er soll sie bei einem Umzug sogar beinahe vergessen haben, woraufhin seine Frau ihm angeblich angedroht hat, sie zu entsorgen, wenn er nicht besser darauf aufpassen würde.

Alle in Folge durchgeführten Untersuchungen von Einsteins Gehirn haben methodische Schwächen und was die Analysen betrifft, kann man aus ihren Ergebnissen nicht ableiten, ob es sich beim möglicherweise punktuellen Anderssein von Einsteins Gehirn sprichwörtlich um die Henne oder das Ei handelt: Gibt es diese andere Struktur, *weil* Einstein extrem viel gedacht und geistig gearbeitet hat, oder war er *durch* diese Veranlagung derart unvergleichlich genial? Diese Frage ist nicht zu beantworten. Seine Genialität wird wohl weiterhin ein Geheimnis bleiben. Das völlig Überraschende der jüngsten Erkenntnisse aus der Hirnforschung ist allerdings: Spitzenleistungen wie die von Albert Einstein sind mit wesentlich weniger Anstrengung verbunden, als bisher angenommen.

Seine Tat verfolgte Harvey nebenbei gesagt bis zu seinem Tod im Jahr 2007. Immerhin war sie nicht nur illegal gewesen, sondern er hatte Gehirn und Augen Einsteins, der sofort verbrannt werden wollte, zudem gegen dessen Anweisungen entnommen und gestohlen. Es handelte sich somit auch um ein äußerst unethisches Vorgehen, hat er doch den letzten Willen eines Menschen missachtet. Die Rechnung blieb nicht aus: Er verlor in Folge seiner Fehlentscheidung seine Approbation und musste sich fortan als Arbeiter in diversen Fabriken durchschlagen und von einem Ort zum anderen ziehen. Erst 40 Jahre nach dem Diebstahl entschloss er sich, Einsteins zerstückeltes Gehirn an den Tatort zurückzubringen. Inzwischen befindet sich der größte Teil der Hirnmasse im National Museum of Health and Medicine in Chicago – und die Augen in einem Museum in New York City.

Was lernen wir aus dieser Geschichte für unser *Prinzip der Mühelosigkeit*? Auch wenn Genialität offenkundig im Gehirn liegt, ist die Antwort auf die Frage nach dem Grund für Spitzenleistungen nicht so einfach über die Anatomie zu finden. Das Besondere an Einsteins Gehirn bleibt deshalb zwar ein Rätsel, aber aus seinen persönlichen Aufzeichnungen, Briefen und Berichten lässt sich ableiten, in welchen mentalen Zuständen Einstein seine Errungenschaften erzielte – und die decken sich mit den Gesetzen der Gewinner, die wir Ihnen mit jedem Kapitel näherbringen wollen.

Die Lüge vom Brainstorming

Der US-amerikanische Werbefachmann Alex Faickney Osborn gilt als Erfinder des Brainstormings. Seine Grundidee war es in den 50er-Jahren, fünf bis sieben Personen in einem Raum zu versammeln, die einander zu einer bestimmten Überlegung ungefiltert ihre Einfälle kundtun sollten, um ein bestmögliches Ergebnis zu erzielen. Das Prozedere ist simpel: Im Team befruchtet man sich geistig gegenseitig, und wenn man frei von der Leber alles sagt, was einem einfällt, entstehen jede Menge neuer Ideen. Bereits 1958 haben aber Forscher herausgefunden, dass nominale Gruppen, in denen zunächst jeder für sich arbeitet, effektiver sind als reale. Zur näheren Erklärung: Nominal ist eine Gruppe, wenn sie individuell vorgeht, indem jeder ihrer Teilnehmer unabhängig vom anderen kreativ ist oder nachdenkt. In realen Gruppen arbeiten die Einzelpersonen gemeinsam an einem Problem, tauschen sich im Teamwork aus.

In den 70er-Jahren zeigten Untersuchungsergebnisse schließlich, dass ängstliche und schüchterne Menschen in Situationen des Brainstormings wesentlich schlechter abschneiden, als wenn sie alleine nach Lösungen suchen. Der soziale Druck, etwas Kluges oder Kreatives zu sagen, ist zu hoch, als dass unsichere Menschen sich trauen würden, ihre Gedankenfetzen mit den anderen zu teilen. Sie halten sich deshalb vorsichtshalber zurück. Außerdem setzen sich Brainstorming-Gruppen weniger Ziele als Einzelpersonen. Weiters fühlen sich die einzelnen Teilnehmer weniger verantwortlich, was ein grandioses Resultat betrifft – oder anders gesagt: Die Gruppe verführt zu Faulheit. Der Fachbegriff dafür lautet »Social Loafing« und wird alternativ »Ringelmann-Effekt« nach dem französischen Agraringenieur Maximilian Ringelmann genannt. Er hat dieses Phänomen zunächst bei Pferden entdeckt: Die Leistung zweier Pferde beim gemeinsamen Ziehen einer Kutsche ist nicht, wie man denken würde, doppelt so hoch wie die eines einzelnen Pferds, sondern nur geringfügig höher. Als Nächstes untersuchte Ringelmann diesen Effekt beim Menschen und fand heraus, dass es sich bei gemeinsam tauziehenden Männern genauso verhält wie bei den Pferden. Wenn auch dieses Experiment rund ums Tauziehen zum Teil auf physikalische Begebenheiten wie Zugwinkel und Stand zurückzuführen ist, so ist es dennoch eine unterhaltsame Anekdote, die zeigt: Die engagierte Arbeit in Gruppen hat ihre Limits und erfordert viel Transparenz über die Beteiligung der Einzelpersonen. Deshalb wird das Wort »Team« wohl von manchen scherzhaft als Abkürzung für »Toll, ein anderer macht's!« gesehen. Trainer von Mannschaftssportarten kennen diese Problematik und beim Brainstorming kann es das Gleiche sein: Jeder verlässt sich unbewusst darauf, dass dem anderen schon etwas Passendes einfallen wird, und so arbeiten de facto nur die Selbstbewussten und Dominanten, während die anderen sich innerlich ausruhen oder gar gedanklich faulenzen. Weil nicht alle gleichzeitig sprechen können, kommt es beim Brainstorming zu Situationen, in denen jemand einen Einfall hat, den er aber nicht sofort äußern kann – und dann vergisst er ihn wieder, weil die Gruppe inzwischen auf den Gedankenzug eines anderen aufgesprungen ist. Somit bringt ein gemeinsames Brainstorming oftmals nur den Durchschnitt, aber nicht die Spitzenleistungen der Kreativität der einzelnen Teilnehmer zutage. Wenn Einzelpersonen ihre Ideen zu einem bestimmten Thema sammeln, bringt das laut zahlreicher Studien darum ein wesentlich besseres Endergebnis – auch weil sie in der Anonymität nicht zu schnell von den Überlegungen der anderen beeinflusst oder gar in ihren eigenen Gedankengängen gestört werden. In einer zweiten Runde können die Einzelresultate immer noch mit der Gruppe geteilt werden. Im Idealfall haben sich am Abend davor schon alle Teilnehmerinnen und Teilnehmer intensiv auf das betreffende Thema fokussiert, wodurch ihre Gehirne bereits im Schlaf daran feilen konnten. Den Traum als Ressource zu nutzen, ist jedenfalls nie eine schlechte Idee! Immerhin gibt es den einen oder anderen Einfall zu einem Produkt, der seinem Erfinder während des Tiefschlafs wie von Zauberhand eingegeben wurde. Mit konkreten Reflexionen zu Bett zu gehen, nachdem man sich Notizen zur jeweiligen Herausforderung gemacht hat, kann schneller und ohne Umwege zur Lösung führen, als wenn man ein klassisches Brainstorming mit dem vollständigen Team ansetzt.

Falls Sie es trotzdem von Beginn an mit einem Brainstorming probieren möchten, ist es am besten, wenn Sie mit bewährten Kniffen arbeiten und die Anstrengung rausnehmen, damit die Mühelosigkeit die Oberhand gewinnen kann: kleine Pausen dazwischen, nur auf einen Aspekt des Problems pro Zeiteinheit fokussieren und ein Teamleiter soll in der Funktion eines Moderators darauf achten, dass sich alle beteiligen. Und vielleicht führen Sie das gar nicht so gute, aber gewohnte Brainstorming einfach mithilfe einer neuen Perspektive durch: Suchen Sie nicht nach Antworten, sondern entwickeln Sie gemeinsam die grundlegenden Fragen!

Wenn die Lösung das Problem ist

Nicht nur das Geheimnis um den Geist in der Lampe ist eines, das aus der Sicht einiger Zeitgenossen niemals hätte gelüftet werden sollen – es gibt zudem so manche Binsenweisheit, die sich hartnäckig wie Harz an den Fingern hält. Eine davon, die Sie getrost über Bord werfen können, wenn Sie sich nun auf den Weg zum glücksbringenden *Prinzip der Mühelosigkeit* machen, ist die These »Lösungsorientiertes Denken ist der Schlüssel zum Erfolg«. Das mag auf den ersten Blick unlogisch klingen, haben wir Ihnen doch in »Gewinner grübeln nicht« erklärt, wie richtiges Denken Sie zum Erfolg führt. Bereits dort haben wir aber darauf hingewiesen, dass richtiges Denken rein gar nichts mit ausschließlich positivem Denken zu tun hat. In »Alles reine Kopfsache!« haben wir dann geschildert, dass das Gehirn Probleme und deren Lösungen liebt und diese Abfolge eine attraktive Dramaturgie für unseren Kopf darstellt (weshalb gerade Kreuzworträtsel oder Hollywoodstreifen in Form von Heldenreisen überaus gut ankommen). Hier wollen wir dieses Konzept verfeinern und zum *Prinzip der Mühelosigkeit* ausbauen, indem wir uns näher ansehen, warum Probleme die Grundlage des Erfolgs sind, wenn wir nicht in ihnen versinken, sondern mit einer »Weniger ist mehr«-Haltung an sie herangehen – eben mit Leichtigkeit.

Um die oben genannte überholte Lehrmeinung wird leider sowohl auf Managementebene als auch in Trainerkreisen viel Tamtam gemacht. Phrasen wie »Es gibt keine Probleme – nur Herausforderungen« oder »Das Glas ist immer halb voll« haben Sie bestimmt schon gehört. Heerscharen von Coaches positionieren sich über den Ansatz, gleich zur Lösung zu kommen. Dazu wenden sie Techniken wie die »Wunderfrage« an, die ihre Klienten sofort weg vom Problem und hin zur Lösung bringen soll, indem es heißt: »Stellen Sie sich vor, sie wachen eines Morgens auf und all Ihre Probleme sind gelöst! Was wäre anders?«

Zugegeben: Wir Menschen haben einen Hang zum Negativen und tendieren dazu, uns allzu leicht in Schwierigkeiten zu verstricken. Doch das Thema »Lösung« wird in den genannten Fällen viel zu oberflächlich betrachtet. Die Krux dabei ist: Wer keine Probleme sehen möchte, verpasst enorme Chancen. Was glauben Sie, wie weit die Menschheit gekommen wäre, wenn niemand je Lust gehabt hätte, sich mit Hindernissen intensiv auseinanderzusetzen? Die größten Erfindungen entstanden, weil zunächst jemand ein Problem umfassend erkannt hat. Ohne Dilemmata gäbe es keine Entwicklung, keinen Fortschritt – und keine Firmengründungen. Anders gesagt: Probleme sind noch nicht erfundene Produkte. Die kreativsten Köpfe, besten Neugründer und Start-up-Pioniere sind wahre Komplikationsexperten. Um noch mal Einstein heranzuziehen, der unbestritten eines der größten Genies der Menschheitsgeschichte war: Er soll gesagt haben, er würde 55 Minuten über das Problem und fünf Minuten über die Lösung nachdenken, wenn er eine Stunde Zeit hätte, um die Welt zu retten. Überlegen Sie sich doch einmal, was das bedeutet!

Auch für die Gehirne von uns Normalsterblichen funktioniert es prima, wenn uns zunächst das Problem gezeigt wird. Das wissen etwa gute Werbefachleute zu nutzen, indem sie sich für eine starke Problemorientierung entscheiden: *Wäsche schmutzig? Dann müssen Sie Ihre Wäsche einweichen und mühsam jeden Fleck entfernen.* Die Werbung zeigt die komplette angebliche Qual des Waschens mit einem herkömmlichen Waschmittel. Erst dann wird irgendetwas futuristisch Anmutendes wie »3-in-1-Pods« als Lösung präsentiert. Bekannt ist auch die Werbung eines Schokoriegels, in der es heißt: »Du bist nicht du, wenn du hungrig bist!« In ihr wird die Problemstellung ebenfalls zuerst eindrucksvoll gezeigt, bevor die Problembehebung präsentiert wird. Und in Belgien zeigt ein Kondomhersteller ein Kind, das wild schreit, weil es keine Bonbons bekommt, um mit Augenzwinkern die Folgen einer unerwünschten Schwangerschaft ins Gehirn der Kunden zu transportieren. Warum klappt das immer wieder aufs Neue? Weil der potenzielle Käufer dort abgeholt werden muss, wo er ist. Die Dramaturgie »Problem – Lösung« ist deshalb unschlagbar. Ein guter Sales-Fachmann bereitet seiner Zielgruppe aus genau diesem Grund zunächst Beschwerden, bevor er ihr das Schmerzmittel in Form seines Produkts dazu liefert und damit ihre Bredouille behebt. Im Umkehrschluss verliert ein Coach seinen Klienten, wenn er ihn zu rasch zur Lösung führen will, denn Klienten wie Kunden wollen den Weg dorthin mitgehen.

Das Geheimnis des Erfolgs liegt in der richtigen Reihenfolge: Geniale Menschen betrachten eine Problematik von allen Seiten, widmen sich dabei jedem Detail und erst im Anschluss der Lösungsfindung. Das erhöht nebenbei auch die Lösungskompetenz. Denn wir müssen unser Gehirn erst umfassend mit der Aufgabenstellung füttern, bevor es die Lösung ausspucken kann – weil es nun mal keinen ausreichenden Output ohne hinreichenden Input gibt. An späterer Stelle werden wir uns noch eingehender damit beschäftigen, wie Sie das für sich konkret umsetzen, um mühelos und spielerisch auf Probleme zugehen zu können.

Wie Sieger lernen und ihre Ziele erreichen

Die Seescheide – ein farbenprächtiges Manteltier, das wie eine Röhre am Meeresboden festsitzt – schwimmt in ihren jungen Jahren durch den Ozean, sucht sich irgendwann ein schönes Plätzchen und saugt sich dort fest. Weil sie die Dienste ihres Gehirns infolge nicht mehr benötigt, wird es einfach aufgefressen und verdaut.

Vielleicht kennen Sie Menschen, die einem ähnlichen Lebenskonzept folgen, indem sie sich eines Tages mental oder tatsächlich an einem Ort niederlassen und von diesem Zeitpunkt an ihr Hirn förmlich ausschalten. Sie verbringen ihr Leben primär in der Routine, in einer selbst gewählten Passivität, entwickeln sich nur weiter, wenn der Druck von außen übermächtig wird. Mit der Digitalisierung wird die Problematik noch mal brisanter, weil ein solches Mindset Menschen dazu prädestiniert, zu den Innovationsverlierern zu gehören. Wir müssen davon ausgehen, dass in den kommenden Jahren rund die Hälfte der Jobs überflüssig werden wird: Taxifahrten sollen selbstfahrende Fahrzeuge übernehmen, Supermarktkassen könnten von Automaten bedient werden, Softwarelösungen werden den Bedarf an Buchhaltern und Steuerberatern reduzieren. Zudem besteht die Gefahr, jede Aktivität an virtuelle Realitäten abzugeben und alle Entscheidungen von *Alexa* treffen zu lassen. Das ist unfassbar schade, weil unser Gehirn ein wirklich lernwilliges Schaltzentrum und der Mensch ein lernfreudiges Wesen ist.

Da Sie zu diesem Buch gegriffen haben, dürften Sie dieser Gattung der seescheidenähnlichen Menschen nicht angehören, also nehmen wir Sie an dieser Stelle mit in die wissenschaftlichen Untiefen rund um die Erkenntnisse in Bezug aufs Lernen. Die Siegertypen, die von außen betrachtet von einer Erfolgssituation in die nächste gleiten, sind nämlich meistens Menschen, die nicht mit dem Erwachsenenalter aufgehört haben, spielerisch auf Entdeckungsreise zu gehen. Stattdessen haben sie es sich beibehalten, die Welt mit neugieriger Gesinnung zu erforschen und laufend Neues auszuprobieren zu wollen. Darauf sind sie trainiert, weil sie es Zeit ihres Lebens »geübt« haben – und weil sie positive Erlebnisse damit verbinden, geht ihnen dieses Dazulernen leicht von der Hand.

Das Dilemma der menschlichen Geburt

Das Gehirnvolumen heutzutage lebender Menschen ist rund dreimal größer als das von Schimpansen. Das unserer fossilen Vorfahren war hingegen mit dem von in unserer Zeit lebenden Schimpansen vergleichbar. Die wohl berühmteste Vertreterin des Australopithecus afarensis ist Lucy, ein Teilskelett eines höchstwahrscheinlichen weiblichen Exemplars dieser Art der Vormenschen, das im Jahr 1974 in Äthiopien gefunden und auf ein Alter von 3,2 Millionen Jahren datiert wurde. Seinen Namen hat das Fossil vom Beatles-Song »Lucy in the sky with diamonds«.

In Luc Bessons französischem Science-Fiction-Streifen »Lucy« aus dem Jahr 2014 – mit der US-Schauspielerin Scarlett Johansson in der Titelrolle – begegnet die Protagonistin am Ende ihrer Metamorphose vom Menschen zum Computer ebendieser Namensvetterin aus der Urzeit. Die Handlung des Films basiert auf dem Zehn-Prozent-Mythos rund ums

Gehirn, den wir in »Gewinner grübeln nicht« entmystifiziert haben: Die amerikanische Studentin Lucy lebt vorübergehend in China, wo ihr eine neuartige Synthetikdroge in den Körper implantiert wird. Als ihr von einem der Drahtzieher in den Unterleib getreten wird, platzt das Paket in ihrem Bauch auf und die Substanz wird in ihrem Inneren freigesetzt, was die Leistungsfähigkeit ihres Gehirns rapide ansteigen lässt. Dadurch kann sie einen immer höheren Prozentsatz ihrer Hirnkapazität nutzen und so wird aus dem durchschnittlich schlauen Mädchen innerhalb kürzester Zeit eine Intelligenzbestie. Sie erlangt im Laufe der Geschichte mehr und mehr Kontrolle über ihren Körper und verliert parallel dazu Menschlichkeit in Form von Emotionalität, die einer von Rationalität geprägten Denkweise weicht. Am Ende verleibt sich ihre körperliche Hülle sämtliche Geräte eines Labors ein, woraus ein innovativer Computer geschaffen wird. Wenn es sich auch vorrangig um einen Actionstreifen handelt, so geben seine Handlung und sein Thema doch Denkanstöße auf verschiedenen Ebenen, denn der Film zeigt auf beinahe erschreckende Weise, wie wir in ferner Zukunft noch weiter vom Ursprung der Menschheitsgeschichte entfernt sein könnten, als wir uns das vorzustellen wagen.

Zurück zur bislang real passierten Gehirnentwicklung der Menschen: Vor allem in den vergangenen zwei Millionen Jahren ist es zu einer vehementen Vergrößerung des menschlichen Gehirns gekommen. Diskussionen über die kognitiven Möglichkeiten unserer fossilen Vorfahren drehen sich daher meistens um archäologische Funde und Schädelgrößen. Das Hirnvolumen allein kann aber die herausragenden Fähigkeiten des menschlichen Gehirns nicht hinreichend erklären – für die kognitiven ist die innere Struktur des Gehirns wichtiger als dessen Größe. Um unser Gehirn besser zu verstehen, müssen wir gedanklich sechs Millionen Jahre zurückgehen – zu jenem Zeitpunkt, an dem sich die Linie der Schimpansen von der unserer menschlichen Vorfahren trennte. Zunächst haben die damaligen Begebenheiten im heutigen Afrika noch nicht unmittelbar mit dem Gehirn zu tun, sondern mit Hüfte und Beinen: Innerhalb der Hominini, wie unsere Vorfahren im Fachjargon heißen, entwickelte sich mit dem aufrechten Gang eine bis dato ungewöhnliche Art der Fortbewegung. Weil Forscher auf nur wenige fossile Fragmente aus dieser Zeit zurückgreifen können, sind die Details über diesen wortwörtlich entscheidenden Schritt nach wie vor unklar. Sicher sind sich Wissenschaftler lediglich in Bezug auf den Zeitpunkt, der mit »vor 3,6 Millionen Jahren« fixiert wurde, weil in den 1970er-Jahren versteinerte Fußabdrücke von aufrecht gehenden Hominini im afrikanischen Tansania entdeckt worden sind, was bedeutet, dass diese Fußspuren von Geschöpfen der Art des Australiopithecus afarensis in einer Schicht feuchter Vulkanasche hinterlassen worden sein müssen. Und damit lässt sich das auf genau 3,6 Millionen Jahre datieren.

Was sagt uns das wiederum? Die dramatische Größenzunahme des Gehirnvolumens geschah erst um bis zu vier Millionen Jahre nach der Evolution des aufrechten Gehens auf zwei Beinen. Von dieser Reihenfolge zu wissen, ist insofern bedeutend, als die Anpassungen an den aufgerichteten Gang das Skelett stark beeinflusst und nachhaltig verändert haben: Das Becken wurde schmäler, wodurch sich der Geburtskanal bei weiblichen Vertretern dieser Gattung verkleinerte. Das führte dazu, dass die Entbindung eines Nachkömmlings der Hominini mit einem im Laufe der Evolution immer größer werdenden Kopf durch einen enger gewordenen Geburtskanal einherging. Dadurch wurde die Entbindung zu einem merklich höheren Risiko für Mutter und Kind – und zu einem Dilemma für die gesamte Art, weil ihr Überleben damit gefährdet war. Die Lösung für dieses Problem war ein Strategiewechsel mit dramatischen Folgen: Der typische Primat ist ein Nestflüchter und darum bald nach seiner Geburt selbstständig lebensfähig und weitgehend unabhängig von seinem Muttertier. Menschliche Kinder sind im Gegensatz dazu Nesthocker. Sie weichen komplett von der Strategie anderer Primaten ab. Das Gehirn eines Menschenbabys hat bereits bei dessen Geburt die Größe eines ausgewachsenen Schimpansen. Der Unterschied zwischen diesen beiden Spezies zeigt sich schon in der 22. Schwangerschaftswoche, wenn die Geschwindigkeit des Wachstums im Schimpansengehirn abnimmt, während das Hirn eines menschlichen Babys im Mutterleib weiterwächst. Das Gehirn eines Menschen nimmt im Vergleich zu dem eines Schimpansen erheblich schneller an Volumen zu und wächst noch über einen längeren Zeitraum nach der Geburt weiter. Menschliche Gehirne weisen eine hohe Plastizität – eine hohe Formbarkeit – auf und reifen langsamer heran als jene der Schimpansen.

Bei uns sind demnach alle Nervenzellen angelegt, wenn wir das Licht der Welt erblicken – allerdings sind die Nervennetze noch nicht festgelegt und die Nervenweiterleitungen vergleichsweise langsam. Unsere ersten Lebensjahre sind daher entscheidend für die Vernetzung im Gehirn. Auch geringfügige Abweichungen im Muster der Hirnentwicklung beeinflussen die Struktur des Gehirns, und mit ihr die Kognition – also alle Prozesse, die Wahrnehmung und daraus gewonnene Erkenntnisse verknüpfen – und das Verhalten. Die Verbindungen der verschiedenen Regionen werden in diesen ersten Lebensjahren geknüpft und sind wichtig für unsere emotionalen, sozialen und kommunikativen Fähigkeiten. Was hat es nun mit unseren Emotionen in Bezug auf das tägliche Lernen und unsere weitere Entwicklung auf sich?

Die Sache mit den Gefühlen

Wenn wir uns freuen, glücklich sind und lachen, sind das unzweifelhaft positive Gefühle – da werden Sie sicherlich zustimmen. Wenn wir uns ärgern, traurig oder frustriert sind, ordnen wir das als negative Gefühle ein, richtig? Tatsächlich entbehrt die Einteilung in »gute« und »schlechte« Gefühle jeglicher wissenschaftlichen Grundlage, denn es gibt keine prinzipiell positiven oder negativen Emotionen: Biologisch gesehen habe *alle* Emotionen ihren Wert, denn sie dienen unserer Orientierung in der Welt. Jede einzelne seelische Befindlichkeit hat demnach ihre biologische Berechtigung – sonst gäbe es sie nicht. Emotionen sind Regungen des neuronalen Systems und unterstützen und dabei, unsere Unversehrtheit und letztlich unser Überleben zu sichern, indem sie uns anleiten, Situationen und Menschen einzuschätzen. Dass wir die einen spüren wollen und die anderen zu vermeiden versuchen, ist lediglich die Folge unserer inneren Bewertung. Eine wohlwollende Anerkennung aller Gefühle und das Streben nach einem bestimmten Empfindungszustand, den wir vernachlässigen und der doch für unsere Gesundheit so wichtig ist, erhöht den Mühelosigkeitsfaktor in uns. Was wir als gut oder schlecht empfinden, ist eine emotionale Bewertung, die unser Verhalten leiten soll, und wenn wir gute und schlechte Gefühle thematisieren, meinen wir damit, wie sie sich für uns anfühlen – eben gut oder schlecht. Die Emotion selbst ist ein Regulativ, das uns sagt: »Mag ich!« oder »Mag ich nicht!«, was dazu führt, dass wir auf etwas zugehen oder vor ihm weglaufen. In den Anfängen der Menschheitsgeschichte war die Entscheidung durch die Anzeige dieses emotionalen Kompasses unter Umständen recht einfach: »Säbelzahntiger: schlecht. Süße Früchte: gut. Ergo: vom Tiger weg, zur Frucht hin.« Aber was war, wenn die Früchte ausgerechnet dort hingen, wo der Tiger lauerte? Ja, das konnte in solchen Fällen eine Herausforderung darstellen.

Drohte der Urzeitmensch zu verdursten oder zu verhungern, hat er das Risiko, zur Beute des Säbelzahntigers zu werden, allerdings auf sich genommen. Ähnlich verhält es sich heutzutage, wenn wir etwa einem Job nachgehen, der uns nicht guttut, weil wir das Geld brauchen und (noch) keine Alternative haben: Dann raffen wir uns trotz des empfundenen Widerwillens am Montagmorgen auf und gehen ins Büro.

Sie sehen: Wir können bis heute durchaus gemischte Gefühle haben. Denn unterschiedliche Gefühlsregungen haben ihren Ursprung immerhin in verschiedenen Arealen im Gehirn: Ekel, Trauer oder Angst werden durch andere Nervennetze vermittelt als Glücksgefühle. Aus diesem Grund kann es sein, dass man sich auf die eigene Hochzeit freut, vielleicht aber auch gewisse Zweifel spürt, oder dass jemand gern in ferne Länder verreist und trotzdem jedes Mal mit seiner Flugangst zu kämpfen hat. Eine Emotion werden wir Ihnen gleich besonders nahelegen: jene, die für Ihre Gesundheit am wichtigsten ist. Dass es sich bei all dem nicht nur um graue Theorie handelt, sondern es handfeste Konsequenzen hat, wie wir über Emotionen denken, zeigen die neuesten Erkenntnisse zweier Psychologen von der University of Toronto und der Stanford University aus dem Jahr 2019: Wer Emotionen grundsätzlich als gut und kontrollierbar bewertet, erhöht den Einfluss des Stirnhirns auf deren Kontrolle!

Und damit kommen wir dem Kern der Sache näher: Worum geht es uns im Leben eigentlich? Was wünschen wir uns, wenn wir den Geist aus der Flasche holen? Klar, dass wir Einfluss darauf haben, kontrollieren können, was uns im Leben widerfährt. Aber wollen wir einen luxuriösen Wagen besitzen (oder zumindest fahren, während er in Wahrheit der Leasinggesellschaft oder der Bank gehört), möchten wir eine Eigentumswohnung erwirtschaften oder lieber ein Haus mit Garten mieten? Sehnen wir uns nach einem liebevollen Partner und gemeinsamen Kindern oder träumen wir von einer steilen Karriere? Nein, das alles entspricht lediglich oberflächlich betrachtet unseren Zielen. Wenn wir tiefer ins Menschsein eintauchen, erkennen wir schnell: Es geht um etwas anderes – es geht um Gefühle. Es geht immer um Gefühle: um Freude, Stolz und das Erreichen eines Sicherheitsempfindens. Wenn wir das verwirklichen können, erleben wir ein bisschen Ruhe im Kopf – und das beschert uns ein wonniges, angenehmes Gefühl. Der Wagen, die Liebesbeziehung und die Karriere sind nur Mittel zum Zweck. Chemisch übersetzt bedeutet das: Was wir wollen, hängt am Dopamin, und was wir kriegen, an den Endorphinen. Erfolg ist letztlich auch nur ein Gefühl, nicht wahr?

Unser Gehirn neigt zu Horrorszenarien im Bestreben, uns zu helfen, potenziellen Risiken aus dem Weg zu gehen. Mentale Probleme wie Prüfungsangst entspringen ebenfalls einem Gefühl, das im Grunde nur eine Vorstellung von einer Situation ist. Studien zu diesen Schwierigkeiten haben ergeben, dass stark prüfungsängstliche Menschen insbesondere bei einfachen Aufgaben erheblich schlechter abschneiden als Personen, die keine Prüfungsangst kennen. Das liegt daran, dass diese Form von Ängstlichkeit körperliche und psychische Stressreaktionen hervorruft, die leider die Konzentration herabsetzen und die geistige Beschäftigung mit in der Situation der Prüfungsangst komplett unwichtigen Dingen erhöhen. Beides vermindert schon für sich die Leistungsfähigkeit – in Kombination ist das naturgemäß besonders leistungshemmend. Dabei ist echte Prüfungsangst nicht zu verwechseln mit einer gewissen Anspannung vor der Testsituation, die auch Gewinnertypen kennen, denn eine solche kann der Leistung durchaus zuträglich sein, weil sie innere Energien mobilisiert und die Anstrengungsbereitschaft steigert.

Zum Problem wird eine Emotion oder ein einer Emotion entsprungenes Gefühl immer dann, wenn wir unangemessen lange damit beschäftigt sind. In diesen Fällen befinden wir uns in einer chronischen emotionalen Anspannung. Daher ist das Loslassen, das Entkoppeln von Emotionen der erste Schritt in Richtung Mühelosigkeit. Das ist nebenbei bemerkt das Geheimnis von Achtsamkeit: Zwischen einem Reiz und unserer Reaktion darauf gibt es einen zeitlichen Abstand der Ruhe – und der sorgt für einen Moment der Freiheit, weil und wenn wir das Reiz-Reaktions-Muster verlassen und so neue Reaktionen wählen können. Leistet sich uns gegenüber jemand etwa eine Gemeinheit, ärgern wir uns. Eine kleine Verzögerung unseres Reagierens durch ein kurzes bewusstes Innehalten kann hierbei Wunder wirken. Dadurch entsteht Freiheit in unserem Kopf, uns für eine andere als die im ersten Moment als naheliegend erscheinende Reaktion zu entscheiden.

Weil Glücksratgeber und -seminare seit einigen Jahren einen regelrechten Boom erleben, räumen wir an dieser Stelle mit einem wichtigen Mythos auf: Der emotionale Zustand, den wir am meisten brauchen, ist nicht wie gemeinhin angenommen Glück oder Freude! Am bedeutendsten ist der Zustand der Ruhe, der Stille und des Friedens für uns. Dieser ist eng mit unseren Selbstheilungskräften verzahnt – jenen Mechanismen in unserem Körper, die auf Gesundheit ausgerichtet sind. Aus ihm schöpfen wir alles, was für unseren Erfolg notwendig ist: Erholung, Kreativität und mühelose Leistungsfähigkeit.

Was sagt uns das? Die Jagd nach dem Glück und dem Spaß, die im Übrigen selbst durchaus Stress bedeuten kann, ist lange nicht so sinnvoll wie die Suche nach der Ruhe im Kopf! Die benötigen wir nicht nur für die Kreativität, wie wir bereits gehört haben, sondern sie hilft uns gemeinsam mit den Emotionen auch beim Lernen.

Die Macht konkreter Fragen

Der Traum vom mühelosen Lernen begleitet wohl Millionen Schüler, Schülerinnen und deren Eltern. Die Realität: Lernen ist für viele mit Ängsten, Qualen und hohen Kosten verbunden. Die Bertelsmann-Stiftung hat herausgefunden, dass in Deutschland pro Jahr fast 900 Millionen Euro für Nachhilfe ausgeben werden. In Österreich sind es laut Arbeiterkammer immerhin bis zu 110 Millionen Euro. Nachhilfe ist damit im deutschsprachigen Raum ein Milliardenmarkt geworden. Auch in Unternehmen wird »lebenslanges Lernen« gepredigt, doch die klassischen Tagungen, Seminare und E-Learnings verpuffen bei den Mitarbeitern innerhalb kürzester Zeit – der Transfer in den Berufsalltag gelingt nicht.

Möchten Sie wissen, wie Sie mithilfe der Erkenntnisse aus der Hirnforschung das Lernen leichter und effektiver gestalten können?

Drei Problemfelder bzw. Fragen tun sich rund ums Lernen immer wieder auf:

1. Wie kann ich konzentriert bleiben?
2. Wie kann ich mich motivieren?
3. Wie kann ich mir die Dinge besser merken?

Das mit der Aufmerksamkeit ist dabei keine einfache Angelegenheit, denn lange und tiefe Konzentration wurde uns leider nicht in die Wiege gelegt. Das ist auch gut so, denn wären unsere Vorfahren aus der Steinzeit nicht leicht von einem Rascheln im Gebüsch oder sonst einem Geräusch von der Sache, in die sie gerade vertieft waren, ablenkbar gewesen, hätte der Säbelzahntiger ein zu einfaches Spiel gehabt. Die Fähigkeit der anhaltenden Konzentration ist darum eine, die wir erst erwerben müssen. Meditationstechniken wie sich auf die Atmung zu fokussieren oder seine Gefühle zu benennen, unterstützen uns dabei. Für Lehrer und Trainer ist es wesentlich, die Aufmerksamkeit richtig zu lenken, nämlich mit der Präzision eines Bogenschützen auf das, was gelernt werden soll. Die wesentlichen Botschaften sollten aus diesem Grund entsprechend markiert werden. Ein »Das ist jetzt besonders wichtig« in Verbindung mit dem Nutzen, der sich aus dem Inhalt ergibt, wirkt da schon wahre Wunder, denn für viel Wissen ist unser Hirn nicht gemacht. Anders formuliert: Wir wissen wenig, aber wir können viel. Im Vordergrund stehen für unser Gehirn Kompetenzen aufgrund von emotionalen Erfahrungen.

Eine Frage zwischendurch: Wie viele Fenster haben Sie in Ihrer Wohnung oder Ihrem Haus? Der deutsche Hirnforscher Manfred Spitzer weist mit dieser Frage gerne darauf hin, wie wir uns Wissen besonders gut merken: in Form von Bildern. Vermutlich sind Sie gerade in Gedanken Ihr Zuhause durchgegangen und haben die Fenster gezählt, richtig?

Lernen ist Gefühlssache, weil uns unsere Emotionen beim Lernen unterstützen, denn sich etwas Neues anzueignen, ist stets an Gefühle gekoppelt. Wir haben vorher schon besprochen: Gefühle sind dazu da, Dingen Bedeutung zu geben, um einzuordnen, ob etwas gut oder schlecht ist. Dabei hilft uns das als »gut« Bewertete dabei, Problemlösungen abzuspeichern und das als »schlecht« kategorisierte, Probleme zu vermeiden. Bei negativen Situationen wird die Angst aber leider mitgelernt und später immer wieder damit abgerufen – und dadurch sinkt wiederum die Kreativität.

Neugierde treibt uns dazu an, Neues zu lernen. Sie ist eine Blanko-Ressource, zu verstehen wie das Vorglühen positiver Emotionen. Das passiert etwa, wenn wir uns zwar noch nicht sicher sind, was uns in einem Seminar, bei einem Training oder an einem Urlaubsort erwartet, wir uns aber dennoch darauf freuen, weil all das neue Erfahrungen verspricht. Was geschieht dabei in unserem Gehirn? Der Nucleus accumbens, eine Kernstruktur im unteren Vorderhirn, produziert das Dopamin und die Endorphine, das wie Kokain und Opium auf uns wirkt: Das Belohnungszentrum schüttet zuerst das Dopamin und danach – sobald sich der Erfolg einstellt, indem die Erwartungen übertroffen werden – die Endorphine aus. Und das ist es, was das Lernen von neuen Inhalten und Erfahrungen, aber auch das Erlernen neuer Gewohnheiten letztlich vorantreibt.

Wie sollte es idealerweise aussehen, wenn wir etwas Neues wie das Tauchen, ein Instrument zu spielen oder einen bestimmten Tanz erlernen wollen? Als Basis benötigen wir Aufmerksamkeit, ganz klar: Um tauchen zu können, müssen wir zuerst die Theorie dazu verstehen und dann den ersten Wassergang erfolgreich absolvieren. Dazu brauchen wir den vollen Fokus. Genauso verhält es sich beim Musizieren: Wir müssen uns auf das neue Stück, auf die Fingerfertigkeiten konzentrieren, um im Violinenspiel immer besser zu werden. Und wer beim Tanzkurs vor sich hindöst, anstatt dem Partner und der gemeinsamen Bewegung seine ungeteilte Aufmerksamkeit zu schenken, wird ihm auf die Zehen steigen. Als Nächstes erfordert das Erlernen neuer Fähigkeiten wiederum die erwähnte Ruhe. Wer 24 Stunden am Stück die Grundlagen des Tauchens studiert, an der Geige klebt oder den Walzer üben will, wird schnell ermüden. Weiters brauchen wir einen anhaltenden selektiven Fokus – etwa auf den Lehrer oder den Lernstoff –, was nichts anderes bedeutet, als dass wir Ablenkungen ausblenden können müssen. Denn wer beim Tauchgang von jedem vorbeikommenden Fisch irritiert ist und darüber seinen Fokus auf die wichtigen Abläufe verliert, sich nicht auf das aktuelle Stück konzentrieren kann, wenn vor dem Fenster Kinder lärmen oder in den Tanzpartner verknallt ist und darum an alles denkt, nur nicht an die Schrittfolge, wird kläglich scheitern. Wer sich mit diesem anhaltenden Fokus schwertut, kann das glücklicherweise trainieren, indem er sich entweder auf den eigenen Atem konzentriert oder übt, Seile entlangzugehen, die auf dem Boden aufgelegt werden. Wem derlei Fertigkeiten bereits im frühen Kindesalter beigebracht werden, der profitiert sein Leben lang davon. Die Konzentrationsfähigkeit können Erwachsene bei Kindern zudem unterstützen, indem sie konkrete Fragen wie »Was beobachtest du denn da?« stellen und sich in der Antwort alles detailliert beschreiben lassen. Zusätzlich sollten sie alles, was sie selbst tun, präzise erklären, also nicht »Wir machen jetzt den Tisch sauber!« sagen, sondern »Wir räumen den Tisch jetzt ab und reinigen ihn dann so, dass kein Tropfen Wasser mehr zu sehen ist!« Derlei Methoden stärken die Exekutivfunktionen im Arbeitsgedächtnis, was die späteren Erwachsenen zu Spitzenleistern macht. Sich aktiv zu beteiligen, Fragen zu stellen, aus Feedback und Fehlern zu lernen, in Gruppen zu arbeiten, Gelerntes selbst zu präsentieren – all diese Aspekte führen dazu, dass Kinder wesentlich erfolgreicher lernen als wenn der Unterricht sich auf den klassischen frontalen Vortrag beschränkt.

Warum speichert unser Gehirn nun Erkenntnisse aus Gruppenarbeiten besser ab als solche, die wir nur durchs pure Zuhören gewonnen haben? Weil der soziale Faktor eine erhebliche Rolle spielt. Darum ist ein gemeinsames Quiz nach dem Lernen überaus effektiv, während es weniger gute Erfolge bringt, wenn Schüler sich nur still alleine testen.

James Heckman, amerikanischer Ökonom und Wirtschaftsnobelpreisträger von 2000, hat Pre-School-Programme mit Post-School-Programmen verglichen und herausgefunden, dass Investitionen in Bildung nicht früh genug beginnen können – gerade wenn es darum geht, sozial Benachteiligte zu fördern. Wer im Kindergarten- und Vorschulalter in passende Programme investiert, hat die größten Chancen, betroffene Kinder zu unterstützen. Auf diese Erkenntnisse beruft sich daher die OECD, wenn es um mehr Engagement in der frühen Förderung geht. Aus dieser Perspektive betrachtet müssten Kindergartenpädagoginnen wie Volksschullehrer ein wesentlich höheres Gehalt beziehen als Universitätsprofessoren, weil sie nachhaltigen Einfluss auf die Wirtschaft und die Entwicklung der Gesellschaft nehmen …

Einer der wichtigsten Tipps, der für Kinder wie Erwachsene gilt: Beschränken Sie sich beim Lernen nicht auf das Wiederholen als Methode Ihrer Wahl, denn wissenschaftliche Untersuchungen dazu belegen, dass Wiederholungen in diesem Fall wenig ertragreich sind. Einen Text kurz hintereinander mehrmals zu lesen, bringt demzufolge wenig bis gar nichts. Wenn Sie das Gelesene stattdessen aktiv erinnern, erhöhen Sie den Anteil dessen, was Sie sich merken. Die Lernkurve wird folglich nicht durch Geschwindigkeit oder Wiederholungen beeinflusst, sondern durch die Art des Lernens. Wenn wir Quiz-Fragen beantworten, was ein Feedback-Lernen bedeutet, wird die ansonsten rasch abfallende Vergessenskurve abgeflacht: Wir erkennen dadurch klar, was wir uns noch nicht gemerkt haben, was wir vielleicht noch gar nicht wissen, und können die Antworten dazu wie nebenbei im Langzeitgedächtnis ablegen. Am Institut für mentale Erfolgsstrategien in Wien werden seit 2014 Trainingsprogramme für leichteres Lernen angeboten, die auf dem Prozess des aktiven Erinnerns beruhen. Die Erhebung der Lernerfolge nach drei Monaten zeigt, dass neun von zehn Schülern und Studentinnen sehr stark bis stark davon profitieren und Motivation sowie Merkfähigkeit zunehmen.

Die Ansätze dieser mentalen Lernstrategien auf Basis dieser sensationellen neuen Forschungsergebnisse stellen wir Ihnen hier vor: Sie setzen auf einen schnellen Wechsel zwischen dem Erwerben neuen und dem Testen des bereits erworbenen Wissens. Statt wiederholt das Gleiche zu lesen oder zu lernen, sollten Sie sich von anderen prüfen lassen oder sich selbst testen! Das stimuliert den »Konsolidierungsmuskel« im Hirn und lässt das neu Gelernte besser haften bleiben. Denn das Erlernen von Wissen und genauso von Erfahrungen ist ein aktiver Prozess! Da der Hippocampus nur begrenzt aufnahmefähig ist und Neues erst einmal verarbeiten muss, ergibt es keinen Sinn, immer mehr Wissen aufzusaugen, weil er sich in diesem Fall langweilt, im übertragenen Sinne zu gähnen beginnt und die Schotten dicht macht. Wesentlich gewinnbringender ist es daher, 15 Minuten zu lernen und sich anschließend 15 Minuten zu testen, bevor nach einer Pause erneut 15 Minuten gelernt wird, um sich im Anschluss wieder 15 Minuten lang zu überprüfen. Nur so lernen Sie mühelos und nachhaltig erfolgreich! Apropos Pause: Es kommt auch auf die richtige Pausengestaltung an! Eine Mentalübung kann dabei wahre Wunder wirken. Darauf werden wir später zurückkommen. Wichtig ist es außerdem, die Fehler als etwas Positives zu betrachten, denn sie gehören zum Lernprozess dazu und fördern den Fortschritt: Wir lernen nämlich aus den falschen Antworten mindestens genauso viel wie aus den richtigen.

Das Unnötigste, was man in der Lernphase machen kann, ist, etwas stur zu wiederholen. Damit widerspricht die moderne Hirnforschung klar der unter Schülern und Studenten gängigen Praxis. Die jüngsten Erkenntnisse weisen allerdings eindeutig darauf hin, dass diese Methode nicht hirngerecht ist. Sinnvoll ist es hingegen, wenn wir uns vor dem Lernen fragen, was wir vom betreffenden Stoff schon wissen, um zu sehen, wo es Anknüpfungspunkte gibt. Das gilt auch für Lerninhalte, die wir uns lange merken wollen oder sollen: Müssen Sie beispielsweise alle Länder Südamerikas noch nach einem Jahr auswendig können, so bringt es nachweislich am meisten, sich nach dem ersten Lernen abzuprüfen, dann 24 Stunden später erneut, um Ihr Wissen darüber im Anschluss in immer weiter auseinanderliegenden Abständen erneut zu testen.

Den Überblick zu bewahren und über die Inhalte zu reden, ist ebenfalls zielführend. Der wissenschaftliche Ausdruck dafür ist »Metakognition« und meint, über das, was zu lernen ist, zu reflektieren. Und das gilt wirklich für alle, denn es gibt keine »unterschiedlichen Lerntypen« – das ist längst wissenschaftlich widerlegt worden. Besser ist es, den Flow-Persönlichkeitstypus zu erheben. Dadurch wird es möglich, den Lernstoff mit der eigenen Motivationslage zu verbinden. Dieses Konzept stellen wir Ihnen später noch vor. Die Fähigkeit der Inhibition ebenfalls zu trainieren, ist eine gute Sache, denn Automatismen blockieren zu können und nicht jedem Impuls gleich nachzugeben, ist der Aufmerksamkeitsfähigkeit zuträglich. Hierfür gibt es etwa den Stroop-Test, in dem die Bezeichnung von Farben in anderen Farben abgedruckt worden sind, also das Wort »Rot« in blauer Schriftfarbe, was den Leser dazu zwingt, sich zu kontrollieren, wenn er die Aufgabe zu erfüllen hat, nicht die Wörter abzulesen, sondern jeweils die Schriftfarbe zu nennen.

Als Alternative versuchen Sie Folgendes: Lesen Sie die folgenden Wörter rasch und stumm durch:

GROSS

klein

klein

groß

KLEIN

Anschließend sagen Sie laut jeweils »groß« oder »klein«, je nachdem, ob das jeweilige Wort hier in Groß- oder Kleinbuchstaben geschrieben steht. Was fällt Ihnen auf?

Das Verarbeiten des Gelernten passiert dann praktischerweise primär im Schlaf, wo das zuvor Erlebte oder Erlernte vom Gehirn erinnert, geordnet und reflektiert wird. Darum wäre ein Mittagsschlaf für Schüler immens förderlich, um das am Vormittag Gelernte unmittelbar ins Langzeitgedächtnis zu transferieren. Sich mit dem, was im Kopf bleiben soll, kurz vor dem Schlafengehen zu beschäftigen, ist ebenso sinnvoll. Fragmentiertes, über die Woche verteiltes Lernen in kleinen Häppchen ist nicht zuletzt aufgrund der wichtigen Arbeit, die noch während des Schlafens geleistet wird, empfehlenswert. Aus denselben Gründen erzeugt Schlafmangel im Umkehrschluss nicht nur aufgrund von Müdigkeit Lernstörungen.

Über Nacht zum Professor?

Haben Sie auch schon einmal gehört, es wäre möglich, im Schlaf zu lernen? Welche wissenschaftlichen Erkenntnisse gibt es noch, die Schülern und Studentinnen das Leben möglicherweise leichter machen könnten, damit das Lernen endlich mühelos wird? An dieser Stelle wollen wir mit ein paar überholten Mythen rund ums Lernen aufräumen und Ihnen Einblicke in jene Verhaltensmaßnahmen gewähren, die Sie wirklich weiterbringen.

Wenn Sie wie die meisten von uns irgendwo einmal gelesen haben sollten, Sie könnten ganz einfach während des Schlafens lernen, so wird es Sie freuen, dass wir das nur bekräftigen können: Wer direkt vorm Schlafengehen Formeln, Theorien, Begriffe oder Vokabeln lernt und sich diese auf Band aufnimmt, um sich alles Gelernte im Schlaf vorzuspielen, kann es sich laut einer englischen Studie von 2018 um 15 Prozent besser merken. Am Folgetag liegt die Vergessensrate nach dieser Methode bei nur fünf versus 20 Prozent. Das Beigebrachte bleibt demnach viermal besser im Gedächtnis haften. Bei niederländischen Vokabeln konnte ein Schweizer Psychologe ein ähnliches Resultat erzielen: Die Erinnerung an bereits geübte holländische Vokabel konnte um zehn Prozent gesteigert werden, wenn sie den Probanden danach im Schlaf leise vorgespielt wurden. Und brandaktuell sind Schweizer Forschungsergebnisse aus dem Jahr

2019, die zeigen, dass wir im Tiefschlaf völlig neue Informationen aufnehmen können. Für diese bemerkenswerte Studie an der Universität Bern wurden 41 Schlafende über Kopfhörer mehrfach mit Fantasiewörtern beschallt, denen sie jeweils unterschiedliche Bedeutungen zuordneten. Wichtig war es dabei, die »Up-State« genannte Schlafphase zu treffen. Dabei handelt es sich um Phasen, in denen alle Gehirnzellen gemeinsam aktiv sind. Sie dauern nur eine halbe Sekunde und wechseln sich mit passiven Stadien – den »Down-States« – ohne Aktivität ab. In welcher Phase sich der Schlafende gerade befindet, lässt sich dabei mit einem EEG-Gerät bestimmen, das die Produktivität in dessen Gehirn misst. Das Resultat: Wir können sogar *neue* Vokabel im Tiefschlaf – und damit unbewusst – lernen! Die Tragweite dieser erstaunlichen Erkenntnisse für neue Lern-, aber auch Selbsthypnoseprogramme ist noch nicht abzuschätzen, könnte diesen Bereich allerdings nachhaltig revolutionieren.

Haben Sie schon vom ominösen Speed Reading gehört? Es verspricht, in hoher Geschwindigkeit lesen zu können. Dabei sollen das reflexartige Zurückspringen im Text, das Wort-für-Wort-Lesen und das stumme Mitsprechen des Gelesenen im Kopf abtrainiert werden, weil sie das Lesetempo bremsen. In Bezug darauf haben Untersuchungen belegt: Wir können zwar tatsächlich lernen, schneller über die Wörter zu fliegen, aber das Verständnis wird dadurch nicht gerade verbessert. Normalerweise lesen Menschen durchschnittlich 250 Wörter in der Minute. Das ist auf bis zu 1.000 Wörter pro Minuten steigerbar, wenn trainiert wird. Es gibt Speed Reader, die von sich behaupten, einen durchschnittlichen »Harry Potter«-Band in nur 47 Minuten lesen zu können. Doch das funktioniert insofern nicht gut, weil die Verstehensrate mit dem hohen Tempo immens abnimmt. Besser oder schneller lernen können wir darum eindeutig nicht durch Speed Reading. Unser Rat: Genießen Sie lieber die schönen Formulierungen und spannenden Geschichten in Ihren Lieblingsbüchern, anstatt durchzurasen, um schneller fertig zu sein!

Auch Lernen in Trance – somit in tiefer fokussierter Entspannung – ist leider nicht der Universalschlüssel zu mühelosem Lernen: Bilder und bildhafte Geschichten wirken in diesem Zustand besser auf unser Unbewusstes, weshalb Fokus, Entspannung und Imagination ein starkes Trio für mentales Training darstellen. Aber abstrakte Assoziationen lernt man in diesem Zustand sogar schlechter. Die auf den Grundsätzen der Trance aufbauende Methode des Superlearnings – die vom bulgarischen Arzt und Psychologen Georgi Lozanov entwickelte Suggestopädie – konnte deshalb wissenschaftlich nicht halten, was sie versprach, nämlich das mühelose Lernen. Der Einsatz von Musik ist zudem prinzipiell eine Störquelle – und damit ist nicht nur Rap oder Pop gemeint – nein, sogar Mozart, Bach und jede andere Art von Geräuschkulisse im Hintergrund lenken ab. Allerdings gibt es eine wichtige und spannende Ausnahme: Kinder, die sich nur äußerst schlecht konzentrieren können oder hyperaktiv sind – selbst jene mit diagnostiziertem ADHS – profitieren von einem dezenten Hintergrundgeräusch wie dem Plätschern eines Wasserfalls, dem Wehen des Windes oder dem sanften Brummen eines Elektrolüfters. Dieser Effekt nennt sich »stochastische Resonanz«. Der schwedische Pädagogikprofessor Göran Söderlund hat dazu in den vergangenen Jahren bahnbrechende Untersuchungsergebnisse geliefert.

Wer das Instrument der Mindmap lieber verwendet, als traditionelle Notizen zu machen, interessiert sich bestimmt für die Resultate der Erhebungen über den Nutzen dieser Methode: Die Idee dahinter ist, aus Lerninhalten Mindmaps mit lediglich Substantiven, Verben und Adjektiven darauf zu erstellen, wodurch der Lernstoff um bis zu 90 Prozent reduziert wird, weil alle Konjunktionen, Füllwörter und andere Wortgruppen wegfallen, wenn man sich auf die genannten beschränkt. Ursprünglich wurde diese Methode vom britischen Psychologen und Lerntrainer Tony Buzan in den 1970er-Jahren entwickelt. Wissenschaftlich lässt sich allerdings bis heute kein vollständiges Bild zeichnen, was die Wirksamkeit dieser Vorgehensweise betrifft. Die Studien diesbezüglich kommen nicht von den High-Class-Universitäten, aber ein britischer Psychologe hat 2002 dazu herausgefunden: Wenn Testpersonen eine 600-Wörter-Passage lernen sollen und ihnen freigestellt ist, ob sie das mit einer Mindmap oder mithilfe von Notizen tun, ist eine Woche nach dem Lerntag in der Mindmap-Gruppe eine signifikant höhere Erinnerungsquote an den Stoff nachweisbar. Die Motivation in solchen Gruppen ist allerdings interessanterweise geringer. Kurzfristig ist die klassische Variante, Notizen zu machen, gleich gut wie die, eine Mindmap anzufertigen, aber in Bezug auf die Erinnerung nach einer Woche schneidet die Mindmap-Methode besser ab, weil das Wissen im Gehirn dabei besser vernetzt wird und die Inhalte dadurch in Zusammenhängen gespeichert werden. Es dürfte diesbezüglich auch kulturelle Unterschiede geben, denn Asiaten etwa machen damit extrem gute Erfahrungen. Der neueste Schrei sind Mindmaps, die mit eigener Software erstellt werden. Unser Tipp: Am besten probieren Sie es einfach aus, um für sich herauszufinden und zu differenzieren, in welchem Lerngebiet das für Sie funktionieren könnte!

Eine umfassende Analyse vieler Studien zum Thema »Lernen« hat mit diversen Mythen gehörig aufgeräumt: Von zehn unterschiedlichen Lernmethoden, die miteinander verglichen worden sind, stellen die bei Schülerinnen und Studenten beliebtesten Techniken gleichzeitig die unwirksamsten dar. Am besten haben nämlich die erwähnten Selbsttests und der langfristige Lernplan abgeschnitten, während etwas im Text zu unterstreichen und Gelesenes oder Gelerntes zu wiederholen im Schlusslichtbereich landeten. In Selbsttestsituationen fungieren Fehler für das Gehirn wie richtiggehende Lern-Booster – beim reinen Wiederholen hingegen wird weniger Hirnaktivität in Anspruch genommen. Auch auf die Pause kommt es an! Der beste Weg, um sich Neues zu merken: Lernpausen so gestalten, dass zehn Minuten bei gedimmtem Licht ausgeruht werden kann. Jede Aufgabe, die den Prozess der Gedächtnisbildung stören könnte – in der Fachsprache »Interferenz« genannt –, sollte strikt vermieden werden. Das erhöht die Konsolidierung des gerade Gelernten. Schlaganfallpatienten konnten sich beispielsweise statt nur 14 Prozent plötzlich 49 Prozent einer Liste von 15 Wörtern merken, nachdem sie kurz geruht hatten, wie Psychologen der University of Edinburgh und der University of Missouri zeigten. Noch beeindruckender war das Ergebnis mit gesunden Probanden: Sie hörten zunächst Geschichten und mussten eine Stunde später Fragen dazu beantworten. Statt magerer sieben Prozent konnten sie 79 Prozent der Fragen beantworten – rund elfmal mehr –, wenn sie sich dazwischen ausgeruht hatten. Für die BBC-Future-Redaktion des britischen öffentlich-rechtlichen Rundfunks zählt dieses Resultat zu den »Best of 2018«. Den Titel des dort erschienenen Artikels wollen wir Ihnen nicht vorenthalten, weil er wunderbar zum Titel dieses Buches passt: »An effortless way to improve your memory« – auf Deutsch: »Ein müheloser Weg, um Ihr Gedächtnis zu verbessern.«

Nach dem Lernen zu ruhen und dabei den eigenen Tagträumen nachzuhängen, um danach erneut ohne Ablenkung zu lernen, steigert also die Merkleistung nachweislich. Das bestätigt auch eine Studie an der Universität Innsbruck von 2018. Entscheidend für den langfristigen Erfolg ist ihren Resultaten nach, die Inhalte vor der Ruhepause noch mal in Erinnerung zu rufen. Am Institut für mentale Erfolgsstrategien in Wien wurde aus dieser bedeutenden Erkenntnis eine eigene Mentalübung für Lernende entwickelt: eine kurze Meditation, die nach jeder Lerneinheit durchgeführt wird, wobei es sich um eine frei flottierende Fantasiereise handelt, die mit dem zuvor Gelernten assoziiert und zu einer Geschichte verbunden werden soll.

Und noch eine Form der entspannten Mühelosigkeit weist beeindruckende Ergebnisse auf: körperliches Training. Diese Erkenntnis ist nicht neu, doch eine Studie aus 2018 rund um den jungen japanischen Neurobiologen Kazuya Suwabe von der Universität Tsubuka zeigt nun erstmals, wie rasch und unmittelbar Bewegung wirkt – und wartet so mit einer guten Nachricht für alle Sportmuffel auf: Zehn Minuten pro Tag leichten Trainings in Form von Yoga, Qi-Gong oder langsamen Spaziergängen reichen, um den Hippocampus zu stimulieren. Müheloser geht's kaum.

Die Krux mit den Zielen

Erfolg definiert sich für viele darüber, zu erreichen, was man sich vorgenommen hat. Sich Ziele zu setzen, gilt außerdem als wirkungsvolle Strategie, um im Leben vorwärts zu kommen und die eigenen Wünsche überhaupt realisieren zu können. Warum kann es nun aber oftmals so schwierig sein, etwas zu schaffen, das wir anstreben, ein sich vorgenommenes Ziel auch tatsächlich zu erreichen? Und wieso sieht das bei den Glückskindern in unserem Umfeld durchwegs einfach aus? Die moderne Motivationspsychologie kennt das Prinzip der Zielsetzung auf der einen Seite und das Verwirklichen von Zielen auf der anderen Seite der Skala. Dazwischen liegt beinahe immer ein Hindernisparcours. Doch der wird häufig nicht wahrgenommen, sondern ignoriert bis negiert, anstatt im Kopf detailliert durchgespielt zu werden – und genau daran scheitern wir.

Kennen Sie das Wenn-dann-Prinzip als Planungsinstrument für Durchführungsintentionen nach Peter Gollwitzer? Damit soll gedanklich vorweggenommen werden, welche

Stolpersteine es wann, wo und auf welche Weise auf dem Weg zum Ziel geben könnte. Das ermöglicht es, mental bestmöglich darauf vorbereitet zu sein, indem es die Möglichkeit bietet, sich an den Plan zu halten, und zu wissen, was zu tun ist, wenn das eine oder andere Hindernis plötzlich auftaucht. Wem es gelingt, diesen Prozess zu automatisieren, sodass ein Wenn-dann-Gefüge in Gang gesetzt werden kann, ist nicht nur startbereit, um den ersten Schritt in Richtung Ziel zu gehen – er weiß auch, dass ihn nichts wird umhauen können, weil er sich auf alles eingestellt hat, was da an vermeintlich unerwarteten Situationen auf ihn zukommen könnte.

Die erfolgsbringende Reihenfolge: zuerst abwägen, ob der Wunsch realistisch zu erreichen ist, als Nächstes die möglichen Schwierigkeiten auf dem Weg zum Ziel durchdenken und in Form von Wenn-dann-Strategien die Reaktionen darauf planen, dann das Vorgenommene beharrlich verfolgen und am Ende die Soll- mit der Ist-Situation vergleichen, um herauszufinden und zu bewerten, ob die Strategie funktioniert hat oder es einer anderen bedarf, damit dieses oder ein nächstes Vorhaben umgesetzt werden kann. So bringt einen die Zielintention zur Durchführungsintention, wodurch eine mentale Repräsentation entsteht. Das bedeutet nichts anderes, als dass die Situation im Gehirn aktiviert wird. Gollwitzers Studien dazu zeigen, dass sich diese Verhaltensweise nachhaltig als Gewohnheit in uns festsetzt und über die Zeit automatisiert vor sich geht, weshalb Vorsätze, wie mit dem Rauchen aufzuhören, sich gesünder zu ernähren, sich häufiger zu bewegen oder erfolgreicher im Beruf zu werden, auch vier Monate nach Beginn der Umsetzung dieser Strategie noch messbar bleiben.

Sehen wir uns das anhand eines Beispiels an: Sollten Sie beabsichtigen, eine gute Führungskraft zu werden, so ist es wenig hilfreich, wenn Sie sich immer wieder vornehmen, eine gute Führungskraft zu werden – etwa in Form eines Gedankens wie »Ich will eine gute Führungskraft sein!«

Wesentlich besser wäre dahingehend eine Wenn-dann-Verknüpfung wie »*Wenn* ich im Meeting ein schwieriges Thema eröffne, *dann* höre ich zuerst meinen Mitarbeiterinnen und Mitarbeitern zu und interessiere mich ehrlich für deren Meinung, bevor ich Schlüsse ziehe und meine Sicht auf die Dinge kundtue.«

Es gibt drei Wege des Fantasierens und Imaginierens, von denen nur eine empfehlenswert und zielführend ist:

1. Das *positive Fantasieren*: Ich schwelge in Gedanken an eine traumhafte Zukunft, koste dabei das damit verbundene Gefühl jetzt schon aus und komme daher nicht ins Handeln.

2. Das *Grübeln*: Ich zermartere mir das Hirn über die negative Gegenwart oder eine mögliche schwierige Zukunft, was dazu führt, dass ich im Unangenehmen, im Problem verharre.

3. Das *mentale Kontrastieren*: In diesem Mittelweg zeigt sich die Lösung, indem ich eine erwartungsabhängige Zielbindung herstelle und sowohl die positive Zukunft im Kopf habe als auch die mögliche negative Realität, weil ich behirne, was alles auf dem Weg zu meinem Ziel passieren könnte. Diese so entstehenden starken Vorhaben bilden die Basis für die Erfüllung von Vorsätzen, die auf lange Sicht halten.

Punkt eins zeigt Ihnen nebenbei, warum der Bestseller »The Secret« zwar mit einer einfachen Botschaft zum Welterfolg wurde, aber letztlich doch keine mentale Erfolgsstrategie darstellt, die uns erwiesenermaßen das gewünschte Ergebnis bringt. Warum das mit den herbeigewünschten freien Parkplätzen trotzdem funktionieren kann, liegt an Ihrem Adlerblick für Parklücken, den Sie mit Ihrem Wünschritual trainieren. Sie erinnern sich an Aladdin und die Wunderlampe? Wie er sehnen sich alle Menschen danach, an einer Lampe reiben zu können, um alles zu bekommen, was sie sich erträumen – oder sich eben einfach nur auf einen bestimmten Wunsch zu konzentrieren, damit er in Erfüllung gehen möge. Darauf begründet der Erfolg solcher Bücher und Methoden, die das versprechen. Wenn-dann-Ziele machen allerdings die besseren Wünsche aus.

Einer Umfrage von *Marketagent.com* zufolge sind die größten Wünsche der Menschen hierzulande, gesund zu bleiben oder zu werden (83 Prozent der Befragten gaben das an), ein glückliches Familienleben zu führen (71 Prozent) und finanziell abgesichert zu sein (70,6 Prozent). Mit zunehmendem Alter wird die anhaltende Gesundheit, durch die ein längeres selbstbestimmtes Leben erst möglich wird, außerdem wichtiger. Wenn wir uns aber einfach nur »Gesundheit«, »Familienglück« oder »Geld« wünschen, kann das Gehirn nichts damit anfangen – das ist keine eindeutige Botschaft. Bei der oben skizzierten Methode und unter Punkt 3 geht es im Gegensatz zum reinen Wünschen deshalb darum, Haltungsziele mit Wenn-dann-Strategien zu verbinden, um eine Konditionierung darauf durch äußere Reize einzuschalten.

Sie können sich dieses Vorgehen in Form dreier goldener Regeln merken:

1. *Haltungsziele definieren:* nicht »Ich möchte zehn Kilo abnehmen«, sondern »Ich verhalte mich wie ein natürlich schlanker Mensch«.

2. *Wenn-dann-Strategien entwickeln:* »Wenn ich Lust auf Essen habe, obwohl ich nicht körperlich hungrig bin, *dann* überlege ich, was ich mir stattdessen Gutes tun kann«.

3. *Reaktion auf Umwelt:* Sie reagieren mit den neu verknüpften Denkweisen, Gefühlen oder Handlungen auf die Auslöser.

In der Fachsprache heißt dieses mentale Programm, durch das jeder seine Ziele mit Leichtigkeit erreichen kann, »Mentale Contrasting Implementation Intention« (MCII) nach der Verbindung von mentalem Kontrastieren mit Wenn-dann-Szenarien. Diese Technik kann viel: Sie gewinnen an Motivation, verinnerlichen Handlungsstrategien und stellen Ihre fünf Sinne auf das »Goal Shielding« ein. Dadurch suchen Sie in Ihrer Umwelt unbewusst ständig nach Chancen, um Ihr Ziel zu erreichen – ähnlich wie ein Hungriger, der auf der Mariahilfer Straße in Wien, auf der Kaufingerstraße in München oder auf dem Bahnhofplatz in Zürich überall Restaurants scannt. Bewegungen, Verhaltensweise oder sonstige Leistungen im Kopf vorwegzunehmen, trainiert die entsprechenden Nervennetze im Gehirn und verstärkt die Verknüpfungen. Neurobiologisch ist dieses Phänomen als »Bahnung« bekannt. Doch es kann auch eine gute Idee sein, unmittelbar vor einer Leistung alles im Kopf durchzuspielen und so Ihr Gehirn regelrecht zu aktivieren.

Wenn Eisbären sich aufdrängen

Angeblich funktioniert es nicht, *nicht* an einen rosa Elefanten denken, wenn wir dazu aufgefordert werden. Versuchen wir es doch alternativ mit einem weißen Bären! Dieses Bild geht auf den bedeutenden russischen Schriftsteller Fjodor Dostojewski zurück, der 1863 in seinen »Winterlichen Aufzeichnungen über sommerliche Eindrücke«, die er im Untertitel »Aufzeichnungen aus einem Kellerloch« benannte, festgehalten hat, wie unmöglich es ist, nicht an einen Eisbären zu denken, wenn die Anweisung dahingehend lautet, es zu vermeiden, an einen zu denken: »Stelle dir selbst diese Aufgabe: Denke nicht an einen Eisbären, und du wirst sehen, dass dieses verfluchte Ding jede Minute in Deinem Kopf sein wird.« Fast 125 Jahre später hat der US-amerikanische Sozialpsychologe Daniel Wegner die Teilnehmerinnen und Teilnehmer seiner Studie damit beauftragt, nicht an einen solchen weißen Bären zu denken. In den darauffolgenden fünf Minuten mussten sie all ihre Gedanken laut aussprechen und jedes Mal klingeln, wenn sie an den Bären dachten. Im Durchschnitt kam ihnen der Eisbär jede Minute mindestens einmal in den Sinn. Das Ergebnis nach weiteren fünf Minuten war noch drastischer: Jene Studienteilnehmer, die den Auftrag erhalten hatten, nicht an den weißen Bären zu denken, dachten doppelt so häufig an ihn wie jene, die dazu aufgefordert worden waren, bewusst an den Bären zu denken. Dieser zur Anordnung kontraproduktive Effekt, der genau das verstärkt, was wir nicht wollen, entsteht, weil unser Gehirn unbewusst auf Fehlersuche geht. Anders gesagt: Wir kontrollieren uns selbst darin, ob wir wirklich nicht an den Eisbären denken. Jeder, der zumindest eine Diät hinter sich hat, weiß, dass es sich mit dem Nichtdenken an die heiß geliebte Pizza oder das verführerische Stück Kuchen genauso verhält. Dieses paradoxe Phänomen haben Sie vielleicht in anderer Ausführung schon im Umgang mit Kindern erlebt: Ein Spielzeug wird für sie immer dann am interessantesten, wenn andere damit spielen möchten. Hinzu kommt, dass etwas Verbotenes besonders begehrenswert erscheint. Daher beruht auch der »Romeo und Julia«-Effekt auf diesem Prinzip: Je vehementer Eltern ihren Kindern Liebschaften verbieten, umso stärker entwickeln sich die Gefühle der Verliebten in den nächsten Monaten oder Jahren.

Wie gelingt es nun, den symbolischen weißen Bären aus unseren Gehirnwindungen fernzuhalten? Ablenkung von ihm ist natürlich möglich, bedeutet aber den harten Weg. Ein entspannterer Zugang lässt das Problem erst gar nicht aufkommen: Verlangen Sie nicht von sich, *nicht* an etwas Bestimmtes zu denken, etwas Bestimmtes *nicht* zu wollen, sondern achten Sie darauf, an das zu denken, was Sie haben möchten, denn sobald Sie Ihre Ziele positiv formulieren, helfen Sie Ihrem Gehirn und Ihrem Unbewussten enorm auf die Sprünge. Daniel Wegner hat diesbezüglich noch weitere Strategien für Sie parat:»Wählen Sie eine Ablenkung in Form eines anderen Gedankens und konzentrieren Sie sich auf diesen!« In einer anderen Studie baten er und seine Kollegen die Teilnehmer, an einen roten Volkswagen statt an einen weißen Bären zu denken. Indem sich die Teilnehmer nun auf etwas anderes konzentrieren konnten, half ihnen das, die ungewollten Gedanken an den weißen Bären zu vermeiden.

Das nächste Mal, wenn ein unerwünschter Gedanke in Ihnen hochkommt, versuchen Sie ihn doch beispielsweise auf nächsten Mittwoch zu verschieben. Das ist mitunter nicht ganz einfach, kann aber funktionieren. Das Beste daran: Wenn es nur eine halbe Stunde pro Tag erlaubt ist, sich gedanklich den eigenen Sorgen hinzugeben, fällt es leichter, das für den Rest des Tages zu vermeiden, denn wenn Sie es sich aktiv und bewusst erlauben, kontrolliert über das nachzudenken, was Sie vermeiden möchten, wird es nachweislich weniger wahrscheinlich, dass Sie zu einem anderen Zeitpunkt zu diesen Überlegungen zurückkehren. Das ist eine immens wichtige Information, denn Menschen mit erhöhter geistiger Belastung haben Untersuchungen zufolge eine ebenso erhöhte Anzahl von Todesgedanken – und das sind mitunter für die meisten von uns die am wenigsten erwünschten Gedanken.

Glückskinder bringen
ihr Gehirn in Hochform

Alles, was wir denken, fühlen, tun basiert auf Grundlage unserer Nervenzellen. Das Potenzial unseres Gehirns ist dabei fast grenzenlos. Wenn jede Nervenzelle entweder aktiv ist oder eben nicht, ergäbe das bei einer Zelle zwei mögliche Zustände. Bei zwei Zellen wären es bereits vier und so weiter. Nun haben wir aber rund 100 Milliarden Nervenzellen. Das ist wie bei der Geschichte mit dem Reis und dem Schachbrett: Die Zahl möglicher Hirnzustände ist zehn hoch eine Million – das ist eine Eins mit einer Million Nullen dran! Zum Vergleich: Die Anzahl der Atome im Universum wird auf vergleichsweise bescheidene zehn hoch 80 geschätzt. So gesehen hat jeder ein geniales Gehirn! In uns steckt enorm viel, doch wir nutzen meist nur wenig davon. Was uns fehlt, ist die richtige Gebrauchsanweisung, damit wir Höchstleistungen mit Mühelosigkeit vollbringen können. Dabei sind Spitzenzustände auch nichts anderes Hirnzustände – und die lassen sich trainieren und nutzbar machen. Wie das genau vor sich geht, sehen wir uns in diesem Kapitel an.

Warum wir keinen Zauberer von Oz brauchen

Bestimmt kennen Sie den Film »Der Zauberer von Oz«, der in seiner Originalfassung als Weltdokumentenerbe prämiert wurde. Seitdem gab es für die Jüngeren unter uns einige Neuverfilmungen und Adaptierungen des Stoffes. Die Geschichte ist im Großen und Ganzen dieselbe: Da gibt es das Mädchen Dorothy, das von einem Sturm in ein fremdes Land geweht worden ist und den Weg nach Hause sucht; die Vogelscheuche, die sich statt des Strohs in ihrem Kopf echten Grips wünscht; den Zinnmann, der in seiner hohlen Brust aus Blech gern ein Herz hätte; und den ängstlichen Löwen, der sich nach mehr Mut sehnt. Das merkwürdige Quartett macht sich auf den Weg zum titelgebenden Zauberer von Oz, der ihnen all ihre Herzenswünsche erfüllen soll – praktisch ein Pendant zur Wunderlampe. Doch dieser stellt sich als Jahrmarktschausteller heraus, der gar kein echter Magier ist. Der alte Mann schildert der Vogelscheuche, es gäbe viele Menschen, die als überaus klug gelten würden, obwohl sie keinen Funken mehr Verstand hätten als sie. Da seiner Ansicht nach der einzige Unterschied zwischen besagten Personen und der Vogelscheuche in Beweisen für die Intelligenz in Form von Universitätszeugnissen läge, schenkt der vermeintliche Zauberer der Vogelscheuche ein Diplom als Symbol für ihren wachen Verstand. Immerhin wäre Dorothys Rettung ohne ihre Einfälle nicht möglich gewesen. Dem Zinnmann erzählt er von angeblich herzensguten Menschen, die keinesfalls mehr Herzensgüte hätten als er im Zuge der Rettung Dorothys gezeigt hatte. Als Erkennungszeichen für sein Herz überreicht er ihm ein Umhängeband, an der eine schlagende Uhr in Herzform baumelt. Dem Löwen erklärt er, dass viele Menschen für ihren Mut gefeiert würden, die keinen Deut mehr Courage hätten als der Löwe – was er bei Dorothys Rettung bewiesen habe. Derlei Leute unterscheide vom Löwen lediglich ein Orden, der diesen Mut bestätigt, meint der weise alte Mann. Deshalb schenkt er ihm ebenfalls einen solchen Orden als Symbol für seinen Mut. Auch Dorothys Wunsch will er erfüllen, doch als er sie mit seinem Ballon heimbringen möchte, löst dieser sich auf und fährt ohne das Mädchen davon. Dorothy fürchtet daraufhin, nie mehr zurück nach Hause zu kommen. Doch wie endet die Geschichte wenig später? Es stellt sich heraus, dass sie sich durch eigene Kraft in die Heimat bringen kann: durch dreimaliges Zusammenschlagen der Hacken ihrer roten Schuhe bei gleichzeitigem Wünschen. Das erfährt sie erst nach ihrer abenteuerlichen Reise, weil sie zunächst herausfinden musste, was ihr sehnlichster Wunsch ist. Denn wer nicht weiß, was er will, der stolpert manchmal orientierungslos durchs Leben. Sobald wir aber spüren, was wir uns wünschen, können wir unser Gehirn mit bildhaften Vorstellungen davon füttern, damit es uns auf den richtigen Weg – ob nun nach Hause oder zu unserer Zielerfüllung – bringen kann.

Durch den Zauberer von Oz haben die vier Gefährten erkannt, dass sie ihr zu Hause, ihre Intelligenz, ihre Empathie und ihren Mut längst in sich tragen. Wir finden diese Message herausragend, denn dasselbe gilt für uns alle: Es steckt bereits alles in uns drinnen, was wir brauchen, um Glückspilze zu werden, die mit Mühelosigkeit ihre Ziele erreichen!

Und was wird alles möglich, wenn wir auf unser Superhirn vertrauen? Eine Frau hebt ein 1,5 Tonnen schweres Auto hoch und befreit ihr Kind. Ein österreichischer Extremsportler springt souverän aus der Stratosphäre auf die Erde. Ein US-amerikanischer Journalist entdeckt das Wellenreiten für sich und ist nach einem halben Jahr von seiner neurologischen Behinderung geheilt. (Dazu später mehr.) Was passiert da im Gehirn und was können Sie daraus lernen? Wir entschlüsseln diese Geheimnisse und zeigen Ihnen, wie derartige Spitzenleistung möglich ist. Zunächst sehen wir uns gemeinsam an, wie das menschliche Gehirn bei Menschen mit einer sogenannten Inselbegabung arbeitet, um daraus wichtige Schlüsse auf die Fähigkeiten unserer aller Gehirne zu ziehen.

Wenn das Gehirn sofort erkennbar genial ist: Faszination Inselbegabung

Blitzschnell Primzahlen ausrechnen können? Detailwissen in einem bestimmten Bereich mühelos speichern und wiedergeben? Über ein fotografisches Gedächtnis verfügen? Das klingt nicht schlecht, oder? Tatsächlich steckt oft das Savant-Syndrom dahinter – eine geistige Entwicklungsstörung, die bei wenigen Menschen außergewöhnliche Fähigkeiten hervorbringt. Kennen Sie den preisgekrönten Kinofilm »Rain Man«? Er thematisiert genau das, denn sein Protagonist hat eine besondere mathematische Begabung, und diese steht bis heute – fälschlicherweise – gleichbedeutend für Autismus. Der Film führte dazu, dass sich innerhalb weniger Jahre nach seinem Erscheinen die Anzahl an Diagnosen von Autismusfällen verdreifachte. Da 50 Prozent der bekannten Inselbegabten Autisten sind, dürfte es einen Zusammenhang zwischen dem Savant-Syndrom und Autismus geben. Interessant ist außerdem, dass sechs von sieben Betroffenen männlich sind. Auf eine Frau kommen demnach vier bis sechs Männer. Dieses Syndrom kann angeboren sein, aber auch erstmals nach einer Hirnverletzung oder einer Hirnhautentzündung auftreten. Savants bringen sich praktisch von einer Minute auf die andere das Klavierspiel selbst bei, lernen in Windeseile fremde Sprachen oder können den Inhalt Tausender Bücher auswendig vortragen – aber sie können oft die Schnürsenkel ihrer Schuhe nicht ohne Hilfe zubinden, sind nicht fähig, sich die Zähne zu putzen oder sich ein Butterbrot zu schmieren.

Das Savant-Syndrom ist de facto eine Teilleistungsstärke und bezeichnet das Phänomen, dass jemand außergewöhnliche Leistungen in kleinen Teilbereichen – eben »Inseln« – vollbringen kann, obwohl die betroffene Person ansonsten ein Handicap hat, das sich etwa als kognitive Einschränkung oder anderweitige, oftmals tief greifende Entwicklungsstörung zeigt. Am häufigsten haben Inselbegabte ein mathematisches Talent, ein absolutes Gehör, ein außergewöhnliches Langzeitgedächtnis, die Fähigkeit, rasend schnell Sprachen zu lernen, ein fotografisches Gedächtnis oder eine musikalische Begabung.

Erstmals wurde frühkindlicher Autismus 1943 vom austro-amerikanischen Kinder- und Jugendpsychiater Leo Kanner beschrieben. Seine elf Patienten hatten mehrere auffallende Eigenschaften gemeinsam: Sie lebten in sich gekehrt, sonderten sich von der Außenwelt ab, wiederholten einfache Laute, Sätze und Bewegungen, hatten merkwürdig eingeschränkte Interessen, sträubten sich gegen jegliche Veränderung ihres gewohnten Umfelds, neigten zu ritualisierten Routinen und zeichneten sich durch Fähigkeiten aus, die angesichts ihrer sonstigen Defizite außergewöhnlich waren und die Kanner »Inselbegabungen« nannte.

Der US-amerikanische Psychiater und weltweit bedeutendste Savant-Forscher Darold Treffert beschreibt das Savant-Syndrom weniger als eine Krankheit oder Störung, sondern als einen Zustand des Gehirns. Er sprach sich für eine Unterscheidung zwischen »erstaunliche« und »talentierte« Inselbegabte aus. Seiner Ansicht nach besitzen Erstere wirklich herausragende Fähigkeiten, während Zweitere zwar höchstens durchschnittliche Leistungen vollbringen können, die allerdings in Anbetracht ihrer Einschränkung dennoch bemerkenswert sind. Derzeit sind weltweit nur etwa 100 Menschen bekannt, die nach dieser Einteilung als »erstaunliche Inselbegabte« bezeichnet werden könnten. Der 2009 verstorbene US-Amerikaner Kim Peek war beispielsweise ein wandelndes Lexikon. Er kannte mehr als 7.600 Bücher auswendig! Zudem konnte er für jede Stadt in den USA die dorthin führenden Highways aus dem Gedächtnis benennen – inklusive der dazugehörigen Vorwahlnummern, Postleitzahlen, Fernsehsender und Telefongesellschaften aller Landkreise! Wenn ihm jemand sein Geburtsdatum verriet, konnte er ihm den jeweiligen damaligen Wochentag nennen – und auch den, an dem der Betreffende 65 Jahre alt werden würde und sich zur Ruhe setzen könnte. Zeit seines Lebens war er jedoch auf die Hilfe seines Vaters angewiesen, denn er war in seiner sonstigen geistigen Entwicklung zurückgeblieben und konnte daher viele einfache Verrichtungen nicht bewältigen. Seine außergewöhnlichen Fähigkeiten waren es übrigens, die für die Figur des Raymond Babbitt im Film »Rain Man« die Inspiration lieferten. Dustin Hoffman, der ihn beeindruckend überzeugend spielte, ahmte etwa seine Art zu gehen nach, als er in diese Rolle schlüpfte.

Leslie Lemke, ein blinder US-amerikanischer Musiker und Komponist mit zerebraler Lähmung, konnte bereits im Alter von 14 Jahren Tschaikowskys »Klavierkonzert Nr. 1« fehlerfrei spielen, nachdem er es wenige Stunden zuvor erstmals im Fernsehen gehört hatte. Nicht, dass er zu diesem Zeitpunkt schon ein fleißiger Klavierschüler gewesen wäre – er hatte keine einzige Unterrichtsstunde am Piano genommen. Der Ausnahmekünstler singt und spielt Tausende Stücke, gibt auf der ganzen Welt Konzerte und improvisiert auf erstaunliche Weise.

Die Kunstwerke des Schotten Richard Wawro, der im Jahr 2006 verstorben ist, genießen immer noch internationale Anerkennung. Margret Thatcher und Papst Johannes Paul II. gehörten zu den berühmtesten Sammlern seiner Bilder. Ein renommierter Londoner Kunstprofessor war nach eigenen Aussagen »wie vom Donner gerührt«, als er Wawros Ölkreidezeichnungen sah, die dieser in seiner Kindheit angefertigt hatte.

Drei berührende Schicksale – eine Gemeinsamkeit: ungewöhnliche, spektakuläre, auf wenige Gebiete begrenzte Inselbegabungen, die in frappierendem Gegensatz zu den geistigen Entwicklungsstörungen stehen bzw. standen. Genau diese Diskrepanz ist charakteristisch für das Savant-Syndrom. Die Zahlen dazu: Bei jedem zehnten Autisten und bei rund einer von 2.000 Personen mit Hirnschädigung oder geistiger Zurückgebliebenheit treten solche Inselbegabungen auf. Vieles an diesem Phänomen erscheint Forschern wie Medizinern rätselhaft, aber Fortschritte bei den bildgebenden Verfahren, die Hirnprozesse sichtbar machen, erlauben eine immer umfassendere Beschreibung. Eine beliebte Hypothese ist, dass eine Schädigung in einem Bereich der linken Hirnhälfte mitspielt, wenn es um das Savant-Syndrom geht. Dass es Berichte über plötzlich auftretende Inselbegabungen nach Unfällen oder bei Demenzkranken gibt, stellt zusätzlich die Frage in den Raum, ob denn in jedem von uns ein bisschen etwas von diesem Genie schlummert. Dazu kommen wir später noch.

Gemeinsam ist allen Inselbegabten, dass ihre Fähigkeiten mit einem ungewöhnlichen Gedächtnis zusammenhängen, das zwar eng fokussiert und tiefgehend, aber auch rein schematisch und ohne jegliches inhaltliches Verständnis für die betreffende Angelegenheit ist. Aus diesem Grund sprachen einige frühe Beobachter von einem »Lernen, ohne zu verstehen« oder von einem »Gedächtnis ohne Begreifen«. John Haydon Langdon Down – der das nach ihm benannte Down-Syndrom beschrieb – verwendete dafür die Bezeichnung »verbale Adhäsion«. Einer seiner Patienten war ein Junge, der das sechsbändige Werk »Geschichte des Verfalls und Untergangs des Römischen Reichs« gelesen hatte und Wort für Wort vortragen konnte – ohne zu verstehen, worüber er da sprach.

Die Tatsache, dass ältere Menschen mit Demenz oder nach Unfällen nie da gewesene Fähigkeiten entwickeln und dabei die gleichen pathologischen Befunde aufweisen wie vom Savant-Syndrom betroffene Kinder, ist beachtlich. Die sich aus alldem ergebende Frage lautet: Ist es möglich, das Geniale in uns allen anzuzapfen?

Genau in diese Kerbe schlagen die Forschungsarbeiten

des australischen Neurobiologen Allan Snyder. Er versucht, Hirnareale mittels transkranieller (durch den Schädel) Magnetstimulation (TNS) abzuschalten, um so vorübergehende Savant-Fähigkeiten zu erzeugen. Mithilfe von starken Magnetfeldern wird dabei die elektrische Eigenschaft von Nervenzellen beeinflusst, sodass diese aktiviert oder blockiert werden können. Snyder unterdrückt bestimmte neuroelektrische Muster an der Schläfe – ein Bereich, in dem bei Autisten Schädigungen feststellbar sind – und misst dann die geistigen Fähigkeiten. Die Versuchspersonen mussten beispielsweise Tiere zeichnen, Primzahlen erkennen oder Lesetests absolvieren. Dabei stieg die gemessene Leistungsfähigkeit bei 40 Prozent von ihnen an. So zeichneten sie etwa wesentlich natur- und detailgetreuer. Offenbar denken die Probanden unter TMS-Einfluss weniger vernunftgesteuert, weniger konzeptuell und verarbeiten Informationen breiter. Das bedeutet: weniger Hirn ergibt mehr Performance – ein äußerst interessanter Umstand! Auf ein ähnliches Phänomen werden wir noch stoßen, wenn wir uns mit dem Flow-Zustand beschäftigen.

Allan Snyder und sein Kollege John Mitchell sind der Auffassung, dass die in Savants festgestellten Prozesse in den Gehirnen *aller* Menschen ablaufen, bei gänzlich gesunden Personen aber durch anspruchsvolles und begreifendes Denken überlagert werden. Ihrer Ansicht nach haben Autisten mit Inselbegabung lediglich einen besonderen Zugang zu niedrigeren Informationsebenen, die ansonsten nicht erreichbar sind. Dennoch kann wohl jeder von uns die eine oder andere Eigenschaft der Savants in sich finden, und zwar in jenen Momenten, in denen wir einen ersehnten oder unerwarteten Durchbruch in einer bestimmten Sache schaffen oder eine ungeahnte Fähigkeit in uns entdecken! Den stärksten Zugang dazu erhalten wir im Zustand der absoluten Entspannung, unter Hypnose oder im Schlaf, wenn wir träumen.

All diese genannten Fälle zeigen, dass unser Gehirn richtiggehend genial ist, wir alle diese Fähigkeiten in uns tragen und sie zum Vorschein kommen, wenn Filterfunktionen und Blockaden ausfallen. Ob das so wünschenswert ist, ist natürlich eine andere Frage. Dennoch können wir vieles von den bemerkenswerten Menschen mit Inselbegabung lernen – und ebenso von ihren Familien, Betreuern und Therapeutinnen, denn durch sie wird nicht nur klar, dass es wohl nicht bloß die eine gesellschaftlich anerkannte Form von Intelligenz gibt, sondern auch, wie sehr sich Menschen durch den Einfluss von Unterstützung, Ausdauer, Fürsorge und Zuneigung anderer entwickeln können – und wie wichtig dabei beharrliche Zuversicht und eine positive Erwartungshaltung sind, wovon wir weiter vorne bereits berichtet haben.

Doping fürs Gehirn?

Es gibt wohl etliche Menschen, die eine derartige Ausnahmebegabung großartig fänden, wie sie Savants aufweisen – aber freilich ohne auf die »gewöhnlichen« Fertigkeiten verzichten zu müssen, die unser Leben wesentlich einfacher machen als das ihre. Viele versuchen sich auf die eine oder andere Weise in den ihnen wichtigen Bereichen zu verbessern. Das klassische Beispiel hierfür bilden sicherlich Schönheitsoperationen, durch die dem äußeren Erscheinungsbild ein wenig nachgeholfen wird. Selbst die Potenz kann durch Medikation verstärkt werden. All diese Verfahren, die eine Steigerung unserer Fähigkeiten im weitesten Sinn forcieren, werden unter dem englischen Begriff »Enhancement« zusammengefasst. Und Neuro-Enhancement ist in der Theorie nichts anderes als Doping zur Leistungssteigerung unseres Gehirns, wenn es um Kognition (unsere Intelligenz, unser Denkvermögen und unsere Konzentration) und Emotion (unser psychisches Befinden und unsere mentale Stärke) geht. In der Praxis sind wir allerdings weit davon entfernt, wie die folgenden Betrachtungen zeigen werden. Es gibt zwar Stimulanzien (Aufputschmittel), die uns munter machen, und es Antidepressiva gegen Verstimmungen und für einen stärkeren inneren Antrieb sowie Betablocker gegen Stresssymptome oder als Unterstützung bei Lampenfieber, aber Tabletten, die uns auf wundersame Weise zu Superhelden machen, die in wenigen Stunden neue Sprachen lernen und ganze Fachrichtungen studieren können, wie das im US-Streifen »Limitless« mit Hollywoodstar Bradley Cooper dargestellt wurde, gibt es nicht.

Die Zahlen dazu sind allerdings alarmierend: In Europa sind immer mehr Menschen dazu bereit, für eine Leistungssteigerung Medikamente zu nehmen. Eine Studie aus dem Jahre 2017 zeigt einen Anstieg in allen untersuchten Ländern – auch in Österreich: 2015 gaben rund zwei Prozent der Befragten an, den Muntermacher Modafinil, der bei Narkolepsie zum Einsatz kommt, oder Ritalin, das bei Aufmerksamkeitsstörungen wie ADHS verschrieben wird, einzunehmen. 2017 waren es bereits 8,7 Prozent, und in einer EU-Studie von 2018 meinten schließlich zehn Prozent der österreichischen Befragten, sie könnten sich vorstellen, bei beruflichem Stress auf die erhoffte Wirksamkeit von Pillen zu setzen. In Deutschland kommt Hirndoping noch vergleichsweise selten vor. Dennoch gab es in jüngster Zeit einen deutlichen Anstieg zu verzeichnen: Die Zahl der Menschen, die in den vergangenen zwölf Monaten mindestens einmal solche Mittel zur Steigerung der geistigen Leistung eingenommen hat, verdoppelte sich vom Jahr 2015 mit 1,5 Prozent auf immerhin drei Prozent im Jahr 2017. 28 Prozent der für den DAK-Gesundheitsreport befragten Frauen und gut 25 Prozent der befragten Männer gaben bereits im Jahr 2009 an, dass es für sie persönlich vertretbar sei, Medikamente zur Verbesserung der geistigen Leistungsfähigkeit auch ohne medizinische Indikation zu nehmen. 18,6 Prozent der Frauen und 13,7 Prozent der Männer erklärten, sie würden Arzneimittel ohne medizinische Notwendigkeit einnehmen, um ihre psychische Befindlichkeit zu stärken und Stress am Arbeitsplatz besser ertragen zu können. Außerdem greifen 17 Prozent der Frauen und 13,5 Prozent der Männer bei Lampenfieber und Nervosität zu solchen Mitteln. Und um einfach in einer angenehmeren Stimmung zu sein, würden 16,3 Prozent der Frauen und 9,2 Prozent der Männer mit Medikamenten nachhelfen, antworteten die Befragten schon vor zehn Jahren auf die Frage, welche Gründe für sie persönlich vertretbar wären. Seither ist die Tendenz stark steigend. Besonders beliebt ist Hirndoping offenbar unter Studierenden: In einer Umfrage der Universität Graz, die ebenfalls 2018 veröffentlicht wurde, gaben rund zwölf Prozent der 2.000 Befragten an, sie hätten in den vergangenen zwölf Monaten zu solchen Methoden gegriffen. Wurden Koffeintabletten in die Definition von Neuro-Enhancement inkludiert, waren es sogar knapp 15 Prozent. Der allgemeine Leistungsdruck in unserer westlichen Gesellschaft dürfte wohl einer der Hauptgründe für diese Entwicklung sein.

Die Geschichte des Neuro-Enhancements ist andererseits Tausende Jahre alt: Schon vor 5.000 Jahren tranken die Menschen in China Tee mit stimulierendem Ephedrin. Ab der Antike wurden Laune und Risikobereitschaft von Soldaten vor dem Kampf durch die Gabe von Alkohol gesteigert. In Südamerika wurde von jeher traditionell Koka gekaut. Die US-Armee setzte im Zweiten Weltkrieg auf Amphetamine, um Piloten länger wachzuhalten – die Wehrmacht verteilte zusätzlich ein Methamphetamin. Beide Substanzen erhöhen Wachheit und Aggressivität, was in kriegerischen Auseinandersetzungen von Seiten der Befehlshaber sicher gewünscht ist.

Zurück zu Ritalin, Modafinil und Amphetaminen: Viele Erwachsene verwenden diese Arzneimittel und Substanzen, um ihre Wachheit und damit die Fähigkeit, sich zu konzentrieren, zu verbessern. Gerade bei müden Menschen, die eine Nacht durchlernen müssen, funktioniert das auch. Die Effekte sind jedoch insgesamt eher bescheiden und derartige Pillen machen uns in keiner Weise schlauer. Auf der anderen Seite stehen die Risiken hinsichtlich der Nebenwirkungen, denn gerade Langzeitdaten bei gesunden Menschen fehlen noch. Abgesehen davon gilt bei Amphetaminen: Sie bergen ein hohes Suchtpotenzial.

Gibt es überhaupt eine gesunde und nicht-medikamentöse Alternative? Vitaminpräparate, Brain Food und Energy Drinks haben keine nachgewiesene Wirkung. Tatsächlich lassen sich aber erhöhte Wachheit und Konzentration mit einer einfacheren Möglichkeit erlangen: Die eine oder andere Tasse Kaffee zu schlürfen oder alternativ Koffeintabletten einzunehmen, führt zu einer ähnlichen Wirkung, was die Aufmerksamkeit betrifft, denn inzwischen ist hinlänglich bewiesen, dass Koffein Wachheit und Konzentration signifikant erhöht – die Reaktionszeit wird tendenziell schneller. Gemahlener Kaffee beinhaltet 60 bis 150 Milligramm Koffein, Schwarztee liegt im Vergleich bei 25 bis 100 Milligramm und Cola bei mageren zehn bis 25 Milligramm pro Tasse oder Glas (bei einem Fassungsvermögen von 150 Milligramm). Eine messbare Leistungssteigerung lässt sich mit 200 bis 400 Milligramm Koffein erreichen. Das bedeutet: Für zwei bis vier Stunden wirkt Koffein ähnlich auf das Abschneiden einfacher psychologischer Kognitionstests. Wer im Spitzensport mehr als fünf bis sechs Tassen Kaffee pro Tag trinkt, wird sogar gesperrt, denn seit 2004 steht Koffein auf der Doping-Liste des Internationalen Olympischen Komitees. Koffein wirkt jedoch nicht nur positiv auf die Leistung, sondern fördert leider gleichzeitig die Beschwerden bei Migräne, das Entstehen und Fortschreiten von Parkinson sowie neurogenerative Erkrankungen wie Alzheimer – das belegen diverse Studienergebnisse. In Maßen genossen dürfte es zwar folglich eine gemäßigte Steigerung der Leistungsfähigkeit bewirken, in höheren Dosen kann es durch die Einnahme von Koffein aber wiederum zu Herz-Rhythmus-Störungen und Angstzuständen kommen. Aus denselben Gründen beeinflusst dieser Stoff den Schlaf auf negative Art und Weise, weshalb er sich nicht dazu eignet, zu knapp vor dem Zubettgehen eingenommen zu werden. Probanden geben immer wieder die Rückmeldung, dass selbst ein Kaffee am Nachmittag dazu führt, dass sie des Nachts buchstäblich senkrecht im Bett sitzen. Weiters ist Schwangeren vom Einnehmen von Koffein abzuraten, weil es durch die Plazenta ans ungeborene Kind weitergegeben wird.

Beliebt bei älteren Menschen ist übrigens Ginkgo – genauer gesagt der Blattextrakt des asiatischen Ginkgo-biloba-Baumes. Es wird präventiv eingesetzt, um eine Demenzerkrankung zu verhindern. Wissenschaftlich gesichert sind antioxidative Effekte durch das Verabreichen des Ginkgo-Extrakts. Bei gesunden Menschen konnte das Präparat indes keine eindeutig positiven Wirkungen auf Wachheit, Aufmerksamkeit oder Gedächtnis zeigen. Ähnlich enttäuschend sind Anti-Demenz-Präparate bei Gesunden: Sie bieten keinen Vorteil. Und auch Antidepressiva dürften die Stimmungslage bei diesbezüglich gesunden Menschen nicht weiter verbessern können.

Der Zucker, der als »das süße Gift« in den vergangenen Jahrzehnten so in Verruf geraten ist, weil er abhängig machen soll und nicht nur den Zähnen schadet, sondern dafür sorgt, dass die Menschen immer dicker werden, hat einen schnell spürbaren Effekt auf unser Gehirn: Innerhalb von Minuten nach dem Verzehr von Glukose bzw. Traubenzucker wird die Aufmerksamkeit erhöht, steigert sich die Konzentrationsfähigkeit und das Arbeitsgedächtnis wird stimuliert. Alle diesbezüglich beobachteten Auswirkungen auf die Gedächtnisleistung sind übrigens bei älteren Menschen höher als bei jüngeren.

Neben dem Koffein sind nur noch die natürlichen »Wundermittel« empfehlenswert, wenn man sein Gehirn bei dessen Arbeit unterstützen will: moderate Bewegung, ausreichend Schlaf und Meditation! Das ist freilich wenig überraschend, aber sehen wir uns trotzdem kurz die Hintergründe an: Körperliches Training erhöht die Wachheit, fördert die Durchblutung im Gehirn, wodurch die grauen Zellen besser erhalten bleiben und der Hippocampus positiv beeinflusst wird, indem dadurch dem Geringerwerden seines Volumens mit fortschreitendem Alter entgegengewirkt werden kann. Sämtliche Studien bestätigen ausschließlich gute Auswirkungen auf unsere geistige Leistungsfähigkeit. Sich genügend Schlaf zu gönnen und hier und da zusätzlich tagsüber einen Powernap einzulegen, fördert nicht nur die Kreativität, wie wir bereits eingehend berichtet haben, sondern führt dazu, dass sich der gesamte Organismus inklusive des Hirns erholen und regenerieren kann, was sich wiederum in der Gedächtnisleistung bemerkbar macht. Und zu meditieren fördert das mentale Wohlbefinden und unterstützt verschiedene kognitive Kapazitäten im Bereich der Aufmerksamkeit und der Emotionen.

Was hat das nun alles mit dem *Prinzip der Mühelosigkeit* zu tun? Wir wissen, dass viele Menschen nach Hilfsmitteln suchen, durch deren Einnahme ihnen »alles mit Leichtigkeit gelingt«, und nach Möglichkeiten, ihr Gehirn zu aktivieren. Ein Schluck Kaffee ist dahingehend unproblematisch und auch schnell getrunken, aber wir möchten Ihnen in weiterer Folge zeigen, welche anderen und wesentlich besseren Wege es gibt, um Ihre Ziele zu erreichen.

Den Geist zum Wachsen bringen

Wie wird man nun die beste Version seiner selbst, um fortan mühelos erfolgreich zu sein und Leistung mit Leichtigkeit und Lebensfreude zu verbinden? Sie ahnen es sicher schon: Die mentale Arbeit ist letzten Endes durch keine einzunehmende Substanz von außen zu ersetzen. Wenn Sie eine Ihrer Fähigkeiten perfektionieren wollen, damit sie Ihnen so sehr in Fleisch und Blut übergehen möge, dass Sie deren Früchte zeitlebens ernten können, dann geht es darum, ein Prinzip der Periodisierung umzusetzen, gewisse Reize zu schaffen und sich im Anschluss Entspannung zu gönnen. Diese Kombination, die Abwechslung beider Zustände, ruft das ersehnte Wachstum hervor. Das ist wahres Neuro-Enhancement-Training!

Sehen wir uns das nun genauer an: Zunächst sollten Sie die betreffende Fähigkeit isolieren und sich anschließend um das Stretching kümmern, bis sie eine gewisse Unruhe in sich spüren, die in Ihnen Gedanken wie »Schaffe ich das wirklich?« entstehen lässt, um sich danach zu entspannen. Daraus resultiert schließlich die Anpassung. Ein Beispiel: Vielleicht möchten Sie sich besser abgrenzen und lernen, mehr auf Ihre eigenen Bedürfnisse zu achten, weil Sie sich schwertun, »Nein« zu sagen. Immer wieder tappen Sie bislang in die »Ja«-Falle, wenn Ihr selbstbewusst auftretender Arbeitskollege Ihnen seine Aufgaben erfolgreich aufs Auge drückt. Beginnen Sie in diesem Fall mit kleinen Schritten: Lehnen Sie ab, wenn es an der Fleischtheke heißt: »Darf es ein bisschen mehr sein?« Lernen Sie, die leichte Unruhe in sich auszuhalten und ihr zum Trotz »Nein, danke, ich hätte wirklich gern nur 200 Gramm!« zu sagen. Diesen Prozess sollten Sie regelmäßig wiederholen und sich dabei langsam steigern – wie beim Muskeltraining im Fitnesscenter: Intensität und Regeneration sollten sich dabei abwechseln, denn Wachstum findet am Punkt des Widerstands statt, an dem es wiederum nicht ratsam ist, zu lang zu verweilen. Eine Aufgabe, die sozusagen eine klitzekleine Nummer zu groß für uns ist und uns deshalb minimal zweifeln lässt, bietet die Gelegenheit, über uns hinauszuwachsen, ohne in die Stressfalle zu tappen. Denn Entwicklung passiert lediglich außerhalb der Komfortzone. Sie kennen das aus dem Sport: Sie nehmen eine Hantel, trainieren damit, verletzen dabei Ihren Muskel und in der Erholungsphase wächst er und wird stärker. Einsteins Erfolgsgeheimnis beinhaltete genau diesen Prozess: Er hat sich auf eine Sache konzentriert und sich dann beim Fantasieren und Tagträumen entspannt – und das hat er periodisiert, also immer wieder so durchgeführt.

Die Formel dazu lautet:

Stretchtraining + Erholung = Wachstum

⇒ bei regelmäßiger Wiederholung = Spitzenleistung

Das ist die Methode der Spitzenleister, die dadurch irgendwann in eine Form der Mühelosigkeit und in den großartigen Zustand des Flow geraten, dem wir uns an späterer Stelle noch eingehend widmen werden. Sie bedeutet wilde Intensität gefolgt von vollständiger Regeneration. Die Rhythmik dieser Periodisierung ist Teil des Erfolgs und insofern ein nicht zu unterschätzender Faktor. Unser Gehirn liebt Rhythmen. Darum ist es hilfreich, etwas Neues beispielsweise an jedem Montag, Mittwoch und Freitag immer zur selben Tageszeit zu tun, um es in einem gewissen Rhythmus zu wiederholen. Es kommt nicht von jeher, dass Steve Jobs jeweils einen schwarzen Pullover anhatte, wenn es um die öffentliche Präsentation neuer Produkte ging, oder dass Immanuel Kant stets frühmorgens aufgestanden ist, um seine Spaziergänge zu machen. Das weist keineswegs darauf hin, dass solche Menschen ein zwanghaftes Verhalten an den Tag legen würden, sondern dass sie – bewusst oder unbewusst – um dieses Prinzip der Rhythmik wissen. Wer sich nicht damit aufhalten muss, was er heute nun wieder anziehen soll oder wann er am besten seine Bewegungseinheit unterbringen könnte, schaufelt sich Kapazitäten im Stirnhirn für bedeutendere Dinge frei. Dadurch kommt man in einen Fluss des Alltags, den viele asiatische Kulturen kennen. Bruce Lees »Sei Wasser, mein Freund!« meint nichts anderes, als die Dinge fließen zu lassen. Darauf beruht dauerhafter Erfolg im Leben: Wir laden uns voll mit Wissen und danach lassen wir es los, gewähren den Dingen ihren Lauf, lassen es fließen. Das ist kein esoterischer Hokuspokus, weil es nicht einfach um einen spirituellen Energiefluss geht – es handelt sich dabei um belegbare Gehirnphänomene, die Spitzenzustände auslösen und begünstigen.

Wenn Sie mental stärker werden wollen, um dem Schicksal zu signalisieren, dass Sie sich vorgenommen haben, ein Glückspilz zu werden, so können Sie das auf exakt diese Weise erreichen: Sie gehen ein klein wenig über Ihre Grenzen, gönnen sich danach eine Phase der Wiederherstellung und steigern sich anschließend. Auch produktives Scheitern schärft die Fähigkeit des Problemlösens und damit eine der Haupteigenschaften von Gewinnern – aber eben nur, wenn es danach Erholungsphasen gibt. In Bezug auf Kreativität bedeutet das etwa, sich konzentriert mit der jeweiligen Sache zu beschäftigen, um sie im Anschluss aus dem Kopf zu bekommen, indem etwas komplett anderes gemacht wird, bevor es wieder zurück in die Ideenfindung geht.

Wie Sie in einem Talent Meisterschaft erlangen

Wussten Sie, dass Professoren der University of California in Berkeley Standardaufgaben der Physik oder Mathematik gar nicht besser lösen können als ihre Studenten? Die Anzahl der Jahre in einem Beruf macht jemanden nicht automatisch zum Experten! Ein Arzt oder Psychotherapeut etwa muss sich in seiner Funktion nicht zwingend verbessern, nur weil er lange praktiziert. Für Musiker gilt Ähnliches: An der Global Music Academy Berlin wurden High Performer mit der Violine im Vergleich mit ihren Kollegen untersucht, um den Unterschied ausfindig zu machen. Sowohl die Vollprofis als auch die anderen übten 50 Stunden in der Woche auf ihrem Instrument. Die erstaunlichen Ergebnisse: Es geht nicht um die Menge an Erfahrung, sondern um die Art des Übens! Die besten Geiger nehmen sich ein konkretes Ziel vor und arbeiten hoch konzentriert daran, wodurch sie sich immer weiter verbessern, während die Durchschnittsviolinisten weniger strukturiert, weniger konzentriert und weniger gezielt an ihr Training herangehen. Es geht dabei um bewusst durchdachtes Üben, denn es zählt eben nicht die Quantität alleine, sondern zudem die Qualität.

Das erklärt, warum wir dauerhaft auf unserem einmal erreichten Niveau bleiben, wenn wir beispielsweise Ski fahren lernen: Wenn wir es können, sind wir damit meist zufrieden und wedeln fortan so, wie wir es eben gelernt haben. Wir müssten immer wieder an unserer Technik feilen, uns schwierigere Aufgaben stellen, voll in die Belastung gehen, regelmäßig etwas Neues dazulernen und unsere Komfortzone verlassen, um uns zu verbessern und unsere Leistung zu erhöhen. Das machen aber nur die Spitzenperformer, die aus einer Sache am meisten herausholen, weil sie Meister darin werden wollen.

In den Jahren 2014 und 2015 führte Alma Sauer an der Universität Wien eine Leistungsstudie an jungen Pianisten durch, die vom Sportwissenschaftler Heinrich Bergmüller begleitet wurde, der unter anderem Skilegende Hermann Maier trainiert hat. Untersucht wurde über acht Monate die Grundlagenausdauer an sechs Pianisten in Form eines Ergometertrainings bei 40 Watt auf dem Rad. Das Ergebnis:

verbesserte Ausdauer, Konzentration und Regeneration. Die Testpersonen wurden nicht nur besser, was das Aushalten von Belastungssituationen betrifft, sondern konnten zudem ein höheres Repertoire an Stücken vorweisen – der Zuwachs lag erstaunlicherweise bei 93 Prozent im Vergleich mit der Kontrollgruppe, die ohne begleitendes Ergometertraining übte, und bei der er bei nur 18 Prozent lag. Was können wir uns daraus mitnehmen? Regelmäßig bei niedriger Belastung zu trainieren ist die wesentlich effektivere Art, sich zu erholen, wenn man sie mit dem klassischen Chillen auf dem Sofa vergleicht: Sie fördert nicht nur die Fähigkeit, stressresistent zu agieren, sondern auch noch wie nebenbei den Leistungszuwachs, erhöht die Grundlagenausdauer und so die Lebensqualität an sich und auch die Leistungsfähigkeit im Speziellen! Kontraproduktiv wäre es höchstens, auch hier wieder auf Leistung zu trainieren, bis sich Erschöpfung einstellt – damit wären die positiven Folgen zunichtegemacht.

Die meisten Therapien und Coachings scheitern im Übrigen daran, dass auf etwas Essenzielles keine Rücksicht genommen wird: Wir erwerben unsere mentalen Ressourcen in zwei Schritten, nämlich zuerst im Aktivieren und dann im Installieren, wodurch aus einem Zustand irgendwann eine Eigenschaft oder Fertigkeit wird. Häufig wird dieser Umstand nicht berücksichtigt. Es reicht aber nicht, etwas zu erleben, um Neues zu erlernen und zu verankern. Der Klient fühlt sich zwar vermutlich wohl bei der Therapeutin oder beim Coach, jedoch kann sich in seinem Leben nichts nachhaltig verändern, weil darauf vergessen wird, die neue Erfahrung abzuspeichern. In vielen Fällen liegt der Fokus auf dem Aktivieren und das Installieren wird nicht durchgeführt. Das betrifft zahlreiche Gebiete: die bereits erwähnten Therapien oder Coachings, den Bereich der Human Ressources, Achtsamkeits- oder Selbsthilfeübungen. Wie können wir die Wahrscheinlichkeit erhöhen, es »vom State zum Trade« (vom Zustand zur Fähigkeit) zu schaffen? Neben dem Aufnehmen des Neuen wird dieses mit dem, was bereits da ist, verbunden und gefestigt. Denn Lernen ist als ein Um- und Überlernen zu begreifen – alles wird immer mit Bestehendem vernetzt. Konkret ist hiermit gemeint, dass sich eine neue positive Erfahrung mit negativen Erfahrungen vermischt und diese verdrängt. Moderne erfolgreiche Methoden aus Psychotherapie und Mentaltraining beruhen auf diesem Prinzip: Negative Erlebnisse werden mit Positivem vermischt und auf diese Weise aufgelöst. Das Positive wird zunächst dem Negativen gegenübergestellt und gezielt gestärkt. Positives und Negatives müssen dabei nicht einmal in einen Zusammenhang stehen. Wenn Sie beispielsweise zunächst daran denken, wie Ihr Partner Sie verlassen hat und im Anschluss daran vor Ihrem inneren Auge Bilder von einem wunderschönen Strand auftauchen lassen, wird nach ausreichender Wiederholung der Gedanke an Ihre private Katastrophe immer kürzer und verschwommener ausfallen, während jener an den Strand und das Meer immer mehr Raum und Zeit bekommt. Die mentale Aktivierung muss dazu mehrfach wiederholt und im Kopf bewusst nachempfunden werden – das erzeugt eine neuronale Struktur des Positiven und sollte am besten gleich mit bestehenden Inhalten assoziiert werden. Das kann durch Träumereien im entspannten Zustand gefördert werden. Optimal funktioniert es auch in einer Meditation, denn Meditation vergrößert die kortikale Dichte im Stirnhirn. Es baut sich demnach tatsächlich Struktur im Gehirn auf, wenn regelmäßig meditiert wird, und zwar in den Bereichen für Schmerzen, Selbstwahrnehmung und Empathie genauso wie in jenen, die fürs Kurzzeitgedächtnis, für die Aufmerksamkeitskontrolle sowie fürs räumliche Gedächtnis zuständig sind. Sogar das Altern des Gehirns kann durch Meditieren verlangsamt werden – das ist die beste Anti-Aging-Strategie, die Sie finden werden! Erst 2019 zeigten die Resultate einer Studie an der Universität Lausanne, dass sich Menschen mit Meditationspraxis (diese definiert sich über mehr als drei Stunden buddhistischer Meditation pro Woche über eine Dauer von mindestens drei Jahren) schneller von Stress erholen, weil der Cortisol-Pegel bei regelmäßig Meditierenden rascher wieder auf das Ursprungsniveau sinkt. Das Fazit, das Sie sich zunutze machen können: Mit Meditation lässt sich die notwendige Erholungsphase verkürzen – und zu meditieren wirkt sich optimal auf Gesundheit und Leistungsfähigkeit aus.

Der Ablauf für Leistungssteigerung lautet zusammengefasst: ein neues Verhalten aktivieren, Stimmung erzeugen, sie bewusst nachempfinden und abspeichern, um es damit vom Kurzzeit- ins Langzeitgedächtnis zu bringen. Wer das nicht umsetzt, macht lediglich kurz neue Erfahrungen, hat sie aber bald darauf wieder vergessen. Sie können sich das vorstellen wie eine Flüssigkeit, die durchs Sieb geschüttet wird und damit verloren geht. Es braucht etwas, das diese Flüssigkeit aufhält. Nur so kann sie aufbewahrt werden. Dieser leistungssteigernde Zustand ist das, was wir »Flow« nennen – und der entspringt der Präsenz. Und auch Achtsamkeit in Form von Meditation bringt und ist Präsenz – das sind zwei Pole ein und derselben Sache, mit der wir uns noch intensiv beschäftigen werden. Was wir mit der gerade vorgestellten Chronologie säen, können wir später ernten, also unsere Spitzenleistung abrufen, wann immer wir sie benötigen. Wenn das in Fleisch und Blut übergegangen ist, befinden wir uns im Flow.

Kopf oder Bauch? Wie Glückspilze entscheiden

Was ist Ihnen lieber? Wein oder Sekt? Schokoriegel oder Kartoffelchips? Studieren oder besser gleich Geld verdienen? Angestellt oder selbstständig sein? In einer Wohnung in der Stadt oder in einem Häuschen im Grünen leben? Wie ent-

scheiden wir richtig, um möglichst unbeschwert und leicht-
füßig durchs Leben zu kommen? Durch intensives Nachdenken oder mithilfe unserer Intuition? Die meisten von uns
halten das rationale Vorgehen für das klügere und wähnen
sich in Entscheidungssituationen von Gefühlen eher gestört.
Das passt ja auch zum Vorurteil, der Vernunft zu folgen
wäre erfolgsversprechender, als sich auf das Bauchgefühl zu
verlassen.

Aus Sicht der Hirnforschung sieht die Sachlage ein
wenig anders aus: Das emotionale Erfahrungsgedächtnis ist
der Kompass für Entscheidungen, denn unser Verstand benötigt immer die emotionale Erfahrung, um etwas abwägen
und entscheiden zu können. Es gibt naturgemäß verschiedene Arten von Entscheidungen – die automatisierten, die
logisch-rationalen, jene, die aus dem Bauch kommen –, an
denen jeweils unterschiedliche Hirnregionen beteiligt sind.
Wenn wir immer wieder die gleichen Entscheidungen treffen
und das damit schon automatisch tun, geht das in die Basalganglien und ins Unbewusste hinein. So greifen wir schon
unüberlegt zur gewohnten Waschmittelmarke im Regal,
genehmigen uns automatisiert die Schokolade am Abend –
oder putzen uns nach dem Aufstehen wie ferngesteuert die
Zähne. Derartige Entscheidungen gestalten sich unflexibel,
werden schnell getroffen und sind stressresistent. Bei ihnen
handelt es sich um unbewusste, automatische Entscheidungen, die in Stress- oder Notsituationen abgerufen werden.
Deshalb können wir uns etwa noch so ernsthaft vornehmen,
öfter »Nein« statt »Ja« zu sagen – im »Ernstfall«, wenn der
unverschämte Kollege auftaucht und uns selbstsicher um
einen Gefallen bittet, werden wir sehr wahrscheinlich dennoch wieder umfallen. Die neue, erwünschte Reaktion muss
erst in Fleisch und Blut übergehen, weshalb es sich empfiehlt,
die betreffende Situation mehrere Hundert Male im Kopf
durchzuspielen.

Bei Bauchentscheidungen unter Zeitdruck fühlen wir

uns gestresst und sind dadurch wenig flexibel, reagieren aber rasch. Sie kennen das sicher aus Situationen, in denen Sie sich vorgenommen hatten, kein Geld für neue Kleidung oder technische Geräte auszugeben, die sie in Wahrheit gar nicht brauchen, sondern für den Urlaub zu sparen. Doch dann sehen Sie in einer Werbung ein tolles Angebot für ein neues Handy, das noch viel mehr kann als Ihr aktuelles – und auf einmal stellt sich die Frage, ob Sie zuschlagen oder nicht. Oft setzt sich in solchen Fällen das alte Kaufmuster durch. Oder wenn es darum geht, einen Jobwechsel ins Ausland zu wagen: Ihr Chef gibt Ihnen ein paar Tage Zeit, um sich zu entscheiden. Ihr Kopf sagt irgendwie »Ja, das sollte ich tun, denn das bringt neue Erfahrungen und deutlich mehr Gehalt!«, aber Ihr Bauch fühlt sich flau an und Sie spüren eine innere Unsicherheit, ob das wirklich das Richtige für Sie ist. Dabei arbeiten der Hypothalamus, die Amygdala, der Locus coeruleus und das vegetative Nervensystem zusammen.

Bei Bauchentscheidungen ohne Zeitdruck sind wir wiederum besonders erfahrungsgesteuert und lassen unsere emotionalen Konditionierungen mitspielen, wir sind allerdings nicht fähig, Details abzurufen – das ist auch der Grund, warum wir diesem Gefühl oft misstrauen. So ist es für einen Manager schwierig, vor der Geschäftsführung die Entscheidung für ein 500.000-Euro-Projekt mit einem guten Bauchgefühl in Bezug darauf zu begründen. Das wirkt nicht professionell. Darum erstellt er eine Excel-Tabelle, in der er die Zahlen derart gestaltet, dass sich damit genau das vermittelt, was er seiner Intuition nach möchte. Hier sind vorwiegend die Amygdala und das mesolimbische Belohnungssystem beteiligt. Beim logisch-rationalen Entscheiden geht es um systematisches Abwägen, das im in seiner Aufnahmefähigkeit begrenzten Stirnhirn passiert. Weil es uns nur möglich ist, eins nach dem anderen durchzugehen, ist diese Variante nicht gut geeignet, wenn uns ein komplexes Thema vor eine Entscheidungsfrage stellt.

Sehen wir uns das an dieser Stelle genauer an: Die Intuition ist schneller da als der Verstand. Sie kann selbst komplexe und vielschichtige Probleme knacken, indem sie das Ergebnis als Bauchgefühl präsentiert. Dafür kann sie weniger präzise und detailliert abwägen. Das ist wiederum die Domäne der Logik, die wesentlich mehr Zeit benötigt, um uns zu einer Entscheidung zu führen. Das Ergebnis unseres Verstandes können wir in Worte fassen. Wir neigen deshalb dazu, dem Verstand mehr zu trauen – immerhin sind seine Resultate gut argumentier- und begründbar. Die Intuition dagegen präsentiert sich nur als ein vages Gefühl. Diese nachvollziehbare Einschätzung ist allerdings falsch: Beide Entscheidungswege haben ihre Vor- und Nachteile. Ideal wäre es, mit ausreichend Zeit beide wirken zu lassen, denn die Kombination aus beiden Anteilen bringt tatsächlich die beste Entscheidungsqualität.

Was passiert konkret in unserem Gehirn, wenn wir uns in Bezug auf eine Situation entscheiden müssen? Es lässt innere Bilder entstehen, die uns zeigen, was geschehen würde, wenn wir uns für oder gegen etwas entscheiden würden. Diese erlebten Bilder werden dann blitzschnell aufgrund von Erfahrungen, die wir bereits gemacht haben, emotional bewertet. Weil emotionale Erlebnisse mit körperlichen Empfindungen verbunden sind, bekommen wir bei manchen Vorstellungen als Warnung ein flaues Gefühl im Magen oder spüren eine Enge in der Brust, während wir als Signal für etwas Positives Entspannung etwa in Form einer aufsteigenden Wärme im Körper erhalten. Dieses emotionale Erfahrungsgedächtnis entsteht schon vor unserer Geburt und speichert Empfindungen ab, die wir später in »gut« und »schlecht« einteilen – in die zwei Grundprinzipien der Motivation: Attraktion und Aversion. Anhand dessen sagt uns dieses System, ob etwas in der Vergangenheit gut oder schlecht für uns war, woraus wir den Rat beziehen, ob wir uns der aktuellen Angelegenheit annähern oder uns von ihr zurückziehen sollen. Wenn diese Signale nicht eindeutig sind, wir Widersprüchliches empfangen oder über unser Bauchgefühl hinwegsehen wollen, kommen wir in die emotionale Zwickmühle. Der deutsche Psychologe Julius Kuhl unterscheidet dazu zwischen Selbstregulation und Selbstkontrolle: Wer sich selbst reguliert, seine Körpersignale wahrnimmt und einbezieht, der ist von seiner folgenden Entscheidung überzeugt, fühlt sich eins damit, weil er dadurch mit seiner Intuition im Reinen ist und strahlt das auch selbstbewusst aus. Wer selbstkontrolliert entscheidet, indem er die Signale des Körpers nicht wahrnimmt oder ignoriert und sich darüber hinwegsetzt, der fühlt sich gestresst und nicht gut mit seiner Entscheidung. Dennoch kann die Selbstkontrolle nicht als etwas Schlechtes abgestempelt werden, weil es durchaus Situationen gibt, in denen sie angebracht ist – ohne sie würde vermutlich niemand zur Darmspiegelung oder zum Zahnarzt gehen. Kurzfristig gelingt das recht gut, nur dauerhaft zehrt es uns aus, gegen die innere Motivation und das eigene Bauchgefühl zu handeln.

Unsere auf den ersten Blick richtiger anmutende Selbstregulation wirkt dafür manchmal wie ein Fähnchen im Wind: Wer gerade Keksen widerstehen konnte, hat seiner Selbstregulation schon genug abverlangt. Wenn er danach im Onlinechat einem attraktiv wirkenden Gegenüber begegnet, schafft er es nicht, hier ebenfalls standhaft zu bleiben, sondern flirtet in diesem Fall auch dann, wenn er in einer monogamen Beziehung lebt. Das haben Studien gezeigt. Schuld daran ist die Tatsache, dass Selbstregulation schnell in sich erschöpft ist. Doch das soll natürlich keine Ausrede sein, denn dieselben Untersuchungen haben ergeben, dass die Fähigkeit zur Selbstregulation wächst, wenn man sie regelmäßig herausfordert. Ja, das bedeutet, dass Treue als Eigenschaft sehr wohl trainiert werden kann! Der US-amerikanische Experte für Selbstentwicklung Brian Tracy rät seinen Klienten nicht umsonst: »Eat the frog!« Das bedeutet auf Deutsch so viel wie »Schluck die Kröte!« und damit ist gemeint, dass Sie sich im Alltag einen Gefallen tun, wenn Sie jene Dinge als Erstes gleich am Morgen erledigen, die Sie am wenigsten mögen, denn an diesem Punkt des Tages sind Selbstmotivation, Willenskraft, Disziplin und Selbstregulation noch am stärksten. Wir stehen in unserem Leben ohnehin ständig in einem Spannungsfeld von Verstand und Gefühl, von Logik und Emotion. Manchmal nennen wir den Verstand alternativ »Vernunft«. Bei den genannten Begriffen, die wir im alltäglichen Sprachgebrauch häufig als Synonyme füreinander verwenden, gibt es aus Sicht der Hirnforschung jedoch leichte Unterschiede: Kurz gesagt geht es beim Verstand um die reine Logik, während wir im Modus des Vernünftigseins diese Logik mit emotionalen Erfahrungen verknüpfen – womit wir wieder beim emotionalen Erfahrungsgedächtnis wären. Unter »Verstand« verstehen wir demnach die Fähigkeit, Probleme mithilfe des logischen Denkens zu lösen – und mit »Vernunft« ist die Fähigkeit zu mittel- und langfristiger Handlungsplanung aufgrund übergeordneter zweckrationaler und ethischer Prinzipien gemeint. Vernünftig sind wir folglich, wenn wir es gewohnt sind, abzuwägen, was die mittel- und langfristigen Konsequenzen unseres Handelns sein werden. Dabei kommt es nicht nur auf unseren jeweiligen privaten Vorteil an, sondern ebenso auf die soziale Akzeptanz unseres Handelns. Unsere Verstandesaktionen können vornehmlich dem oberen Stirnhirn zugeordnet werden, während die Vernunft eine Funktion des unteren, über den Augen liegenden Stirnhirns ist. Dieser Teil der Hirnrinde überprüft die längerfristigen Folgen unseres Handelns. Eine wesentliche Funktion des orbitofrontalen Cortex besteht übrigens in der Kontrolle impulsiver Tendenzen – also beispielsweise Wut oder Ärger im Zaum zu halten oder jemandem nicht gleich ohne Rücksicht auf Verluste die Meinung zu geigen. Eine Schädigung dieses Hirnteils führt deshalb zu hochimpulsivem bis schwerkriminellem Verhalten.

Gefühle im weiteren Sinne umfassen einerseits körperliche Bedürfnisse wie Müdigkeit, Durst, Hunger, den Geschlechtstrieb und den Drang nach Nähe zu anderen Menschen. Zu den Emotionen hingegen gehören Wut, Zorn, Hass und Aggressivität, die uns im Affekt übermannen und beinahe ebenso herausfordernd zu kontrollieren sind wie die Gefühle. Beide Formen von Empfindungen scheinen erst einmal gar nichts mit dem Kopf respektive dem Gehirn zu tun zu haben, sondern mit unserem Körper: Wir spüren einen Kloß im Hals, uns hüpft das Herz vor Freude, im Magen zieht und drückt es in unangenehmen Situationen, unsere Hände zittern vor Aufregung, unsere Knie schlottern vor Angst und uns platzt der Kragen vor Wut. Der portugiesische Neurowissenschaftler António Damásio nennt unser Bauchgefühl deshalb die »somatischen Marker«. Was uns inzwischen immer klarer wird: Die Intuition hat rationale Hintergründe und wir dürfen davon ausgehen, dass wir mit dem Bauch durchaus logisch entscheiden können, denn Gefühle sind Teil unseres Vernunftsystems. Gerade bei schwierigen Entscheidungen oder wenn es um gravierende Veränderungen geht, nehmen wir das gefühlte Spannungsfeld zwischen Ratio und Emotio dennoch äußerst bewusst und manchmal als unangenehm wahr. Fakt ist: Unsere Rationalität ist äußerst begrenzt. Das, was wir besitzen, empfinden wir beispielsweise als wertvoller als das, was wir noch erreichen könnten. Wir neigen deshalb dazu, Risiken zu vermeiden, und sind im Rationalen recht kurzsichtig eingestellt: Was wir schnell haben können, schätzen wir positiver ein als das, wovon wir langfristig unter Umständen mehr haben könnten. Das Sprichwort »Lieber den Spatz in der Hand als die Taube auf dem Dach« bringt das auf den Punkt. Wenn wir über Alternativen nachdenken, fallen uns meist nur zwei, drei ein, während wir alle anderen ausblenden. Auf die eigene Intuition zu hören, ist aus diesem Grund immer gut, denn in den meisten Fällen – Sie werden das schon erlebt haben – stellen sich die Hinweise unseres Bauchgefühls im Nachhinein als richtig heraus.

Gewinnertypen vertrauen auf ihre Intuition, wodurch sie üblicherweise Entscheidungen treffen, die zu ihrer Persönlichkeit passen. Deshalb scheint es von außen so, als würden sie mühelos agieren. Dabei bringen sie einfach die Aspekte der Kopf- mit jener der Bauchentscheidung in Einklang und entscheiden auf diese Weise optimal. Um das künftig ebenfalls schaffen zu können, machen Sie sich bewusst: Jede Entscheidungsform birgt ihre Vor- und Nachteile. Das Um und Auf einer gut getroffenen Entscheidung ist, unter möglichst wenig Stress zu agieren und das Unbewusste nicht nur mitmachen zu lassen, sondern es als Wegweiser zu sehen. Spielen Sie deshalb in konkreten Fällen auf Zeit, nehmen Sie den Stress raus! Präziser erklärt bedeutet das: Sie konzentrieren sich ein, zwei Stunden auf das Problem und zwei, drei Alternativen, geben sich damit einen Denkanstoß und verschieben die Entscheidung um sechs bis 24 Stunden, innerhalb derer Sie nicht mehr darüber nachdenken oder bestmöglich noch mal darüber schlafen – denn das Unbewusste arbeitet ohnehin pausenlos für uns. Und erst dann entscheiden Sie intuitiv! Auf lange Sicht können Sie sich das Entscheiden wie ein natürliches Glückskind aneignen, indem Sie Ihre Körperwahrnehmung trainieren, um als Resultat immer besser auf Ihre Intuition hören zu lernen. Das ist durch regelmäßiges Yoga genauso machbar wie durch mentales Training oder klassische Meditation.

Wie die Angst uns zu Superhelden oder Pechvögeln macht

In gefährlichen Situationen trifft häufig unsere Angst die Entscheidung für uns. Natürlich kennen wir Fälle, in denen

Menschen in Panik schier Unglaubliches schaffen: Wenn etwa eine Mutter einen Wagen hochhebt, unter den ihr Kind geraten ist. An sich kann keine Frau einenhalb Tonnen Gewicht heben – der Weltrekord im Kreuzheben liegt selbst beim physisch stärkeren Mann bei »nur« 445 Kilo. Bei einem Auto ist es aber so, dass sich das Gewicht durch die vier Räder aufteilt, quasi viertelt, wobei sich der Motor meist vorne befindet und der Wagen damit hinten leichter ist. Wenn dann noch das eigene Körpergewicht und das Skelett genutzt werden, indem sich eine Frau in dieser Situation nach hinten lehnt, wird das Ganze schon realistischer. So kommt man in einen Bereich von bis zu 200 Kilogramm. Durch die Angstsituation schüttet das Gehirn den Konzentrationsstoff Noradrenalin aus, man ist bei klarem, fokussiertem Bewusstsein, handelt deshalb eindeutig und konsequent, und darum ist das überhaupt möglich.

Angst kann uns aber leider nicht nur zu derart großartigen Höchstleistungen treiben, sondern genauso in die andere Richtung losgehen – vor allem, wenn bereits eine Fehlentscheidung getroffen wurde, was sofort das Stresslevel erhöht. So geschehen im tragischen Unglücksfall um die Air-France-447-Maschine, die von Rio de Janeiro nach Paris unterwegs war und in der Nacht über dem Atlantik abgestürzt ist: Der Höhenmesser war vereist und ist aus diesem Grund ausgefallen. Mit diesem Umstand waren die Piloten überfordert – obwohl sie freilich gelernt hatten, dass man beim Sinken hinunter muss, um den Auftrieb zu holen, damit die Maschine wieder aufsteigen kann. In Folge haben sie eine irreparable Fehlentscheidung getroffen, indem sie das Flugzeug hochrissen, als es zu sinken begann. Das war sehr wahrscheinlich der im Gehirn abgespeicherten – in diesem Fall aber leider falschen – Faustregel »Wenn etwas sinkt, muss man es hochziehen« geschuldet, die in diesen extremen Stressmomenten die Überhand gewonnen hat.

Weil wir Stress nicht immer vermeiden können, haben

wir nur eine alternative Möglichkeit, um derartige Tragödien zu verhindern: die richtigen Reaktionen so lange zu trainieren und zu üben, bis sie verinnerlicht und Routine sind – und eben selbst in Situationen, in denen wir keine Zeit zum Nachdenken und Abwägen haben, automatisiert ablaufen. Nichts anderes wird beim Militär gemacht, auf dass Soldaten im Ernstfall noch lebenserhaltend reagieren können. Genau das tun Glückskinder in Entscheidungssituationen intuitiv richtig. Wer ein Verhalten, eine Handlung oft genug durchführt und so ein Übertraining erreicht, der kann auch unter Panik noch passend reagieren. Übung macht hier tatsächlich den Meister, denn Wiederholungen im Denken, Fühlen und Tun schleifen sich in die Basalganglien und erlauben es, die betreffende Fertigkeit später ohne viel Gedankenkraft abzurufen. Wenn Sie in Ihrem Umfeld jemanden haben sollten, der auf Sie wie ein Gewinner in Endlosschleife wirkt– etwa bei einem Kollegen oder Ihrer Vorgesetzten den Eindruck haben, es würde ihm oder ihr immer alles mit Leichtigkeit und wenig Einsatz gelingen –, dann könnte das sein oder ihr Geheimnis sein. Wer nach außen wie ein Siegertyp wirkt, der sich nie anstrengen muss, um erfolgreich zu sein, hat womöglich im Vorfeld extrem viel investiert, gearbeitet und trainiert und sich sein Glück damit durchaus eigenständig verdient.

Siegertypen kommunizieren präzise und mit Leichtigkeit

»Das Zeichen der großen Kunst ist Mühelosigkeit«, soll der italienische Schriftsteller und Politiker Alberto Moravia gesagt haben. Das gilt zweifellos für die zwischenmenschliche Kommunikation. Da wir immer und überall kommunizieren – ob wir das wollen oder nicht und ob bewusst oder unbewusst –, ist es wichtig, dieses Thema aus Sicht der Hirnforschung genauer unter die Lupe zu nehmen. Immerhin beeinflusst es unseren Erfolg und den Grad der Leichtigkeit im beruflichen Umfeld, in unseren Beziehungen wie beim Flirten am Beginn einer aufkeimenden Partnerschaft und in all unseren alltäglichen Begegnungen mit anderen Menschen.

Wir stellen uns das Kommunizieren meistens wie einen einseitig linearen Prozess vor: Einer spricht und der andere decodiert das Gehörte parallel dazu. Ein Physiker an der Vrije Universiteit Amsterdam hat sich dem Themenkreis rund um »einander verstehen« und »auf einer Wellenlänge sein« gewidmet und im Zuge seiner Studien dazu herausgefunden, dass dieses Sender-Empfänger-Modell von Kommunikation inzwischen veraltet ist. Wenn zwei Menschen nämlich nicht nur miteinander reden, sondern einander auch richtig verstehen, passiert in ihren Gehirnen etwas Erstaunliches: Die Aktivitätsmuster der Denkorgane sind bei Sprecher und Zuhörer nahezu vollständig deckungsgleich. Beim

Zuhörer setzt die Aktivität lediglich mit wenigen Sekunden Verzögerung ein. Dafür gibt es zwei Voraussetzungen: Die beiden Beteiligten müssen die gleiche Sprache sprechen und es müssen echte Informationen vermittelt werden. Für diese Untersuchungen wurde eine vereinfachte Gesprächssimulation hergestellt: Ein Proband erzählte eine Begebenheit aus seinem Leben und dabei wurde seine Hirnaktivität gemessen. Anschließend wurde die Aufnahme dieser Schilderung einem anderen Teilnehmer vorgespielt und auch dessen Hirnaktivität wurde aufgezeichnet. Beim Vergleich der Messungen ergab sich eine viel umfangreichere Kopplung der beiden Gehirne als erwartet: Nicht nur Hör- und Sprachzentrum zeigten ein voneinander abhängiges Aktivitätsmuster, sondern zudem solche Areale, die für höhere kognitive Funktionen zuständig sind. Die meisten dieser Bereiche leuchteten dabei im Verlauf des Erzählens beim Sprechenden ein wenig früher auf als beim Zuhörenden. Das war nicht überraschend. Aber: Es gab Ausnahmen. Einige Areale wurden beim Zuhörer sogar früher aktiv als beim Sprecher! Der Zuhörer war damit seiner Zeit voraus. Der Empfänger versucht demnach automatisch vorherzusagen, was der Sender als Nächstes sagen wird und legt ihm die erwarteten Inhalte in den Mund, sofern diese nicht deutlich vom Gemeinten abweichen.

Dieser Effekt dürfte eine bedeutende Rolle beim Verständnis von Sprache zu spielen. Vermutlich handelt es sich dabei um eine Art Voraussagesystem, durch das unser Gehirn auf kommende Informationen vorbereitet wird. Zu den betroffenen Arealen gehörten neben einigen für Kognition zuständigen solche, die soziale Aspekte der Kommunikation wie etwa die Einschätzung des emotionalen Zustandes beim Gegenüber steuern. Was bedeutet das? Gute Kommunikation verdrahtet die Gehirne, sie verschmelzen förmlich. Zum Verstehen gehören naturgemäß auch Annahmen des Zuhörers, die – wenn sie falsch sind – zu Missverständnissen führen. Das passiert dann, wenn wir davon überzeugt sind, der andere hätte etwas gesagt, was aber gar nicht der Fall war. Mit anderen Worten: Kommunikation ist auf beiden Seiten ein aktiver Konstruktionsprozess. Je genauer der Zuhörer vorausahnen kann, was sein Gegenüber ihm sagen möchte, desto besser gelingt der komplette Kommunikationsablauf – das funktioniert natürlich bei Menschen, die sich gut kennen, besser. Die aktive Beteiligung des Zuhörers ist somit von großer Bedeutung für das Verstehen: Das Gehirn lebt praktisch teilweise schon in der Zukunft und überprüft nur noch, ob das Gesagte dazu passt. Nur bei starken Abweichungen entsteht eine Irritation, woraufhin das Gehirn dafür sorgt, dass die Aufmerksamkeit durch den Einsatz von Noradrenalin erhöht wird.

Geschichten öffnen unsere Herzen

Was geht Ihnen durch den Kopf, wenn Sie beim Schwimmen im Meer von jemandem in Ihrer Umgebung die Kombination der Wörter »weiß« und »Hai« hören? Welche Bilder und Emotionen erleben Sie dann? Wenn Sie ein ungutes Gefühl bekommen, schneller zu schwimmen anfangen und es sie zurück an den Strand zu Ihrem Liegestuhl zieht, sind Sie damit nicht allein: Als die Verfilmung des Romans »Der weiße Hai« vor fast 45 Jahren in die Kinos kam, war eine Urangst geboren. Viele Menschen trauten sich auf einmal nicht mehr ins Meer, ja die Tourismuseinnahmen von Orten, die am Meer liegen, gingen merklich zurück, weil alle plötzlich Angst hatten, dass ein Ungeheuer sie beim Schwimmen von unten kommend packen und sie zerreißen würde, bis sie schreiend und unter unsäglichen Schmerzen sterben müssten, während sich das Wasser rund um sie vom vielen Blut rot färben würde. Auch nach all den Jahren hält dieser Effekt, den der Horrorfilm einst ausgelöst hat, weltweit an. Ein derartiges Phänomen gab es bei keinem anderen Film. Oder haben Sie Angst, wenn Sie durch den Wald gehen und Vögel zwischen hören, wenn Sie am Strand entlang spazieren und die Möwen über Ihnen kreischen, oder wenn Sie auf einem Platz in einer Stadt viele Tauben sehen? Wohl eher nicht. Hitchcocks Schocker »Die Vögel« werden Sie aber vermutlich irgendwann gesehen haben oder zumindest wissen, dass es darin um wild gewordene Vögel aller Art gibt, die sich auf hilflose Menschen stürzen und ihnen die Augen aus dem Kopf picken. Das gruselige Gefühl dauert nach den meisten Filmen nicht lange an, doch die Geschichte vom weißen Hai hat die Angst vor dieser Meeresspezies nachhaltig angezapft. Es ist übrigens alles andere als ein Zufall, dass dieses kreierte Monster erstmals Ende der 70er-Jahre gemordet hat, als es gerade gesellschaftlich geduldet wurde, nackt schwimmen zu gehen. Die westliche Zivilisation hat damit eine Bestie erschaffen, als sie begann, Angst vor diesen neuen Zeiten zu bekommen. Das durch den Film ausgelöste Urtrauma begleitet unbewusst sogar Menschen, die ihn gar nicht selbst gesehen haben – und auch die Erkennungsmelodie kennen die meisten. Steven Spielbergs »Der weiße Hai« gelang eine Verkettung einer menschlichen Urangst vor der Tiefe des Ozeans mit einem kulturell geprägten Gemeinplatz des Horrors. Bis heute funktioniert das Gruseln im Kino einwandfrei: Erst 2016 kam mit »The Shallow« ein neuer Blockbuster heraus, der den Angriff eines Killerhais zum Thema hat. Die Assoziation mit dem weißen Hai – der freilich in der Realität weit weniger angriffslustig ist und dem mit derlei Hollywoodstreifen tatsächlich unrecht getan wird – führt dazu, dass die meisten von uns ein ungutes Gefühl bekommen, wenn sie die Strömung im Urlaub mit ihrer Luftmatratze ein wenig zu weit hinausgetrieben hat ...

Anderes Szenario: Was empfinden Sie, wenn sie hören:

»Ein Mann und eine Frau sitzen im Kino. Ein Baby schläft daheim«? Welche Zusammenhänge gehen Ihnen bei diesen harmlosen Sätzen durch den Kopf? Und welche, wenn wir ergänzen: »Ein Mann und eine Frau sitzen vergnügt im Kino. Ein Baby schläft allein daheim«? Haben Sie jetzt ein anderes Gefühl in Bezug auf die vorgestellte Situation? Bestimmt! Denn wir können gar nicht anders, als automatisch Zusammenhänge zu erstellen, zu bewerten und daraus eine Geschichte zu basteln, sobald Bilder beschrieben werden, die so wirken, als würden sie gut zusammenpassen. Wir lieben nun mal Kausalitäten und Sinn.

Worauf wollen wir hinaus? Wir möchten für Sie erlebbar machen, wie Geschichten unsere Herzen öffnen. Denn Forscher um Steven Brown von der McMaster University haben 2018 entdeckt, wie wir Bezug auf die Charaktere nehmen, wenn uns eine Geschichte erzählt wird. Hierbei sind Netzwerke im Gehirn aktiv, in denen es vor allem um Einfühlungsvermögen geht. Storytelling als bewusste Methode in der Kommunikation anzuwenden – sei es in einem privaten Gespräch, in einer öffentlichen Rede oder auch in der Werbung –, zapft daher beim Gegenüber personenorientierte Regionen im Gehirn und somit die Empathie und die soziale Komponente allgemein an, weshalb sich dieser stärker für die Message öffnet. Die beiden Botenstoffe Oxytocin und Cortisol, die beim Miterleben von Geschichten von unserem Gehirn ausgeschüttet werden, sorgen dafür, dass wir uns berührt fühlen und damit großzügiger werden.

Das Hormon Oxytocin wird immer dann vom Hypothalamus produziert, wenn sich zwei Menschen näherkommen: beim Sex, bei der Geburt bzw. Entbindung, beim Stillen. Es kann aber eben auch durch Geschichten hervorgerufen werden und hat enormen Einfluss auf unser Verhalten. Denn es sorgt für Vertrauen und fördert die Bindung. Oxytocin motiviert Menschen dazu, anderen zu helfen, weshalb das Storytelling als Methode im Rahmen einer Spendengala ein wirklich heißer Tipp ist. Eine gute Geschichte macht diesbezüglich drei Dinge aus:

1. die Spannung, die zu einer anhaltenden Aufmerksamkeit beim Zuseher oder Zuhörer führt
2. der Umstand, dass Emotionen geteilt werden
3. die Gegebenheit, dass das Verhalten der gezeigten Figur imitiert wird

Das Stresshormon Cortisol setzt uns in länger andauernde Alarmbereitschaft. Wenn wir einer emotionalisierenden Storyline folgen, fühlen wir uns durch die leicht erhöhte Ausschüttung von Cortisol darum wacher. Dadurch bleiben wir mit unserer Aufmerksamkeit bei der Geschichte, denn wir sind neugierig auf das, was noch passieren wird – bis am Ende das Oxytocin nochmals zuschlägt. Wenn James Bond die Welt gerettet hat, fühlen wir uns darum merklich besser. Deshalb sollten in Wahrheit jedes Business-Meeting und jeder Vortrag mit einer Geschichte starten, damit die andere Seite versteht, worum es auf menschlicher und emotionaler Ebene gehen wird. Statt eine langweilige Eröffnung im Sinne von »Meine sehr geehrten Damen und Herren! Schön, dass Sie heute so zahlreich erschienen sind ...« ist es empfehlenswert, sofort mit einer Geschichte einzusteigen, durch die Emotionen bei den anderen geweckt werden. Etwas vom Kaliber »Auf dem Weg hierher hätte mich beinahe ein Auto angefahren« wird Ihnen die volle Aufmerksamkeit Ihrer Zuhörerschaft garantieren, und zwar von der ersten Sekunde an. Bei einer meiner *(Pamela Obermaier)* Veranstaltungen, bei der ich unter anderem mein neuestes Buch vorstellen wollte, wählte ich meine Worte zu Beginn ganz in diesem Sinne: »Sie können sich nicht vorstellen, was mir gestern passiert ist: Fast wäre ich heute ohne Bücher dagestanden!« Alle waren still und sahen mich mit weit aufgerissenen Augen an (denn immerhin wollten viele ein Buch mit persönlicher Widmung erstehen) und haben mitgefiebert, als ich infolge erzählt habe, was warum nahezu schiefgelaufen wäre und warum ich nun doch mit Kisten voller Bücher anreisen konnte. Freilich haben wir nicht immer etwas Sensationelles erlebt – und es gibt leider auch die Sorte von Publikum, die sich auf den Schlips getreten fühlt, wenn ein Redner nicht zu allererst klassisch begrüßende und wertschätzende Worte in den Zuschauerraum flötet –, aber wenn Sie ein bisschen kreativ sind, wird Ihnen sicher etwas einfallen, das spannender ist als die gewohnten Eröffnungsworte. Hauptsache, Sie sprechen die Gefühlswelt der Menschen an. Und das gelingt nun mal am besten mit Geschichten. Auf diese Weise verpackte Informationen überzeugen und bleiben bei den Zuhörerinnen und Zuhörern länger im Gedächtnis haften. Dass das so abläuft, haben viele schon lange geahnt, aber nun ist es von wissenschaftlicher Seite her eindeutig bestätigt worden.

Bei Beachtung dieser Erkenntnisse und der vorgestellten Vorgehensweise kann Storytelling dazu beitragen, die Ziele des Absenders zu erreichen, weil das Publikum wertgeschätzt wird. Gute Geschichten brauchen einen Spannungsbogen, sollen neugierig machen, uns berühren, uns in ihren Bann ziehen und so die Ausschüttung von Cortisol und Oxytocin bewirken. Auf diese Weise können sie unsere Herzen berühren und Großes auslösen. Dieser Effekt kann zusätzlich gesteigert werden, wenn ins Storytelling Informationen zum Zeitpunkt und Ort der Handlung eingebaut werden. Wenn wir nämlich wissen, wann und wo etwas passiert ist, ergibt das einen Kontext, den wir uns dauerhaft gut merken können, weil uns Orts- und Zeitangaben darin unterstützen, etwas im Netzwerk ähnlicher Erlebnisse im Langzeitgedächtnis abzuspeichern. Natürlich hat eine fade Geschichte keinen Wert und bringt auch nicht den gewünschten Effekt. Es muss etwas Überraschendes passieren – es darf nicht gleich klar sein, wie es weitergehen wird. Ein »Ich hatte Schnupfen, lag deshalb fünf Tage flach und bin danach wieder arbeiten gegangen« löst bestenfalls ein Gähnen aus. Ein »Zuerst war es nur ein Schnupfen, aber dann …« weckt hingegen das Dopamin in unserem Hirn.

In einer Studie an der Radboud University wurde 2016 die Hirnaktivität bei Probanden beobachtet, während diese sich die dramatisch-romantische Komödie »Sliding Doors« mit Gwyneth Paltrow in der Doppelhauptrolle angesehen haben. In diesem Film gibt es zwei parallele Handlungsstränge: In einem erwischt die Hauptfigur Helen ihre U-Bahn noch und im anderen schließen sich deren Türen (daher der Titel) und sie fährt ihr vor der Nase davon. Ab dieser Szene sieht der Zuschauer abwechselnd zwei Parallelwelten, in denen sich Helens Leben recht unterschiedlich entwickelt. Um dem Publikum zu helfen, schneller zu erkennen, in welcher Storyline es sich gerade befindet, ist die Schauspielerin in einem Strang mit langen dunkelblonden Haaren und im zweiten mit kurzem hellblondem Haar zu sehen. Die Untersuchung der Testpersonen hat ergeben, dass im Hippocampus verschiedene Zeitschienen gespeichert wurden. Die beiden Frisuren der Protagonistin haben das sichtbar unterstützt. Im Laufe der Handlung speichert das Gehirn nämlich zwei Geschichten ab, wenn es mit Informationen zu verschiedenen Orten und Zeiten gefüttert wird. Das ist wichtig, damit die auf der Leinwand beobachteten Personen unterschiedlich im Hippocampus abgespeichert werden können. Dadurch können Zuseher zu den zwei Versionen der Hauptfigur jeweils eine eigene, andere Beziehung aufbauen. Außerdem wird um 47 Prozent mehr Oxytocin ausgeschüttet, wenn das Mitgefühl für einen Charakter in einer Geschichte geweckt wird. In der Studie, die das dokumentiert hat, wurden den Probanden zwei Videos gezeigt: Eines hatte eine überaus tragische Handlung, in der ein Vater die Beziehung zu seinem krebskranken Sohn sucht, und das zweite zeigte eine neutrale Storyline, in der Vater und Sohn einfach gemeinsam im Zoo sind. Selbstverständlich war es die berührende Geschichte, die für die Ausschüttung des Bindungshormons verantwortlich war.

Was lernen wir daraus? Wenn wir eine Beziehung zu unserem Gesprächspartner aufbauen wollen, gelingt das am besten über eine Geschichte, die seine Empathie beflügelt. Glückskinder agieren dahingehend oft automatisch richtig und zielführend – und andere wundern sich darüber, warum diese Menschen immer überzeugen können und sie selbst nicht. Dabei könnte es sich jeder von uns im Alltag einfacher machen, wenn er diesen Umstand berücksichtigen würde. Dass Ihr Ansinnen, Ihr Gegenüber für Ihre Anliegen zu öffnen, aber ein menschlich aufrichtiges sein sollte, versteht sich. Wenn wir einander schon beinahe ununterbrochen beeinflussen und manipulieren, so sollten wir auf ethisch einwandfreie Grundwerte vertrauen können, um ein gutes Miteinander zu gewährleisten.

Durch Kommunikation mit Seele zum mühelosen Erfolg

Wahrscheinlich kennen Sie die folgende oder eine ähnliche Szene: Sie gehen einkaufen, sagen wir in einen Drogeriemarkt. Beim Reinkommen grüßt sie die Mitarbeiterin mehr oder weniger freundlich mit einem »Guten Tag!« und sie erwidern diese Begrüßung. Sie drehen ihre Runden durch die Gänge, als sie irgendwann wieder auf dieselbe Dame stoßen, die erneut ein »Guten Tag!« schmettert. Sie wundern sich kurz, da sie Sie doch vorhin bereits gegrüßt hatte, und dann antworten sie trotzdem noch einmal artig – Sie wollen ja nicht unhöflich sein. Fünf Minuten später stellen Sie fest, dass Sie ein auf Ihrer Einkaufsliste angeführtes Produkt nicht finden und suchen nach einer Verkäuferin. Da treffen Sie ein drittes Mal auf besagte Mitarbeiterin von vorher

und unterhalten sich eine Weile mit ihr über diesen Artikel, bringen in Erfahrung, ob er aus dem Sortiment genommen wurde oder bald wieder erhältlich sein wird. Sie be-
danken sich für die Hilfe, erledigen den Rest Ihres Einkaufs
und stehen wenig später an der Kasse. Als sie schließlich an
der Reihe sind, sagt dieselbe Verkäuferin, die Sie nun schon
mehrfach gesehen und gegrüßt hat, ja, mit der Sie sogar ein
Vieraugengespräch geführt haben: »Guten Tag!« – und Sie
fragen sich, ob sie die Aufmerksamkeitsspanne eines Gold-
fischs hat (wobei man dem Goldfisch streng wissenschaftlich
betrachtet unrecht tut, denn das Gerücht über seine angebliche Vergesslichkeit ist nur ein Mythos) oder ob Sie ein solches Allerweltgesicht haben, dass sie sich tatsächlich nicht
mehr an Sie erinnern kann. Vermutlich kommt es auf Ihre
Tagesverfassung an, ob sie frustriert bis genervt erneut zu-
rückgrüßen oder ob Sie aussprechen, was Sie sich denken:
»Guten Tag ein drittes Mal, denn wir haben einander schon
mehrfach gesehen!«

Zur Beruhigung: Es liegt bestimmt nicht an Ihrem Gesicht und daran, dass andere sich nicht an Sie erinnern könnten. Es liegt in der Mehrzahl der Fälle an einer eher herz-
und hirnlosen und damit an einer seelenlosen Art des Kom-
munizierens, die prinzipiell jedem von uns passieren kann.
Daran trägt nicht allein die betreffende Verkäuferin die
Schuld – mehrere Komponenten spielen hier zusammen: Sicher hat sie in irgendeiner Schulung vom Trainer gehört, wie
wichtig es ist, den Kunden stets zu grüßen. Weil sie nicht
einen kompletten Tag lang durchgehend konzentriert bleiben kann oder möchte, hat sie sich angewöhnt, wie ein Be-
wegungsmelder zu agieren: Jedes Mal, wenn sie auch nur im
Augenwinkel jemanden vorbeigehen sieht, sagt sie wie automatisiert »Guten Tag!«, um ihre Pflicht zu erfüllen. Dass
das bei den meisten Kunden alles andere als gut ankommt,
weil diese sich so nicht willkommen fühlen, sondern eher
nicht gesehen, scheint im Sales- oder Service-Training nicht

besprochen worden zu sein. Dabei gibt genau das Antworten auf wichtige Fragen: Warum fühlen wir uns in manchen Alltagssituationen pudelwohl und anderen würden wir gern sofort entfliehen? Warum wirken manche Menschen kompetent, charismatisch und sind erfolgreich mit dem, was sie machen, während andere nicht vom Fleck kommen, obwohl sie möglicherweise genauso viel draufhaben? All das hat unter anderem mit der Qualität der Kommunikation zu tun. Und die hängt in den meisten Fällen davon ab, ob mit Herz und Hirn – und folglich mit ganzer Seele – kommuniziert wird.

Auf dieses Phänomen treffen wir in der Rolle der Konsumenten in Abwandlung in jeder Branche: Sei es die Friseurin, die wie ein Roboter fragt, ob die Temperatur des Wassers beim Haarewaschen oder der Druck bei der Kopfhautmassage »für Sie angenehm« ist, sei es der Kundenberater einer Hotline, der nicht wirklich zuzuhören scheint, weil er Antworten gibt, die nicht zur gestellten Frage passen, oder sei es der Online-Support, dem Sie schon die dritte E-Mail schreiben müssen (die freilich jedes Mal bei jemand anderem landet, dem Sie die komplette Geschichte noch mal neu erklären müssen), weil er irgendeine bereits vorgefertigte Nachricht in die Antwort an Sie kopiert und sich nicht die Zeit genommen hat, aufmerksam zu lesen, welches Problem Sie ihm beschrieben hatten. In einer Welt, in der es mehr und mehr um Profit geht, in der Zeit die kostbarste Währung geworden ist und in der mit möglichst wenig Aufwand möglichst viel Geld eingenommen werden soll, laufen wir Gefahr, zu vergessen, dass ein Kunde, eine Klientin, ein Konsument oder eine Patientin in allererster Linie ein Mensch ist. Und Menschen wollen wahrgenommen, gesehen und ernstgenommen werden – sie wünschen sich Aufmerksamkeit von ihrem Gegenüber. Wenn also die Person, die Ihnen gerade (am Telefon, online oder live) gegenübersteht oder -sitzt, für diesen kurzen Moment nicht so etwas wie der wichtigste Mensch in Ihrem Leben ist, läuft in der

Kommunikation etwas falsch. Denn dann werden seelenlose Parolen abgespult, mehrfache Begrüßungen in Richtung derselben Person ausgesprochen, nicht gestellte Fragen beantwortet und dringliche Probleme übersehen. All das – und das haben noch nicht alle Firmenchefs und Trainerinnen erkannt – kostet unterm Strich viel mehr Zeit und lässt Kunden abwandern, weil sie sich nicht wohlfühlen. Was gut gemeint war, wird mühevoll – und somit sind wir weit entfernt vom *Prinzip der Mühelosigkeit*. Durch eine Kommunikationsweise mit Seele können wir dem entgegenwirken. Das meint nichts anderes, als achtsam und präsent zu sein und menschlich miteinander umzugehen: Wir sollten uns ehrlich füreinander interessieren, uns wirklich um die Zufriedenheit des anderen bemühen und genügend Konzentration aufbringen, damit wir uns noch erinnern können, wen wir vor fünf Minuten gegrüßt haben. Das ist keine Hexerei und bedarf keiner schwierigen Handlungsschritte – es reicht, wenn wir uns bewusstmachen, dass wir es mit Menschen aus Fleisch und Blut zu tun haben, und mit ihnen kommunizieren, als würden sie uns zumindest für den Augenblick unserer Begegnung wichtig sein. Besser noch: Sie sollten für uns in diesem Moment tatsächlich wichtig sein. Schenken wir ihnen unseren Fokus, unsere Aufmerksamkeit, lassen Sie uns mit ihnen ganz im Hier und Jetzt sein, damit sie sich abgeholt fühlen und gerne wiederkommen!

Wer das ernsthaft ausprobiert, wird schnell feststellen, dass ihm die Arbeit dadurch wie von Zauberhand mehr Spaß macht, denn wir bekommen meistens viel von anderen zurück, wenn wir ihnen unsere Wertschätzung entgegenbringen, indem wir ihnen wirklich zuhören und nicht nur abwarten, bis sie fertiggesprochen haben, damit wir etwas erwidern können. Wenn Sie schon einmal in einen Fahrstuhl eingestiegen sind, in dem mehrere Leute mit eher finsteren Mienen schweigsam nebeneinanderstanden und trotzdem – oder gerade deswegen – ein fröhliches »Hallo!« geflötet haben, werden Sie wissen, wie dankbar einige für diesen ersten Schritt sind: Plötzlich entspannen sich die Gesichter, manch einer schenkt gern ein Lächeln her und womöglich ergibt sich sogar ein netter kurzer Small Talk, der alle Anwesenden in eine bessere Stimmung bringt. Das liegt einfach daran, dass wir Menschen soziale Wesen sind und im Grunde gern miteinander zu tun haben wollen, auch wenn wir das in der Hektik des Alltags oder in der Anonymität der Großstadt vergessen zu haben scheinen. Indem wir uns darauf besinnen und einem Kunden mit ähnlicher Offenheit wie einem Freund begegnen, haben wir alle eine bessere Zeit – und genau darum sollte es doch gehen, wenn wir bedenken, dass das Leben keine Generalprobe ist und jede Stunde ausgekostet werden darf.

Darum: Lehrlinge beim Friseur und im Beautysalon dürfen sich ruhig trauen, menschlich normal nachzufragen, ob beim Kunden alles in Ordnung ist, anstatt die ewig gleichen Sätze herunterzubeten; für Support-Mitarbeiter im Callcenter empfiehlt es sich, nicht schon beim Abheben gestresst und genervt zu klingen; und Ärztinnen tun gut daran, zu bedenken, dass ihre Patienten sich zu einem gewissen Maß immer in ihre Abhängigkeit begeben und meist mit Ängsten und Sorgen zu ihnen kommen. Das heißt nicht, dass wir uns ein Vielfaches mehr Zeit für unsere Klienten und Kundinnen nehmen müssen, das meint nur, dass wir die Zeit, die wir ohnehin mit ihnen verbringen, dafür nutzen können, um in einer qualitätsvollen, wertschätzenden, sinnvollen Kommunikationsweise mit ihnen zu interagieren. Denn wir merken sofort, ob wir jemandem lästig sind oder ob uns jemand nur wie nebenbei antwortet – und selbst wenn wir nicht genau orten können, wo die Ursache für unser Unwohlsein liegt, so bleibt unserem Unbewussten nicht verborgen, dass wir uns nicht optimal betreut fühlen, und dann gehen wir beim nächsten Mal lieber in einen anderen Laden oder kaufen das Auto bei einem anderen Händler. Wenn mit uns aber mit Herz und Hirn – eben mit ganzer Seele – kommuniziert worden ist, ist das die beste Kundenbindung, die es geben kann, denn in diesem Fall werden wir gern wiederkommen und überzeugte Empfehlungen aussprechen oder ins Internet stellen. Im Prinzip machen wir es uns einfacher, ja müheloser, wenn wir andere wahrnehmen.

»Du saudummer Idiot!«
Was Sprache mit uns macht

»Der Typ nervt mich!«, »Ich bin total im Stress!«, »Jetzt sei nicht dermaßen überempfindlich!« – das sind Sätze, die alle von uns oft hören oder aussprechen. Stimmt's? So nachvollziehbar derartige Aussagen sind, wir vergessen dabei eines: Sogar gedachte Wörter und Worte machen Stimmung. Nun wissen wir alle: Frische Luft, moderate, regelmäßige Bewegung, genügend Schlaf in einer ruhigen Umgebung, eine ausgewogene Ernährungsweise – all das nimmt positiven Einfluss auf unser Wohlbefinden und unterstützt uns darin, möglichst stressresistent, gut gelaunt und ausgeglichen zu bleiben. Das haben wir weiter vorne besprochen. Doch es gibt weitere, oftmals vernachlässigte Parameter, die wir ebenso in unsere eigenen Hände nehmen können: Worte – geschriebene, gesprochene und nur gedachte – können beleben, entspannen und ein richtig gutes Gefühl geben oder aber aufregen und beunruhigen, zwischenmenschliche Beziehungen verbessern oder verschlechtern, unsere Verfassung stärken oder schwächen. Anders gesagt: Welche Begriffe wir denken, hören, lesen und selbst verwenden, beeinflusst, wie wir uns fühlen – und wie wir uns fühlen, hat wiederum Einfluss darauf, was wir sagen und schreiben.

»Mein Chef bleibt echt hartnäckig an etwas dran, wenn er davon überzeugt ist« klingt anders als »Der Typ nervt einfach! Er ist wahnsinnig lästig und stur!« Die Aussage »Ich bin wirklich gut im Geschäft« lässt uns andere Empfindungen haben als »Ich bin total im Stress«. Und das Wort »feinfühlig« zeichnet in unserer Vorstellung ein anderes Bild als die Bezeichnung »überempfindlich«. Nicht nur an Mitmenschen gerichtete Worte lösen etwas in uns aus und prägen unsere Stimmung, sondern auch einzelne Wörter, die wir hören oder wiedergeben (»Worte« ergeben einen zusammenhängenden Sinn, haben aussagekräftige, kommunikative Bedeutung und »Wörter« sind voneinander unabhängige Begriffe und grammatikalisch betrachtet die kleinste Satzeinheit). Es lohnt demnach, einen genaueren Blick auf das zu werfen, was uns mit der allgegenwärtigen Sprache im Alltag begegnet und entweder für Entspannung, Belebung und Regeneration oder im unangenehmen Fall für Ärgernisse, Unsicherheiten und Frustration sorgt.

Wenn wir Ihnen besonders plakative Beispiele nennen, werden Sie uns wahrscheinlich zustimmen: Eine mit Bedacht sowie ruhig gesprochene und aus achtsam ausgesuchten Wörtern bestehende Meditationsanleitung zu verfolgen, versetzt uns in einen wunderbar entspannten Ruhezustand. Mit harten Begriffen, schnell und abgehackt vorgelesen, wird das wiederum nicht funktionieren. Jemanden mit liebevollen Worten und weicher Stimme zu trösten, vermag ihm womöglich tatsächlich Trost zu spenden. Laut, hektisch und mit unsensiblen Aussagen wird das ebenfalls ziemlich sicher in die Hose gehen. Von einem Kollegen, bei dem Sie regelmäßig anecken, zu hören: »Du bist immer so impulsiv und reagierst viel zu schnell! Warum bist du nur so ein A...?« wird Sie kaum dazu motivieren, über den Wahrheitsgehalt seines Vorwurfs nachzudenken. Wenn er Ihnen allerdings sagen würde: »Das ging mir persönlich jetzt zu schnell, und irgendwie hab ich deine Reaktion als recht emotional wahrgenommen. Irre ich mich oder hast du das wirklich so empfunden?«, hätte er gewiss bessere Chancen, dass Sie Ihr Verhalten hinterfragen. Sich selbst innerlich »Ich schaffe das sicher nicht, ich krieg das einfach nicht hin!« vorzusagen, wird es Ihnen erheblich erschweren, eine herausfordernde Situation zu meistern. Wenn Sie sich hingegen denken: »Irgendwie werde ich das sicher hinbekommen – und wenn nicht, ist es kein Weltuntergang!«, wird sich das völlig anders anfühlen. Sie wissen, worauf wir hinauswollen: Siegertypen verwenden mitunter andere Begriffe, und zwar ausgesprochen genauso wie in Gedanken.

Es geht dabei auch um wesentlich versteckтеre, ja um die scheinbar kleinen Dinge und Aktionen im Leben, fern jeder Kommunikations- und Erfolgsstrategie. Das beginnt praktisch sofort während des Aufwachprozesses: Wer mit dem altbewährten Radiowecker in den Tag startet, ist gut beraten, ihn so zu stellen, dass er nicht exakt zur vollen oder halben Stunde loslegt. Denn mit Nachrichten – unterm Strich sind das ja meistens Negativ-News – geweckt zu werden, versetzt den menschlichen Geist gleich mal in eine Stresssituation: »Erneute Terrorgefahr: Eiffelturm wegen Mann mit Stichwaffe evakuiert«, »Im Schlaf überrascht: Sexattacken am Campingplatz« oder »Nach Mückenstich: Arm und beide Beine amputiert« zu hören, gibt kein gutes Gefühl, sondern vermittelt dem Halbschlafenden als Erstes am Tag Gefahren und schier unlösbare Probleme. Die laute und häufig von schrillen Stimmen vermittelte Werbung ist ebenfalls nicht ideal, um aus dem Schlaf- in den Wachmodus zu gelangen. Einzig als angenehm empfundene Musik ist zielführend, weshalb es sinnvoll ist, wenn Sie herausfinden, welcher Radiosender unter diesen Gesichtspunkten wohl am geeignetsten für Sie sein könnte und zu welcher Minute er Sie mit Wohlfühlsongs verwöhnt, anstatt Sie mit gewaltvollen Wortmeldungen in fast unbemerkte Aufruhr zu bringen.

Wenig später beim Frühstück in der Tageszeitung zu blättern und Headlines wie »Erdogan: Türkei kann Europa in drei Tagen einnehmen!« oder »Schon wieder Kinderpornoring ausgehoben« zu lesen, bewirkt ähnlich Unbehagliches wie die News im Frühstücksfernsehen zu verfolgen oder im Radio zu hören – abgesehen davon, dass wir inzwischen alle wissen, wie es uns schaden kann, ständig zwei Dinge gleichzeitig erledigen zu wollen und dass es besser wäre, wenn wir aus dem Essen eine genussvolle Achtsamkeitsübung machen. Das hat nicht ausschließlich mit dem Inhalt zu tun, sondern auch mit den Worten, in die diese Informationen gekleidet werden, und mit den Begriffen, die sie anschaulich machen sollen: Erzählt zu bekommen, wie viele Menschen auf einer Anti-Kriegsdemo zusammengekommen sind, klingt für unser Unbewusstes nämlich wesentlich negativer, als zu hören oder zu lesen, wie viele Teilnehmer eine Friedensbewegung zählte. Alle drei Teilwörter sind in ihrem Ursprung unangenehm: «anti«, »Krieg« und »Demonstration«, während die allein schon weicher klingenden Wörter »Frieden« und »Bewegung« Positives suggerieren. Solange Sie also kein Blatt finden, dessen Redakteure genau auf derartige Unterschiede achten, keinen Radiosender kennen, der Sie mit überwiegend guten Nachrichten durch den Tag begleitet, sollten Sie Ihrem Wohlbefinden zuliebe weitgehend darauf verzichten, stets up to date zu sein. Nein, das bedeutet nicht, dass Sie von nun an unwissend und uninformiert durchs Leben gehen und die Augen vor dem verschließen sollen, was auf der Welt passiert, sondern nur, dass Ihnen bewusst sein sollte, was das mit Ihnen macht: Es stresst Ihr Gehirn, es beschäftigt Ihre Gedanken, es lenkt Sie von positiven Dingen ab und macht es Ihnen wesentlich schwerer, in Ihrer Mitte zu bleiben und voller Leichtigkeit durch den Tag zu kommen.

Weiter im Tagesablauf, den wir so oder so ähnlich alle kennen: Wenn Sie sich nach dem Frühstück im Auto oder in der U-Bahn auf den Weg zur Arbeit oder zu anderen Terminen machen, werden Sie nicht unangetastet davon bleiben, ob Sie sich »Was für ein Trottel!« über den, der Sie im Verkehr gerade nicht einordnen hat lassen, denken – oder es sogar ausrufen – oder sich für eine relativierende Überlegung wie »Der wird wohl noch mehr unter Zeitdruck sein als ich …« entscheiden. Im Büro angekommen macht es einen Unterschied, ob Sie »Wahnsinn, es ist schon wieder so viel zu tun! Wie soll ich das nur hinbekommen?« in Richtung Ihrer Kollegin jammern oder frohen Mutes »Wow, mal sehen, was sich davon heute alles ausgehen wird!« von sich geben.

Wenn nach dem Tagespflichtprogramm am Abend der Partner oder die Partnerin zu Hause von Ihnen in schroffem Ton einen Vorwurf wie »Nie räumst du auf, immer denkst du nur an das, was dir Spaß macht!« zu hören bekommt, wird das die Stimmung zwischen Ihnen beiden nicht gerade liebevoll gestalten. Ein »Ich würde uns etwas Gutes kochen – kannst du mir vorher helfen, die Küche aufzuräumen? Dann geht es schneller …« wird ihn eher dazu veranlassen, Ihnen unter die Arme zu greifen. Und zum Einschlafen ist es zielführender, in ein Tagebuch zu schreiben, was an diesem vergangenen Tag alles toll und schön war, um mit entspannenden, positiven Gedanken und Worten zu Bett zu gehen, als einen Konflikt mit dem Partner zu provozieren, ihm noch schnell genervt von Ihrem anstrengenden Arbeitstag zu erzählen oder gar nochmal die Nachrichten am Handy zu checken. Schließlich geht es darum, in eine Ruhephase zu gelangen und Körper und Geist dabei bestmöglich zu unterstützen, sich über Nacht regenerieren zu können, um am nächsten Morgen mit neuer Energie in den Tag zu starten – in einen Tag, an dem Sie hoffentlich niemand beleidigt oder anschreit und an dem Sie umgekehrt über niemanden schimpfen oder fluchen werden.

Ganz im Stil der guten alten selbsterfüllenden Prophezeiung können Sie auch die alltägliche Sprache betreffend in einen Kreislauf geraten, in dem das eine das andere bedingt: Je angespannter, gestresster und genervter Sie sind, desto eher werden Sie unangenehme Begriffe verwenden, deshalb

als Reaktion vermutlich die nicht gerade angenehmere ernten und sich auf Dinge fokussieren, die Sie dabei unterstützen, sich weiterhin mies zu fühlen. Durchbrechen Sie das,
indem Sie darauf achten, mit welcher Art von Sprache und
Sprechweise Sie sich umgeben, welche Sie austeilen!
Keine Sorge: Sie müssen weder sprachlich noch gedanklich zu einem Gandhi-Zögling mutieren, kein Einsiedler
ohne TV- und Radiogerät werden, und freilich gibt es Momente, in denen ein Ausbruch nicht so schöner Worte Ihnen
als Ventil dienen und dafür sorgen wird, dass Sie danach tief
durchatmen und die betreffende Situation neu wahrnehmen
können. Negative Gefühle haben schließlich durchaus ihre
Berechtigung – genauso wie nicht durchwegs positive Begriffe und Bezeichnungen, da die Sprache nun mal die Realität abbilden und vermitteln soll und diese eine duale samt
Grauschattierungen ist. Allerdings werden Sie nach wenigen
Tagen feststellen, wie sich Ihr Allgemeinzustand verändert,
Sie sich zufriedener, belebter und energetisiert fühlen werden, wenn Sie zur Abwechslung komplett bewusst hören,
lesen, sprechen und kommunizieren – eben sogar in Gedanken mit anderen oder sich selbst – und achtsam mit Worten
und Aussagen umgehen. Damit tut sich nämlich eine neue
Chance auf: vom Teufelskreis (dafür fällt Ihnen jetzt sicher schon ein besserer Begriff ein) des »Ich höre und lese ja
überall nur Negatives und bin ständig unter Druck! Wie soll
man da optimistisch bleiben?«-Gedankens in den positiven
Kreislauf des »Ich umgebe mich mit guten Worten und säe
und ernte daher ebenso gute Worte«-Bewusstseins zu kommen. Und wenn Sie dann einer auf der Autobahn schneidet
und Sie im Schreck laut »Du dummer Vollidiot, du saublö-
der!« schreien, dieser Ausbruch aber samt der Schimpfwör-
ter nicht zur Norm wird und der Fremde Sie nicht hören
kann, ist das nicht gleich weniger problematisch, solange es
nicht zur Gewohnheit wird. Denn Kommunikation mit Seele
ist auch angesagt, wenn wir andere beschimpfen, die uns

gar nicht hören können oder wenn wir einen inneren Dialog führen. Darum: Übernehmen Sie doch die Regie für Ihre Tagesverfassung und gehen Sie mal versuchsweise bewusster an diese Sache heran, um den Unterschied zu ergründen!

Präzise Sprache als Türöffner: Textsicherheit schafft Vertrauen

Haben Sie einmal von jemandem, der in Sie verliebt war, einen Liebesbrief oder eine Liebeserklärung in Form einer E-Mail erhalten und das Geschriebene war so voller Rechtschreibfehler, dass Sie zwar von der romantischen Geste gerührt waren, er aber als potenzieller Partner nicht für Sie in Frage kam, weil Sie ihn für nicht besonders gebildet hielten? Oder gehören Sie vielleicht zu jenen Urlaubern, die sich gern vorab über Hotels informieren, indem sie die Bewertungen bisheriger Gäste lesen, und sind so auf eine gestoßen, die Sie an die folgende erinnert? »Das Hotel kann ich nicht jeden empfehlen nur Familien. Die Lage war Atemberaubend aber, es waren zu viele Gäste mit Kinder und die waren zu laut. Der Barkeeper war aber nett, haben ihm nach dem Weg zum Strand gefragt und er hat uns, gleich hingefahren weil er gerade Schichtenwechsel hatte.« Falls Sie sich daraufhin gedacht haben sollten, der Verfasser könnte womöglich insgesamt eine komplett andere Perspektive auf die Dinge haben als Sie, weil er so schlecht formulieren und rechtschreiben kann – und deshalb auch seine Meinung zum Hotel nicht ernstnehmen konnten –, dann sind Sie mit Ihrer Haltung keineswegs allein.

Einen Text von jemandem zu lesen – sei es eine Werbebotschaft, einen Blog-Beitrag, eine E-Mail oder Auszüge einer Website – ist nichts anderes, als sich einen ersten Eindruck von ihm zu machen. Und wenn der schlecht ausfällt, sind wir irritiert bis abgeneigt, mit der betreffenden Person im realen Leben zu tun zu haben. Fehler in Texten lenken uns beim Lesen vom Inhalt ab, während hingegen Fehlerfreiheit in Bezug auf Grammatik und Rechtschreibung das Vertrauen in den Verfasser und dessen Glaubwürdigkeit fördern. Genauso wie bei unserem Äußeren geht es bei dieser Kommunikationsform um die Wirkung des Gesamtbilds: Wenn uns jemand im Business-Meeting mit fettigen Haaren, Resten der Lieblingsspeise auf der Bluse oder im Schmuddellook gegenübertritt, ist das wenig einladend und vertrauenswürdig, sondern wirkt auf uns unangenehm und womöglich respektlos. Daraus schließen wir auf die Leistungsfähigkeit auf allen anderen Ebenen. Mag das nun fair oder unfair sein – das passiert automatisch. Genauso verhält es sich mit Texten, die voller orthografischer Fehler sind oder in denen sich eine Stilblüte im Ausdruck an die andere reiht: Wir trauen einem Versicherungsmakler, dessen Nachricht uns wegen fehlender oder falscher Satzzeichen dazu zwingt, sie mehrmals zu lesen, um dem Sinn auf den Grund gehen zu können, weniger zu, dass er für uns alles Kleingedruckte im Vertrag überprüft oder mit Geduld und Liebe zum Detail daran gearbeitet hat, den für uns besten Anbieter zu finden. Auch wenn Blog-Beiträge oder Websites schlecht geschrieben sind oder vor Fehlern nur so strotzen, wenden wir uns in der Regel ab. Das wissen wir inzwischen aus der Forschung, denn Sprachwissenschaftlerinnen von der University of Michigan haben untersucht, wie unterschiedliche Menschen auf derlei Fehler im Schriftlichen reagieren. Dazu haben sie 83 Probanden Mitbewohnersuchanzeigen fiktiver Kandidaten bewerten lassen. Der Inhalt der Inserate war dabei stets gleich – sie unterschieden sich lediglich in der Schreibweise: Es gab fehlerfreie Annoncen und solche, in die Rechtschreib-, Tipp- und Grammatikfehler eingebaut waren. Tippfehler lassen dabei naturgemäß eher auf Unachtsamkeit schließen, was

Leser meist verzeihen, während Fehler in Grammatik und Orthografie zusätzlich den Sinn des Geschriebenen verändern können. Die Studienteilnehmer sollten anhand der gelesenen Anzeigen einschätzen, ob sie den Betreffenden hinter dem Text als klug, sympathisch oder zuverlässig empfanden. Dabei hingen die Einschätzungen weder vom Bildungsgrad noch vom Alter der bewertenden Versuchspersonen ab, sondern lediglich mit deren Persönlichkeit und Charakter zusammen. Die Linguistinnen machten dabei eine erstaunliche Entdeckung: Introvertierte, eher stille Menschen störten sich generell mehr an den Fehlern als extrovertierte, Neurotiker reagierten weniger gereizt auf die sprachlichen Unzulänglichkeiten und gewissenhafte, aber weniger offene Personen konnten vor allem Tippfehler nicht leiden, hatten dafür bei grammatikalischen Missgriffen ein Nachsehen. Das gilt freilich nicht ausschließlich fürs Englische, sondern genauso für andere Sprachen: Der korrekte Umgang mit Texten bringt nicht nur einen Vorteil auf der Karriereleiter, sondern wird vorausgesetzt. Etliche Arbeitgeber sieben Interessenten während eines Bewerbungsverfahrens mittels Rechtschreibtests einfach aus, weil sie die Fähigkeit, weitgehend fehlerfrei schreiben zu können, mit der allgemeinen Glaubwürdigkeit und Kompetenz in Verbindung bringen. Denn die äußere Gestalt – das gepflegte Erscheinungsbild einer Person oder eines Textes – sagt indirekt etwas über das Innere aus, lässt Rückschlüsse auf das Qualitätsbewusstsein einer Firma zu. Ob uns das gefällt oder nicht: Rechtschreibkompetenz ist außerdem ein Gradmesser für Bildung – und positiv gesehen damit eine Möglichkeit für Chancengleichheit, die wir nutzen sollten. Die gefühlte Ungerechtigkeit liegt darin, dass Rechtschreibung und Artikulationsfähigkeit bei jenen, die es in unserer Gesellschaft ohnehin geschafft haben, eine weniger große Rolle spielt als bei denjenigen, die es (noch) nicht geschafft haben. Sie kennen das sicher von Vortragenden, Rednerinnen, Trainern: Wenn jemand schon erfolgreich ist, es längst als guter Rhetoriker und Dramaturg geschafft hat, eine angenehme Stimme und Modulation mitbringt, inhaltlich ausnehmend kompetent rüberkommt und dazu mit Charisma gesegnet ist, dann verzeihen wir ihm einen nicht perfekt sitzenden Anzug oder strähniges, ungewaschenes Haar viel eher, als wenn ein No-Name sich noch nicht etabliert hat und so die Bühne oder den Seminarraum betritt.

Für gesprochene Sprache gibt es allerdings wesentlich mehr Toleranz, was Grammatikpatzer und sinnwidrige Verwendung von Begriffen betrifft, doch von der Norm abweichende Schriftbilder lenken oftmals derart stark ab, dass das Inhaltliche nicht mehr wahrgenommen geschweige denn verstanden und verarbeitet werden kann: Wer in einem nicht gerade preisgünstigen Restaurant sitzt und sich durch die Speisekarte quälen muss, weil kaum ein Gericht richtig geschrieben wurde, dem kommen meist unbewusst Gedanken wie »Na ob die hier genauso kochen wie sie schreiben?« – und das Gesamterlebnis des Essengehens ist sofort getrübt.

Das Bemerkenswerteste daran ist: Sogar Menschen, die selbst nicht sattelfest sind, was Grammatik und Rechtschreibung betrifft, stoßen sich an den Fehlern in fremden Texten. »Mit Adleraugen sehen wir die Fehler anderer, mit Maulwurfsaugen unsere eigenen«, brachte es schon der französische Theologe Franz von Sales im 17. Jahrhundert auf den Punkt. Und das gilt augenscheinlich nicht nur für die charakterlichen Unzulänglichkeiten und persönlichen Schwächen, sondern auch für Textsicherheit und Ausdrucksfähigkeit. Nur mittels weitgehend fehlerfreier Texte werden Botschaften daher unverfälscht vermittelt – und lassen den Urheber in Professionalität erstrahlen. Der eine oder andere eindeutig als Vertipper zu erkennende Ausrutscher stellt noch kein Problem für das Gehirn dar – das verzeihen wir gern, denn je geübter ein Schreibender im Lesen ist, desto eher wird er seine eigenen Tippfehler hier und da übersehen, was insofern alles andere als ein Zeichen für mangelnde

Rechtschreibfähigkeiten ist. Insgesamt sollte sich jedoch vermitteln, dass man des Orthografischen mächtig ist – oder, wenn man das nicht sein sollte, dass man sich dafür professionelle Unterstützung holt, anstatt darauf zu pfeifen, ob die potenziellen Kunden sich mit einem leserfreundlichen Text konfrontiert sehen oder nicht. Wenn wir für Korrektheit in der Verschriftlichung unserer Gedanken sorgen, tun wir das einerseits im Sinne der Verständlichkeit, also für die Rezipienten – andererseits tun wir es aus Eigennutz, damit wir unser Ziel erreichen, etwa durch einen guten Werbetext die Zielgruppe dazu zu bewegen, ein Produkt oder eine Dienstleistung kaufen zu wollen. In jedem Fall erleichtert es die schriftliche Kommunikation erheblich und trägt zu einem unmissverständlichen, wertschätzenden Miteinander bei. Und wer das berücksichtigt, wird garantiert müheloser und erfolgreicher durchs Leben kommen.

Glück oder Cleverness? Ihre Außenwirkung bestimmt Ihren Erfolg

Was glauben Sie: Muss jemand ein geborener Glückspilz sein, um gut bei anderen Menschen anzukommen? Oder hat das womöglich etwas mit Strategie und Selbstbestimmung zu tun und haben wir das damit mitunter doch stärker in der Hand, als es den Anschein nehmen würde? Wie ist es mit den Erfolgreichen in Ihrer Umgebung? Sicher kennen Sie solche Menschen: Kollegen oder Bekannte, die fachlich gar nicht so viel draufhaben, aber irgendwie immer im Mittelpunkt stehen, Kunden oder Vorgesetzte mit links überzeugen und die Karriereleiter im Schnelldurchgang erklimmen. Und wir erwischen uns, wie wir sie heimlich beneiden und uns fragen: »Was ist es genau, das ihren Erfolg ausmacht?« Oftmals haben sie einfach ein glücklicheres Händchen, wenn es um ihre persönliche Wirkung geht. Nehmen wir deshalb diesen Lebensbereich auch abseits der erfolgreichen verbalen und schriftlichen Kommunikation genauer unter die Lupe.

Keine zweite Chance für den ersten Eindruck

Erinnern Sie sich an das erste Mal, als Sie den amtierenden US-Präsidenten im Fernsehen sahen? Was ging Ihnen dabei durch den Kopf, wie war Ihr Eindruck von ihm? Und hat sich dieser Eindruck mit der Zeit bestätigt oder verändert? Wahrscheinlicher Ersteres, denn es macht nur selten einen Unterschied, ob wir jemanden ein paar Sekuns sehen oder uns eine Stunde mit ihm unterhalten: Der erste Eindruck verändert sich normalerweise kaum. In bloß 33 Millisekunden fällen wir unser Urteil über jemanden – und in der Regel bewahrheitet es sich.

Diese Dramatik belegt eine Studie der University of York aus dem Jahr 2017: Nach 100 Millisekunden und 500 Millisekunden – das ist nach einer Zehntelsekunde und einer halben Sekunde – erhöht sich unser Gefühl der Sicherheit in Bezug auf dieses Urteil, also dass wir damit richtiglagen. Selbst wenn die häufige Bestätigung in einem Fall ausbleiben sollte, ändern wir unsere Meinung über jemanden nicht, nachdem wir sie uns erst einmal gebildet haben. Mit dieser Erkenntnis werden die Resultate einer Studie von 2006 nach unten korrigiert, deren Leiter damals noch bis zu 100 Millisekunden als für das Vertrauensverhältnis bedeutsam identifiziert hatten und der Meinung waren, andere Eindrücke wie Attraktivität würden erst später ansetzen. 2017 zeigte sich aber: Vertrauen, Status und Attraktivität werden eben bereits in den ersten 33 Millisekunden vom Gehirn ermittelt. Nach 100 und 500 Millisekunden kommt es nur zu kleinen Verbesserungen des Empfindens gegenüber einer noch fremden Person, der wir erstmals begegnen. Die berühmte Liebe auf den ersten Blick müsste insofern wohl eher »Liebe auf den ersten Augenblick« genannt werden. Wie rasch und umfassend wir unseren ersten Eindruck bilden, wurde nach diesen neuesten wissenschaftlichen Erkenntnissen definitiv unterschätzt.

Die überaus rasche Bewertung unseres Gegenübers führt zum »Primäreffekt«: Wir haben eine erhöhte Aufmerksamkeit, wenn wir jemanden kennenlernen – eben weil alles Neue eine potenzielle Gefahr in sich birgt. Woran liegt das?

Die Amygdala, unser Angstzentrum im Gehirn, steuert die zur Begutachtung notwendigen Prozesse bei einer neuen Begegnung sofort, um ausschließen zu können, dass wir bei der noch fremden Person einer Gefahr ausgeliefert sein könnten. Aus diesem Grund können Menschen, die Schäden in diesen Hirnregionen erleiden mussten, die Vertrauenswürdigkeit anderer nicht einschätzen.

Die Wissenschaft hat im Hinblick auf die Macht des ersten Eindrucks gezeigt, dass es zwei Dinge gibt, die uns stark beeinflussen, wie wir jemanden wahrnehmen und einordnen. Einerseits geht es um das Thema »Wärme«, womit »Warmherzigkeit« gemeint ist: Wir überprüfen unbewusst sofort, ob wir dem fremden Menschen vertrauen, ob er uns freundlich begegnet. Andererseits geht es – gerade freilich im beruflichen Kontext – um das Thema »Kompetenz«: Wir wägen rasch ab, ob unser Gegenüber intelligent ist und sich fähig zeigen könnte, etwas tatsächlich umzusetzen. In einer Forschergruppe vom French National Centre for Scientific Research in Paris wurden hierzu Studien durchgeführt, in denen sich gezeigt hat, dass zunächst die Sympathie im Zentrum des Interesses steht und es in einem zweiten Schritt um die Kompetenz geht. Die Interpretation dazu: Für unser Überleben ist es weniger bedeutsam, ob jemand bestimmte Fähigkeiten besitzt, allerdings sehr wohl, ob er sozial denkt und handelt oder Böses im Schilde führt. Ein kurzer Blick auf ein Porträt reicht, um den Eindruck einer echten Begegnung nach einem Monat deutlich zu beeinflussen, wie Sozialpsychologen aus Ankara und New York 2017 dokumentierten. Der erste Eindruck – wenn er auch korrigierbar ist – hält somit an.

Was finden wir an anderen Menschen nun angenehm, beeindruckend oder attraktiv? Wenig überraschend führt diese Hitliste ein offenes, echtes Lächeln an. Nichts vermittelt Warmherzigkeit und Freundlichkeit besser. Dass sich das herumgesprochen hat, ist kein Wunder, denn die erste Studie dazu wurde bereits im Jahr 1972 an der Yale University durchgeführt. Die vorhin erwähnte französische Forschergruppe hat noch weitere Details beschrieben, die durch die jeweilige Körperhaltung die Einschätzung des anderen in Bezug auf seine angenehme Ausstrahlung und seine Kompetenz beeinflussen: Ruheposen einzunehmen (Arme überkreuzen, Arme auf dem Rücken ablegen), führt zu einer Abnahme des Empfindens von Warmherzigkeit. Weil sich Gestik und Ruheposen gegenseitig ausschließen, kann davon ausgegangen werden, dass es die Wahrnehmung von Herzenswärme beim anderen umgekehrt begünstigt, wenn dieser gestikuliert. Deshalb werden so gut wie alle Bewegungen des Kopfes mit emotionaler Wärme assoziiert. Das Interessante: Ruheposen wirken sich ebenso auf die Kompetenzeinstufung negativ aus. Sich zu bewegen und mit einem Lächeln auf den Lippen zu gestikulieren, lässt Menschen folglich kompetent und herzenswarm erscheinen. Auch hier gilt selbstverständlich: Es muss automatisiert werden, damit uns die beabsichtigte Ausstrahlung unter Stress nicht abhandenkommt. Sonst wirkt es nicht authentisch, sondern schnell einstudiert oder gar affektiert, wie wir das von manchen Politikern kennen. Aber da reden wir in Wahrheit von einzelnen Gesten oder Posen. Körpersprache ist in Summe ohnehin zu komplex, um sie direkt zu trainieren. Oft werden Menschen – und gerade Politiker – diesbezüglich nur oberflächlich gecoacht. Und das merkt man dann, wenn sie angespannt sind und unter Druck stehen, weil sie in derlei Situationen ihre Leichtigkeit verlieren. Ihnen fehlt das *Prinzip der Mühelosigkeit*! Besser wäre es, Warmherzigkeit und Kompetenz emotional zu verinnerlichen und auf diese Weise nach außen zu tragen. Die besten Schauspieler der Welt wissen: Der Körper zeigt, was wir fühlen.

Emotionale Wärme und Kompetenz lassen sich übrigens in einer Matrix einander gegenüberstellen: Auf jeder der beiden Achsen gibt es eine Skala von »wenig« bis »viel« von beiden Eigenschaften. Wenn uns nun jemand inkompetent, aber nett vorkommt, so speichern wir ihn als »Lusche« ab. Ist jemand weder kompetent noch freundlich, stufen wir ihn als »Loser« ein. Wer zwar kompetent, aber nicht angenehm rüberkommt, der ist in unseren Augen ein »Unsympathler« und wen wir sowohl kompetent als auch nett finden, der hat 100 Punkte erreicht und ist ein echter »Hero« für uns. Die Formel dazu lautet:

$$\text{Wärme} + \text{Kompetenz} = \text{Führungsstärke}$$

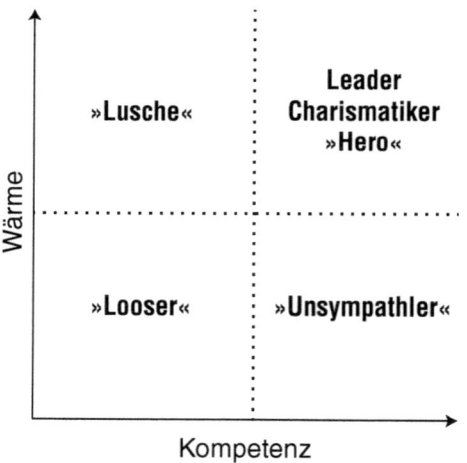

Ein Mensch, der diese beide Eigenschaften ausstrahlt, verursacht, dass andere gerne und dabei gut gelaunt nach seiner Pfeife tanzen. Ein solcher Gewinnertyp setzt sich durch, ohne kämpfen zu müssen. Papst Franziskus I. etwa hat das vorbildlich gemacht: Seine ersten an die breite Öffentlichkeit gerichteten Worte im Amt – auf Deutsch übersetzt: »Brüder und Schwestern, guten Abend!« – waren ruhig, wirkten besonnen, und er lächelte authentisch dazu. Damit suggerierte er, der alles andere als ein Favorit für die Nachfolge von Benedikt XVI. gewesen war, sowohl Vertrauenswürdigkeit als auch Vertrautheit. Sein freundlicher Gesichtsausdruck in Kombination mit der einladenden Geste mit seiner linken Hand wirkten gleichermaßen sympathisch wie kompetent. Und dieser erste Eindruck von ihm hat sich für viele bestätigt.

Hirn schlägt Optik

Angenommen, Sie müssten sich entscheiden – was ist Ihnen wichtiger: Schönheit oder Intelligenz? Was möchten Sie selbst lieber sein: attraktiv oder klug? Vor die Wahl gestellt wäre die Kombination aus beiden Attributen am besten, aber wenn der Geist aus der Wunderlampe Ihnen nur einen dieser beiden Wünsch erfüllen könnte, was würden Sie wählen: noch ein bisschen schöner oder noch ein bisschen cleverer zu sein? Haben Sie sich das schon einmal überlegt?

Timothy A. Judge, ein Psychologe an der Universität Florida, hat das jedenfalls gemacht und fand infolgedessen gemeinsam mit seinen Kollegen heraus, was viele von uns längst geahnt haben: dass Attraktivität einen bedeutsamen Einfluss auf das Einkommen hat. Dazu wurden 191 Personen im Raum Boston einer Langzeitstudie unterzogen, indem ihr IQ gemessen, ihre Attraktivität auf andere überprüft sowie ihre Selbstbeurteilung die eigene Lebenszufriedenheit betreffend erfasst wurde. Ausbildungsgrad, beruflicher Werdegang und Einkommenshöhe waren selbstverständlich bekannt und so ergaben die Beobachtungen, dass die objektiv als schöner eingestuften Teilnehmerinnen und Teilnehmer unter ihnen tatsächlich ein höheres Gehalt bezogen. Die Erklärung dafür: Attraktivere Menschen fühlen sich besser und genießen als Folge dessen eine qualitativ hochwertigere Ausbildung als weniger attraktive. Hirn schlägt allerdings Optik, denn Testpersonen mit höherer Intelligenz haben ein noch höheres Durchschnittseinkommen lukriert. Da die Variablen unabhängig voneinander untersucht wurden, bedeutet das: Die Power aus dem Kopf sticht ein dem Schönheitsideal entsprechendes Äußeres, wenn's ums Geld geht. Investieren Sie deshalb lieber in Ihre Aus- und Weiterbildung statt in Beauty-OPs!

Noch eine gute Nachricht: Der alte Spruch »Kleider machen Leute« bewahrheitet sich aus wissenschaftlicher Sicht – und darauf haben wir glücklicherweise eindeutigen Einfluss, weil wir unsere Kleidung dahingehend sorgsamer auswählen können. Untersuchungen dazu haben ergeben, dass Frauen in Röcken als selbstbewusster und somit attraktiver wahrgenommen werden als Frauen in Hosenanzügen. Aber auch die Männer haben Möglichkeiten, ihre Kompetenz und ihr Selbstbewusstsein in der Außenwirkung zu steigern, und zwar, indem sie auf Maßanzüge setzen. Ein Konfektionsanzug vermittelt im Unterschied dazu erwiesenermaßen gleich weniger Vertrauenswürdigkeit und Flexibilität – das ergeben die Resultate einer weiteren Studie des Arbeitspsychologen Ben Fletcher aus dem Jahr 2013.

Woran liegt das? Erfolgreiche Menschen haben sich in der Regel immer wieder gegen Konkurrenten durchgesetzt, waren folglich damit beschäftigt, sich im Vergleich zu anderen zu positionieren und die Konkurrenz zu beobachten. Das betrifft das Bewerten eines Businessmodels genauso wie die Bewertung des Auftretens, zu dem die Kleidung eben dazugehört. Wenn zwei Businessmänner einer bestimmten Liga aufeinandertreffen, erfolgt aus diesem Grund sofort automatisiert eine Basisbewertung in Bezug auf Körperhaltung, Haarschnitt, Gang, Gestik, Mimik und Erscheinungsbild (Zähne, Hände, Haare, Schuhe). Das passiert innerhalb von unglaublichen zwei bis drei Sekunden. Wenn Sie künftig darauf achten wollen, so sehen Sie wahrscheinlich kurz die Augen beim anderen wandern. Profis kommentieren diesen Prozess des Scannens laut, damit er weniger auffällt: Ein »Ah, Sie sehen ja gut aus!« an dieser Stelle ist nicht unüblich. Wenn Kenner einen Blick auf die Schulternaht des Sakkos beim anderen werfen, die Ärmellänge samt dem Abstand zwischen den Ärmeln bei hängenden Armen und den Sitz sowie die Länge der Hose taxieren und das alles passt, handelt es sich wahrschinlich um einen Maßanzug. Sitzt es nicht, fällt das Gegenüber in der Einschätzung.

Einen Faktor, der alles umwerfen kann, gibt es allerdings: Selbstbewusstsein. Wer mit voller Stimme und einem selbstsicheren Auftreten natürliche Dominanz ausstrahlt, kann zur Ausnahme dieser Regel werden. Wenn das Zusammenspiel aus kommunikativen Qualitäten, gutem Stimmeinsatz und charismatischer Ausstrahlung harmoniert, haben Maßanzugträger das Nachsehen, obwohl der Beschriebene in Jeans und T-Shirt antanzt. Ehrlicherweise müssen wir festhalten, dass Frauen es diesbezüglich weit schwerer haben, weil der Grat zwischen »gepflegt gestylt« und »zu herausgeputzt« in ihrem Fall als ein recht schmaler empfunden wird.

Und bei aller Oberflächlichkeit: Intelligente Menschen sind gegenüber attraktiven Menschen nicht grundsätzlich benachteiligt. Attraktivität ist außerdem etwas, das wir nicht immer definieren können. Meistens entsteht sie aus der Kombination mehrere Komponenten, die unterm Strich das mysteriöse Charisma ausmachen können. An der Frage, ob Charisma als eine Art Eigenschaft erlernbar ist, scheiden sich übrigens die Geister. Sicher dürfte nur sein, dass es nicht besonders gut funktioniert, verkrampft und unbedingt charismatisch sein zu wollen. In diesen Fällen wirkt es meist aufgesetzt und inszeniert. Auch hier haben jene Menschen, die das *Prinzip der Mühelosigkeit* verinnerlicht haben, die Nase vorn. Viele Hollywoodstars wirken charismatisch auf uns, denken wir nur an Julia Roberts, Meryl Streep, George Clooney oder Daniel Craig. Woran liegt das? Manches wird wohl ein sagenumwobenes Geheimnis bleiben, aber abgesehen davon trainieren Schauspieler ihre Körpersprache, ihre Selbstwahrnehmung, ihre physiologische Spannung, ihren Stimmeinsatz und ihr emotionales Erleben. Daher haben Angehörige dieser Berufsgruppe per se ein anderes Auftreten. Sie werden durch Filme und Fotos zudem ständig inszeniert und in Wahrheit wissen wir nicht, wie die echte Person hinter diesen prominenten Persönlichkeiten aussieht, was sie privat ausmacht.

In den USA wird sogar beinahe allen Präsidenten der Neuzeit Charisma nachgesagt – wobei sich in Bezug auf den aktuell amtierenden zwei extrem weit auseinanderliegende Lager aufgetan haben dürften. Das ist schon seltsam, denn man könnte sich fragen, ob denn in den Vereinigten Staaten nur charismatische Menschen Politiker werden oder ob es umgekehrt vor sich geht, indem Charisma bei amerikanischen Staatsmännern inszeniert wird. Keine Frage: Die Machtposition selbst trägt viel zum Zauber bei. Charisma wird so zu einer Art selbsterfüllenden Prophezeiung. Der beliebte John F. Kennedy litt unter starken Rückenschmerzen und soll ohne Tabletten alles andere als ein Strahlemann gewesen sein. Viele Amerikaner halten ihn dennoch für den charismatischsten und besten Präsidenten aller Zeiten. Sein tragischer Tod und das damit verbundene Märtyrer-Image wirken dabei unbestritten mit. Und für Barack Obama reichte es ohne außergewöhnliche Leistung auf diesem Gebiet zum Friedensnobelpreis. Das Präsidentenamt hat allerdings sichtlich an seiner Ausstrahlung gezehrt, wenn man Vorher-nachher-Bilder betrachtet.

Ist Charisma nur eine Lüge? Nein, wir denken nicht. Neben der inszenierten Version gibt es ohne Zweifel Momente der wahrhaftigen Ausstrahlung – bei jedem von uns, denn die hat und kennt jeder. Meist sind wir am charismatischsten, wenn wir andere begeistern und dabei authentisch und echt sind, denn Lebensfreude ist anziehend wie ein ehrliches Lächeln. Vielleicht kennen Sie das? Nach einer beschlossenen Trennung ist das Gespräch mit dem Expartner gelöst und tiefgründig wie davor schon Jahre nicht. Oder denken Sie an Politiker, die zurücktreten: Ihre letzte öffentliche Rede ist oftmals die beste – sie wirken plötzlich menschlicher, zeigen Ecken und Kanten, sind nahbarer. Was sagt uns das? Häufig geht es einfach darum, den Knoten im Kopf zu lösen: Wenn dieser sich der öffnet, öffnet sich der ganze Mensch und er wirkt gelöster.

Wir werden uns später noch ausführlich mit dem Flow und seinen drei Elementen Leistung, Leichtigkeit und Lebensfreude beschäftigen. Hier ein erster kleiner Einblick, weil es gerade so gut passt: Leistung beeindruckt andere, schenkt dem Betreffenden Autorität und Kompetenz – wir erinnern uns an den ersten Eindruck. Mühelosigkeit ist im Zusammenhang mit Leistungserbringung wichtig, denn wer sich anstrengt, wirkt gleich nicht mehr besonders charismatisch – das gäbe Abzüge in den Haltungsnoten. Und Lebensfreude ist ansteckend und lässt uns andere bewundern und als Menschen mit phänomenaler Ausstrahlung empfinden.

Glück in der Liebe – ein Zufall?

Viele Singles, die sich teils schon beinahe verzweifelt einen Partner wünschen, verkrampfen sich bei der Suche und stehen so selbst ihrem Glück im Weg. Wie das *Prinzip der Mühelosigkeit* hier Abhilfe schaffen kann, sehen wir uns gleich an. Zu Beginn ein paar Daten und Fakten über das Partnersuchverhalten moderner Menschen: »Gleich und gleich gesellt sich gern« – diesen bekannten Spruch konnten Studien an der University of Liverpool im Jahr 2013 bestätigen, als die Attraktivität von Frauen untersucht wurde, indem beurteilenden Männern, die entweder saßen oder standen, Fotos von Frauen, die ihrerseits entweder saßen oder standen, gezeigt wurden, auf die sie reagieren sollten. Das Ergebnis: Wenn der Mann sitzt und ein Bild von einer sitzenden Frau sieht, findet er diese attraktiver, als wenn er dieselbe stehend erblickt. Steht ein Mann, während er ein Foto von einer Frau betrachtet, findet er diese ebenfalls schöner, wenn sie wie er in stehender Position abgelichtet wurde. Gegengleich ist die Einschätzung der Anziehung jedoch gesunken: Ein sitzender Mann fand eine stehende Frau weniger attraktiv, ebenso wie ein stehender Mann eine auf dem Bild sitzende Frau als unattraktiver bewertete. Ähnliche Resultate zeigen Untersuchungen an der Columbia University oder auch jene von Helmut Leder und seinen Kollegen vom Institut für Psychologie an der Universität Wien: Wer das Werk eines Malers zu kopieren versucht – also nachmalt –, beurteilt das jeweilige Gemälde positiver. Diese »Mimikry« ist den Spiegelneuronen geschuldet, weil sie uns die Fähigkeit vermitteln, uns in andere hineinzuversetzen. Menschen, die einander mögen, spiegeln sich übrigens automatisch, was wiederum die Attraktivität für den jeweils anderen verstärkt. Es sind Empathie und Rapport, die zu diesem Chamäleon-Effekt führen, wie eine berühmte Studie von der New York University bestätigen konnte. Die Technik des Pacings durch bewusstes Spiegeln beruht auf diesem Phänomen und bildet eine Grundlage des Neurolinguistischen Programmierens, das sich als eine Sammlung verschiedener Kommunikationstechniken versteht. Ganz mühelos – und freilich ohne Manipulationsabsichten – gelingen solche Effekte Menschen, die mit einer offenen und wohlwollenden Art auf andere zugehen.

Einige weitere Klischees rund um Partnerwahl und Flirten lassen sich aus wissenschaftlicher Sicht bestätigen. So ergaben Forschungen an der Webster University folgendes typisches Verhalten in der Damenwelt: Frauen testen zuerst einmal, ob ein Mann ein guter Partner wäre, bevor sie ihn in die engere Auswahl nehmen. Dazu initiieren sie das Werben und inszenieren dafür passende Situationen. Sie signalisieren Interesse, laden auf meist nonverbale Art und Weise ein, aber die Männer müssen dann die Initiative ergreifen. Männer zeigen gern Status, Gesundheit, Stärke und Intelligenz. Dabei ist es wichtig, dass sie Frauen nicht einschüchtern und abschrecken: Noble Zurückhaltung sticht das typische Gockelgehabe. Besonders effektiv ist es, wenn Frauen sexuellen Einlass versprechen und Männer Exklusivität, Commitment und Fürsorge. Männer suchen die Fruchtbarkeit bei Frauen – und Frauen bei Männern materielle wie emotionale Sicherheit. Das ist genetisch so programmiert, also selten eine bewusste Entscheidung. Frauen brauchen bei der Partnerwahl außerdem ein wenig länger, um sich zu entscheiden. Schneller geht's mithilfe des sozialen Proofs: wenn Konkurrentinnen auf der Bildfläche erscheinen – das macht einen Mann um Längen interessanter. Umgekehrt funktioniert das allerdings nicht: Wenn die Frau der Wahl auch noch von anderen Männern umgarnt wird, gefällt das dem Werbenden gar nicht. Das dürfte daran liegen, dass Nebenbuhler die Gefahr eines Kuckuckskinds in sich bergen, was Männer (zumindest unbewusst) vermeiden wollen.

Nach wie vor dürften Frauen auf ein wenig ältere Männer stehen, was sich insofern gut trifft, als Männer wiederum gern jüngere Partnerinnen an ihrer Seite haben: Laut aktueller Zahlen des Statistischen Bundesamts Deutschland liegt der durchschnittliche Altersunterschied bei zusammenlebenden Paaren bei rund vier Jahren. In knapp drei Viertel der Partnerschaften ist der Mann älter als seine Ehefrau oder Lebensgefährtin, während bei nur 17 Prozent die Frau älter ist. Bezogen auf die Gesamtbevölkerung sind Liebesbeziehungen zweier Menschen mit einem großen Altersunterschied eher selten, denn nur sechs Prozent leben mit jemandem zusammen, der mehr als zehn Jahre älter ist als sie selbst.

Ähnlichkeiten sind nicht nur beim Alter ein Erfolgsfaktor für langfristige Partnerschaften, sondern generell. Auch wenn ein paar Unterschiede das Gewürz in der Suppe einer Beziehung sind, so erhöhen dennoch die Gemeinsamkeiten die Chancen auf Stabilität und dauerhaftes Glück. Der Mythos der anziehenden Gegensätze dürfte dagegen eher in den Bereich »Hollywood« fallen. Das Klischee von der Kompliziertheit der Damenwelt, wenn es ums Werben geht, wird hingegen sogar von wissenschaftlicher Seite bestätigt: Frauen mögen es unbewusst, eine Weile im Ungewissen gehalten zu werden. Signalisiert ein Mann recht schnell sein Interesse, macht ihn das weniger begehrenswert für die Angebetete. Wenn er ihr allerdings zu verstehen gibt, dass er sie nur durchschnittlich attraktiv findet, hat er ebenfalls verloren. In seiner Kommunikation muss darum ein spannender Mix transportiert werden, will er seine Auserwählte bei der Stange halten – nach dem Motto »Ja, aber …«

Speed Dating ist übrigens nicht unbedingt die beste Wahl, jemanden kennenzulernen, da sich die Beteiligten in dieser Umgebung und unter dem vorhandenen Zeitdruck jene Eigenschaften aussuchen, die nur an der Oberfläche erkennbar sind, um darauf zu fokussieren. Männer etwa geben in diesem Umfeld oft an, sie würden eine Partnerin auf Augenhöhe suchen, entscheiden sich dann aber doch für die Schönste im Raum, wenn es darum geht, jemanden wiederzusehen. Dennoch sind sie weniger wählerisch als die Damen, denn während diese nur ein Drittel der sich anbietenden Herren näher kennenlernen wollen, sind Männer für jede zweite offen. Woran das liegt? Untersuchungen haben ergeben, dass der Grund dafür im Wechseln des Platzes zu finden ist: Männer sind bei den meisten Speed Datings dazu verteufelt, von Frau zu Frau zu pilgern. Sobald sich das dreht und die Frauen aufstehen und Platz wechseln müssen, löst sich dieser Unterschied in der Bereitwilligkeit, die sich Anbietenden außerhalb dieses Events zu sehen, auf. Wenn man hingehen muss, scheint das einen potenziellen Anwärter offenbar begehrenswerter zu machen. Wenn man hingegen alles serviert bekommt, wird es weniger wertgeschätzt. Wer hätte das gedacht?

Online haben es Suchende leider auch nicht besonders leicht: Wenn Männer im digitalen Schriftverkehr gleich mit der Tür ins Haus fallen, sinken ihre Chancen beim anderen Geschlecht rapide. Ein simples »Hi, wie geht's?« funktioniert allerdings ebenfalls nicht. Bei solch einer Anrede denken sich die meisten Frauen, dass das nicht nur ein bisschen wenig ist, was der potenzielle Prinz gibt, sondern dass es zudem eine seltsame Frage ist, wenn man sich noch nicht kennt – denn »Was soll ich dem jetzt erzählen, wie es mir geht, wo er doch keine Ahnung von meiner Lebenssituation und meinen Problemen hat!?« Frauen wünschen sich Nachrichten beim Onlinedaten, durch die sie den Charakter und den Status des Mannes annähernd einschätzen können – allerdings wieder ohne dass ein unsympathisches Angeben spürbar wäre. Rechtschreibfehler kommen im Übrigen auch hier nicht gut an. Bei all diesen Parametern stellt sich die Frage, warum Männer es dennoch immer wieder auf die plumpe Tour versuchen. Weil es einige wenige Frauen gibt, die darauf anspringen: Frauen, die immer wieder den für sie falschen Typ Mann anziehen, mögen die sexuell forcierende direkte Art. Damit schaufeln sich die Betroffenen ihr Beziehungsgrab möglicherweise oftmals selbst. Wie kommt das? Weil Männer mit plumpen Anmachsprüchen häufig weniger ernste Absichten haben und weniger Beziehungskompetenzen aufweisen. Männer mit gutem Sozialleben und weiblichen Freunden im Umkreis haben es dafür leichter. Vor allem sollten sie aber lernen, die Signale der Frauen besser wahrzunehmen – und auf sie zugehen, wenn eine Frau vermittelt, dass sie das möchte. Was Frauen allerdings nicht nur online, sondern ebenso im echten Leben gar nicht leiden können, ist eine Übertreibung beim Werben oder auch beim Demonstrieren dessen, was Männer nicht alles haben und können. Darum ist wie in der Werbung dezentes Product-Placement ratsam, denn Angeber verlieren in der Regel. Und von 100-mal Ansprechen bekommen Männer mit Gitarre in 31 Prozent der Fälle die Telefonnummer der danach gefragten Dame. Wenn sie nichts bei sich tragen, reduziert sich die Erfolgsquote auf 14 Prozent, und mit einem Gymnastikbeutel haben die Angesprochenen nur mehr in neun Prozent der Fälle Interesse. Männer, die Gewinnertypen werden wollen, nehmen so gesehen am besten gleich ein paar Gitarrestunden.

Was ebenfalls wissenschaftlich bestätigt ist: Männer wie Frauen empfinden die Signalfarbe Rot am anderen anziehend, wenn sie passend zum Einsatz kommt. Männer stellen bei einem Date sogar mehr Fragen, wenn die Dame des Herzens eine rote statt etwa einer grünen oder blauen Bluse trägt. Um sich dem anderen immer mehr zu öffnen, gibt es 36 vom US-amerikanischen Sozialpsychologen Arthur Aaron kreierte Fragen, die man einander stellen und beantworten sollte. Das wichtigste Ergebnis der dazugehörigen Studie ist, dass von den 58 getesteten Paaren 57 Prozent mindestens eine Unterhaltung miteinander geführt, 35 Prozent etwas zusammen unternommen hatten und 37 Prozent anschließend nebeneinandergesessen waren. Das Spektakulärste daran war wohl aber, dass zwei der Teilnehmer sechs Monate später verheiratet waren. Der romantische Nebeneffekt: Sie hatten alle Mitarbeiter des Experiments zur Hochzeitszeremonie eingeladen. Obwohl dieses Resultat umstritten ist, sagt man offenen Menschen, denen es gelingt, Vertrauen aufzubauen, nach, sie würden beim Gegenüber eher ein Verliebtheitsgefühl hervorrufen. Eine deutsche Studie aus dem Jahr 2018 bestätigt das indirekt: Verletzlichkeit wird von anderen wesentlich positiver eingeordnet als von einem selbst. Dieses Phänomen wird »Beautiful mess«-Effekt genannt. Der Sympathikus – der Stressteil unseres vegetativen

Nervensystems – wird nämlich aktiviert, wenn wir Gefühle unterdrücken, und zwar ganz gleich, ob es sich um positive oder negative (zu dieser Einteilung haben wir bereits ein differenziertes Bild angeboten) Emotionen handelt. Warum ist das so? Sich zu verstellen, erzeugt Stress. Authentisch zu sein und zu seinen Schwächen zu stehen, ist darum die bessere Variante! Die zentrale Aussage von Max Reinhardts berühmter »Rede über den Schauspieler« mag universelle Gültigkeit für alle Menschen haben: »Nicht Verstellung ist die Aufgabe des Schauspielers, sondern Enthüllung.«

Wie Glückskinder verkaufen

Kommen wir von der Liebe zur Karriere. Die Mehrheit der Verkaufstrainer warnt davor, beim Kunden über Probleme zu reden – und manche sogar davor, im Beisein des Kunden auch nur ein einziges negatives Wort zu verwenden. Der Rat lautet durch die Bank: »Stellen Sie immer alles möglichst positiv dar!« Sie haben damit insofern recht, als im Rahmen von Studien zu diesem Thema tatsächlich vorübergehend mehr Stress beim Kunden gemessen wurde, wenn der Verkäufer etwas Negatives erwähnte. Allerdings heißt das noch lange nicht, dass ein Geschäft deshalb nicht abgeschlossen werden würde – ganz im Gegenteil!

Was wir vorhin übers Storytelling erfahren haben, gilt auch für den Verkaufsprozess: Zu einer spannenden Geschichte gehört es dazu, punktuell in Stress versetzt zu werden. Außerdem muss ein guter Verkäufer sehr wohl ein Problembewusstsein haben, damit sich der Kunde von ihm abgeholt fühlt und seine zu lösenden Schwierigkeiten überhaupt identifizieren kann. Kennen Sie das? Sie haben zu Hause ein schönes Bild aufgehängt, erfreuen sich an seinem Anblick, aber nach einigen Tagen »sehen« Sie es gar nicht mehr? Oder ein Werbeplakat auf dem Weg zur Arbeit erregt beim ersten Mal Ihre Aufmerksamkeit, aber nach ein paar Mal nehmen Sie es gar nicht mehr wahr? Dieses Phänomen nennt sich »Wiederholungsunterdrückung«. Unser Gehirn stumpft ab. Nun, das gilt genauso für Probleme: Durch die Wiederholungsunterdrückung gewöhnen wir uns an unsere Probleme und nehmen sie irgendwann nicht mehr als solche wahr. Sie werden normal und so Teil unserer Realität. Aus diesem Grund brauchen wir jemanden, der sie uns neu vor Augen führt, damit wir entscheiden können, ob wir sie lösen wollen oder nicht. Wie Einstein muss ein erfolgreicher Verkäufer daher eher 55 Minuten über das Problem reden und nur fünf Minuten über die Lösung, wenn er bei seinem Kunden eine Kaufentscheidung forcieren möchte.

Lassen Sie uns nochmal zurück zum Storytelling gehen und es auf den Verkauf umlegen: Mit kurzen Geschichten können Sie sogar einfache und an sich wertlose Gegenstände für viel Geld loswerden. Das haben die beiden Journalisten Rob Walker und Joshua Glenn 2009 mit ihrer Publikation »Significant Objects Project« bewiesen. Sie haben 100 Artikel um 125 US-Dollar eingekauft und mit (allerdings moralisch fragwürdigen) Geschichten um insgesamt über 8.000 Dollar verkauft.

Für den erfolgreichen Verkauf lassen sich davon folgende Tipps für Sie ableiten:
1. Sprechen Sie eine klare Sprache, statt mit Daten zu beeindrucken!
2. Verwenden Sie keine Fach-, sondern Alltagsbegriffe!
3. Erklären Sie nicht, worum es geht, sondern zeigen Sie es!

Wer seine Produkte in Geschichten packt und so demonstriert, wie der Kunde durch den Kauf einen echten Gewinn für sich erzielt, bahnt sich mühelos den Weg zum Starverkäufer. Denn es ist beim Verkauf nicht anders als in allen Bereichen: Der beste Weg ins Gehirn ist der indirekte, vorbei am kritischen Filter des Bewusstseins.

Im Fokus der Wissenschaftler, die sich mit der Neurobiologie des Verkaufs beschäftigen, steht der Nucleus accumbens. Dieses Areal liegt im unteren basalen Vorderhirn – einem der ältesten Teile des Gehirns – und spielt als Bestandteil des mesolimbischen Systems eine zentrale Rolle im Belohnungssystem. Hier entsteht das Gefühl des »Habenwollens« und hier finden sich bestimmte Dopaminrezeptoren, deren Stimulanz für die Erwartung von Glücksgefühlen sorgt und die auch durch geplanten Konsum und Vorfreude angeregt werden können. Als Gegenspieler agiert der Botenstoff Serotonin. Er übt eine Kontrollfunktion aus und hemmt allzu impulsives Verhalten. Das kann zur Folge haben, dass Kaufimpulsen trotz prinzipiell vorhandener Kaufbereitschaft ein Riegel vorgeschoben wird. Auf den Verkaufsprozess bezogen bedeutet das: Eine gute Werbestrategie muss zweierlei leisten: Sie muss das Gefühl, etwas unbedingt und auf der Stelle haben zu wollen, verstärken. Gleichzeitig muss sie es schaffen, das Kontrollsystem zu schwächen, das Konsumenten unter Umständen vom Kaufen abhält oder die Kaufbereitschaft dämpft. Hier ist der sanfte Druck die Methode der Wahl. Viele Online-Marketeers arbeiten mit künstlicher Verknappung oder zeitlich befristeten Angeboten, wie sie durch den Countdown bei Teleshopping-Präsentationen bekannt geworden sind.

Sehen wir uns näher an, wie Werbung im Kopf wirkt und warum Menschen kaufen. Die Hirnforschung hat das diesbezügliche Bild in den vergangenen Jahren gehörig durcheinandergewirbelt. Noch immer geben Unternehmen gigantische Summen für Marktforschungen aus, im Zuge derer Kunden darauf getestet werden, ob sie sich an ein Produkt erinnern und welche Botschaften sie mit ihm verbinden –

immerhin gelten die explizite und bewusste Werbe- und Markenerinnerung als zentrales Maß für Werbeerfolgskontrolle und Markenführung. Das Ergebnis der Befragungen: Weniger als zehn Prozent der Werbespots bleiben überhaupt im Gedächtnis! Konsumenten können in Tests zwar beurteilen, ob sie ein Werbemittel mögen oder nicht, jedoch über deren Wirkung und die wahren Gründe ihres Kaufverhaltens wenig sagen, denn sie erleben Werbung und Marken (wie die meisten Dinge des Alltags) implizit und somit unbewusst. Das AIDA-Modell, wonach Attention, Interest, Desire und Action die natürliche Abfolge in der Verkaufspsychologie darstellen, ist so gesehen veraltet, denn inzwischen wissen wir: Attention – die Aufmerksamkeit – ist gar nicht nötig. Im Gegenteil: Gute Werbung schummelt sich am Bewusstsein vorbei. So funktionieren etwa Produktplatzierungen und Merchandising: Uns fällt normalerweise gar nicht auf, dass James Bond den neuesten *BMW* fährt oder eine Uhr von *Omega* trägt. Nur wenn es zu viel des Guten wird, leidet etwa das Image einer Marke oder eines Films, denn dann merken wir, dass uns jemand zu stark zu überzeugen versucht, und wenden uns ab – das ist wie mit den vorhin erwähnten Angebern beim Kennenlernen zwischen Mann und Frau. Gerade bei »James Bond«-Filmen wird es manchmal übertrieben, doch selbst daraus wurde irgendwie ein Kult gemacht, indem Fans schon im Voraus spekulieren, was wohl im nächsten Teil wieder alles an Product-Placement vorkommen wird. Der Staat Mexiko hat es übrigens geschafft, sich in »Spectre« ganz natürlich zu positionieren. Darin gibt es einen Dialog zwischen James Bond und seinem Vorgesetzten, in dem es heißt: »Mexiko – was haben Sie da gemacht?« und 007 antwortet: »Einen längst überfälligen Urlaub.« Das hat die Produktionskosten um 20 Millionen Dollar gedrückt, denn in dieser Höhe lagen die steuerlichen Förderungen, die die Produzenten dafür erhielten. Wenn Werbung uns wie nebenbei und mit sympathischen

Protagonisten und guten Storys serviert wird, in denen das Produkt lediglich eine Nebenrolle spielt, ist sie wesentlich effektiver. Das ist nichts anderes als das *Prinzip der Mühelosigkeit* in der Praxis. Im Neuromarketing gilt die Faustregel: Werbung wirkt zu 95 Prozent unbewusst, also über impliziertes Lernen. Die explizite und damit bewusste Erinnerung ist nach neurowissenschaftlichen Erkenntnissen nur ein Teil der Werbe- und Markenerinnerung, weil das implizite Speichersystem im Gehirn wesentlich relevanter für unser Verhalten ist als das explizite Gedächtnis: Inhalte werden im semantischen und Quellen im episodischen Gedächtnis gespeichert – wir erinnern uns zwar an etwas, aber vergessen, woher diese Erinnerung kommt.

Brandaktuelle Trends in der Neurobiologie des Verkaufs wurden von Eben Harrell, einem Journalisten des Managementmagazins »Harvard Business Review«, erst 2019 diskutiert, als es um die Einteilung der Verbraucher ging: Es ist erfolgsversprechender für Unternehmen, ihre Zielgruppen nicht traditionell nach demografischen Merkmalen wie Alter und Einkommen oder nach psychografischen wie Kaufimpulsivität einzuordnen, sondern nach deren Hirnunterschieden, denn eine Studie von Neurowissenschaftlern am INSEAD weist darauf hin, dass manche Menschen aufgrund ihrer Gehirnaktivitäten leichter durch Werbung beeinflussbar sind als andere. So steigert etwa die Einnahme von Testosteron nachweislich die Vorliebe für Luxusgüter. Von Werbelegende John Hagerty stammt dazu passend der Satz: »Wir kaufen nicht, was wir haben wollen – wir konsumieren, was wir sein möchten.« Er hat damit das Geheimnis des zielsicheren Verkaufs treffsicher beschrieben: Wir kaufen, was wir gefühlt sein möchten. Das erklärt, warum immer mehr Menschen in Großstädten einen SUV fahren, obwohl das alles andere als notwendig wäre: weil sie gern echte Haudegen wären und ein solcher Wagen (oder zumindest die Werbung über ihn) Abenteuer suggeriert. Wenn der Konsum das glaubhaft verspricht, was wir gerne empfinden würden, legen wir bereitwillig unser Erspartes hin. Vorfreude beim Interessenten zu erzeugen, hilft darum aus neurobiologischer Sicht maßgeblich dabei, gewinnbringend zu verkaufen. Das Dopamin erhöht unseren Antrieb, unsere Motivation, und lässt uns daher ins Handeln – in diesem speziellen Fall ins Kaufen – kommen. Darum ist es echt schwierig, ein Auto *nicht* zu kaufen, wenn man bereits eine Probefahrt mit ihm unternommen und sie Spaß gemacht hat. Gleiches gilt für das Kleid oder das Hemd, das wir anprobieren. Wobei hier zusätzlich der gefühlte Aufwand dazukommt: Beide – Verkäufer und Kunde – haben Zeit und Mühe investiert. Deshalb fällt ein »Nein« gleich deutlich schwerer. Die meisten Werbungen arbeiten auch mit dem Erzeugen von Gewohnheiten. Wenn wir als Konsumenten im TV sehen, dass ein »Frühstückchen« um halb zehn am Vormittag gute Laune macht, kann sich dadurch im Kopf eine neue Gewohnheit im wahrsten Sinne des Wortes neuronal anbahnen.

Haben Sie sich schon einmal überlegt, warum die technisch talentiertesten Verkäufer nicht automatisch die erfolgreichsten sind? Der US-amerikanische Psychologe Martin Seligman – seines Zeichens Mitbegründer der »Positiven Psychologie« – hat sich damit auseinandergesetzt und seine Antwort lautet: Nicht die Fähigkeiten allein, nicht die Motivation allein, sondern diese beiden Faktoren zusammen mit der positiven Erwartungshaltung bringen im Sales-Bereich den größten Erfolg. Mehr noch: Eine optimistische Erwartungshaltung sticht hierbei jedes Talent! Das Mindset ist so gesehen *der* Schlüsselfaktor schlechthin für einen grandiosen Verkäufer. In diversen Untersuchungen zeigte sich, dass auch die begabtesten Verkäufer öfter verlieren als gewinnen, wenn sie nicht mit Widrigkeiten wie Feindseligkeit vonseiten der möglichen Käufer umzugehen wissen und in vielen Fällen einem erlernten Hilflosigkeitsgefühl im Sinne von Gedanken und Gefühlen wie Ohnmacht und Frustration (»Ich kann es nicht kontrollieren, es nützt ja alles nichts!«) erliegen. Daraufhin bemühen sich diese Verkäufer erst gar nicht mehr und scheitern immer häufiger. Jene, die sich in der optimistischen Erwartungshaltung üben (»Beim nächsten Mal wird es wieder klappen – wahrscheinlich war dieser Kunde einfach geradezu beschäftigt!«), sind dauerhaft wesentlich siegreicher.

Seligman hat dazu den Attributional Style Questionnaire (ASQ) entwickelt. Dabei handelt es sich um einen Fragenkatalog, der Rückschlüsse auf den Grad des Optimismus einer Person zulässt. Die 68 in ihm aufgelisteten Fragen wurden für die Untersuchung eines Versicherungsunternehmens in Pennsylvania herangezogen, wodurch an 111 Versicherungskaufleuten festgestellt werden konnte, dass Mitarbeiter, die realistisch optimistisch an ein Verkaufsgespräch herangehen, im ersten Jahr um 35 Prozent mehr Abschlüsse vorweisen können als die ewigen Pessimisten. Die zehn Prozent der besten Vertreter verkaufen sogar um 88 Prozent mehr Versicherungen als die zehn Prozent der schlechtesten Verkäufer. Letztere kündigen im ersten Jahr ihrer Anstellung als Versicherungsagenten auch zweimal so häufig wie ihre positiv denkenden Kollegen. Im zweiten Jahr ihres Dienstverhältnisses sind noch höhere Unterschiede zu verzeichnen. Mit diesem Wissen können Vorgesetzte freilich schon im Bewerbungsgespräch jene Personen aussortieren, die eine negative Einstellung durchblicken lassen.

Das mit der positiven Erwartungshaltung funktioniert genauso in anderen Lebensbereichen. College-Studenten in den USA wurden zu Beginn ihres Studiums befragt, welche Noten sie sich für das Ende des Jahres erhoffen. Jene, die eine positive Erwartungshaltung hatten, konnten später wirklich gute Noten vorweisen, doch jene, die blind optimistisch gewesen waren, wurden mit negativen Noten konfrontiert. Denn realistische Zuversicht motiviert dazu, den persönlichen Traum vom abgeschlossenen Studium durch den eigenen Einsatz möglich machen zu wollen – im Gegensatz zu einer Einstellung à la »Ich wär gern ein Akademiker. Wird schon gut gehen, ohne dass ich viel dazu beitragen muss«. Diese Haltung demotiviert bezogen auf das eigene Handeln. Blind optimistisch an die Dinge heranzugehen, führt folglich selten zum Ziel.

Ähnliche Ergebnisse brachten Befragungen angehender Absolventen in deren letztem Jahr in Bezug auf ihre Wünsche den Berufseintritt betreffend: Als sie später noch mal dazu befragt wurden, um Soll- und Ist-Zustand miteinander vergleichen zu können, ergab sich, dass jene, die Zuversicht geäußert hatten, einen besseren Job ergattern konnten und ein höheres Gehalt bezogen als jene, die optimistisch fantasierend in diesen nächsten Lebensabschnitt übergegangen waren.

Dieser kleine, feine Unterschied zwischen einer zuversichtlichen Einstellung und dem bequemen Fantasieren macht's aus! Warum ist das so? Die Anstrengung und das Bemühen werden durch die positive Erwartung gefördert, während optimistisches Fantasien sie verhindert, weil das Schwelgen in fiktiven Lebenssituationen, in bereits erfüllten Sehnsüchten und Träumen, wie es etwa im vorhin erwähnten Buch »The Secret« beschrieben wird, vortäuscht, alles würde ohne das eigene Zutun und komplett von alleine kommen. Auch quantenphysikalische Erklärungen im Sinne von »Bewusstsein schafft Materie« sind nichts als pseudowissenschaftlicher Mumpitz. Diese falsche Interpretation der Quantentheorie beruht darauf, dass eine Messung (eine reine Wechselwirkung) mit Beobachtung gleichgesetzt wird, und wenn es eine Beobachtung gibt, schließen manche daraus, es müsse einen Beobachter und damit einen Menschen geben, der das Universum mit seinen Gedanken beeinflusst.

Sie fragen sich nun vermutlich, ob Sie sich eine solche zuversichtliche Erwartungshaltung für Ihr Metier, ja für Ihr gesamtes Leben aneignen können – oder ob Sie als Personalentwickler oder Führungskraft Ihre Verkäufer zu diesem gewinnbringenden Mindset umpolen können. Die gute Nachricht: Ja, Optimismus ist durch mentales Training erlernbar, insbesondere durch Aufmerksamkeitslenkung auf das Positive und durch Reframing, also das gezielte Uminterpretieren scheinbar negativer Erlebnisse im oben beschriebenen Sinne. Die noch tollere Nachricht: Eine solche mentale Erfolgsstrategie nutzen wir im Alltag ohnehin recht gern, wenn uns beispielsweise das Geschirr aus der Hand fällt und wir dieses ärgerliche Missgeschick mit einem »Scherben bringen Glück!« versehen. Wer das Glück im »Nein« des Kunden sieht, ist somit auf dem besten Weg, ein erfolgreicher Verkäufer zu werden. Und wenn Sie sich schon im Bestellen beim Universum versucht haben – also das mit dem Wünschen und der darauffolgenden Vorstellung, Sie hätten längst alles, was Sie sich ersehnen – und es nicht funktioniert haben sollte, dann wissen Sie jetzt, woran es gescheitert sein könnte: weil dieses Fantasieren kontraproduktiv ist, was die eigenen Bemühungen betrifft. Es gibt mittlerweile zahlreiche Studien zu diesem Effekt, die deutlich machen, dass er auf sämtliche Lebensbereiche zutrifft: auf das Abnehmen genauso wie auf die Genesung bei chronischen Krankheiten oder auf die Karriere. Denn es handelt sich hierbei um ein universelles Prinzip! Darum denken Sie daran, das Wünschen unter diesen neuen Aspekten, die von der Wissenschaft beleuchtet wurden, zu betrachten, damit Sie nicht enttäuscht werden! Denn das *Prinzip der Mühelosigkeit* funktioniert anders.

Wie der Fisch im Wasser: Gewinner schwimmen im Flow

Schriftstellerinnen bringen in diesem als beglückend erlebten rauschähnlichen Zustand Weltliteratur zu Papier, Maler schaffen Kunstwerke, die die Zeiten überdauern, Verkäufer schließen die größten Geschäfte ab, Redner und Musikerinnen ziehen ihr Publikum in ihren Bann, Akrobateninnen versetzen mit überirdisch anmutenden körperlichen Leistungen ihre Zuschauer ins Staunen und Spitzensportler stellen unglaubliche Rekorde auf. »Flow« wird dieses Phänomen von der modernen Psychologie genannt. In dieser außergewöhnlichen mentalen Verfassung ist uns Menschen schier alles möglich: Wir vertiefen uns in eine Tätigkeit, die wie von allein abzulaufen scheint, verschmelzen mit ihr in einer Art Schaffensrausch, gehen vollständig in unserem aktuellen Tun auf, fühlen uns dabei entspannt, glücklich, zufrieden und alles läuft wie am Schnürchen. In diesem optimalen Bewusstseinszustand erleben wir Momente, in denen unser Selbst in den Hintergrund tritt, die Zeit buchstäblich wie im Flug vergeht und unsere Leistung ihren Höchststand erreicht. Ein Flow-Ereignis gibt uns ein wunderbares Gefühl und motiviert uns in dem, was wir gerade tun. Auf Deutsch könnten wir das ein wenig sperrig »Funktionslust« nennen.

Spitzenzustände haben Forscher schon immer fasziniert. Lange blieben die Geheimnisse des menschlichen Gehirns aber völlig im Verborgenen. Der Begründer der modernen Psychologie und Harvard-Wissenschaftler William James hat schon Ende des 19. Jahrhunderts erkannt, dass bestimmte Bewusstseinsveränderungen mentale und physische Fähigkeiten steigern. Abraham Maslow, der für die nach ihm benannte Maslowsche Bedürfnispyramide weltweit Berühmtheit erlangte, thematisierte in den 40er-Jahren des 20. Jahrhunderts die »Peak Experience« – am ehesten übersetzbar mit »Spitzenerfahrung« –, die allen erfolgreichen Menschen gemein ist. Der Begriff des »Flow« wurde schließlich vom kroatischen Psychologen und Glücksforscher Mihály Csíkszentmihályi definiert, der zudem als Schöpfer der wissenschaftlich messbaren Flow-Theorie gilt, seitdem er in einer umfassenden Langzeitstudie verschiedene Bevölkerungsgruppen aus unterschiedlichen Ländern der ganzen Welt nach jenen Augenblicken befragt hat, in denen sie sich am besten und am leistungsfähigsten gefühlt hatten. Dabei tauchte das Wort »flow«, das »fließen«, »rinnen« und »strömen« bedeutet, derart häufig auf, dass es sich als neuer Fachtermini richtiggehend aufdrängte.

Wie überaus passend diese Bezeichnung ist, zeigt folgende Geschichte, die wahrhaftig das Leben geschrieben hat: Der US-amerikanische Journalist Steven Kotler erkrankte an Lyme-Borreliose und trug dadurch schwere neurologische Schäden davon. Seine körperliche Funktionalität lag am Ende nur noch bei zehn Prozent – ein tragischer Schicksalsschlag. Sogar der Weg von einem Zimmer ins andere war enorm beschwerlich für ihn. Was das mit seinem Leben gemacht hat, kann man sich nur ansatzweise vorstellen ... Einer seiner Freunde, der begeisterter Surfer war und Kotler aus dessen Alltagsmisere reißen wollte, überredete ihn eines Tages dazu, mit an den Sunset Beach von Los Angeles zu kommen. Daraufhin haben ihn mehrere Freunde aus dem Bett gehievt und zum Auto getragen, mit dem es an den Strand ging. Dort brachten sie ihn ins Meer, wo sie ihn auf dem Surfbrett festhielten, damit ihn die Wellen nicht abwarfen. Dieses Floaten auf dem Wasser hat Kotler gut gefallen – er war zwar danach schwer erschöpft und konnte sein Bett für ganze 14 Tage nicht verlassen, doch mental und emotional passierte etwas Außergewöhnliches mit ihm, sodass er die Aktion wiederholen wollte. Süchtig nach diesem angenehmen Gefühl, das er auf dem Surfbrett liegend empfand, blieb er dran an seiner neuen Leidenschaft – und schon nach kurzer Zeit konnte er plötzlich ohne fremde Hilfe in sein Auto steigen und an den Strand fahren. In den darauffolgenden Wochen und Monaten verbesserte sich sein Gesundheitszustand eklatant. Nach einem halben Jahr war er so gut wie rehabilitiert: Seine physiologische Funktionalität war auf 80 Prozent angestiegen, die Folgen seiner Erkrankung waren tatsächlich drastisch zurückgegangen. Wenig später galt er als komplett regeneriert – und alles, was er gemacht hatte, war surfen zu gehen! Wie ist das zu erklären? Ist dieser Sport als Heilmethode zu verstehen? Das gerade nicht, aber wahrscheinlich haben die Flow-Erlebnisse, die er hatte, während er auf dem Surfbrett lag und ihn die Meereswellen sanft umspülten, seine Selbstheilungskräfte mobilisiert, was auf lange Sicht dazu geführt hat, dass er gesunden konnte. Eine unglaubliche Geschichte, nicht wahr?

Entdecken Sie ungeahnte Möglichkeiten!

Was bewirkt nun diesen Flow, wie entsteht er, und können wir ihn bewusst herbeiführen? Wichtig ist, dass er nicht fälschlicherweise als Technik verstanden wird, denn es handelt sich bei ihm eindeutig um einen Zustand und nicht um eine Methode. Wir sind entweder im Flow oder nicht – er ist ein Kontinuum. Mit anderen Worten: Erfolg ist ein bestimmter Hirnzustand. Die Forschungen der vergangenen Jahre werfen dabei altes Denken radikal über Bord: Es gilt nicht »Mehr ist mehr!«, sondern im Gegenteil »Weniger ist mehr!« Das zeigt sich nicht zuletzt auch im Gehirn von sich im Flow befindenden Menschen. Entscheidend für den Flow ist immer, dass wir Anspannung lösen und in ein angenehmes Tun kommen. Je fokussierter und entspannter wir etwas durchführen, umso eher gelangen wir in den Flow und um so stärker kann er sich anfühlen.

Die Flow-Formel lautet:

$$Flow = (Tun - Anspannung) \times Fokus$$

Das Eintreten des Flow-Empfindens erfordert folglich volle Konzentration auf das jeweilige Tun, das Gefühl von Kontrolle über die Tätigkeit, den Einklang von Anforderung und Fähigkeit jenseits von Angst (im Sinne von Überforderung) oder Langeweile (im Sinne von Unterforderung) in gefühlter Mühelosigkeit.

Folgende sieben Merkmale dieses Gehirnzustands definierte Mihály Csíkszentmihályi auf Basis seiner bahnbrechenden Forschungsresultate:

1. *Fokus:* Wer sich im Flow befindet, ist gänzlich vertieft in das, was er gerade tut, ist konzentriert und fokussiert auf die jeweilige Sache.
2. *Begeisterung:* Im Flow macht sich ein Gefühl von Euphorie breit – als ob die Realität des Alltags keine Rolle spielen würde.
3. *Klarheit:* Während des Flow erlebt man eine enorme innere Klarheit. Es ist eindeutig, was zu tun ist – und auch das Bewusstsein in Bezug auf die eigene Leistung ist präsent.
4. *Flow-Channel:* Im Flow-Zustand gibt es keine Selbstzweifel – die eigenen Fähigkeiten werden als der Aufgabe angemessen wahrgenommen.

5. *Gelassenheit:* Durch den Flow erfährt man wahre Gelassenheit in Bezug auf alles, was auf einen zukommt.

6. *Zeitlosigkeit:* Wer im Flow schwimmt, erlebt ein Gefühl von Zeitlosigkeit – ein Tag scheint in Sekundenschnelle zu verfliegen.

7. *Intrinsische Motivation:* Das aktuelle Tun während des Flow an sich wirkt belohnend und erzeugt ein befriedigendes Erleben.

Einige Zeit lang tappten die Forscher im Dunkeln, was die neurobiologischen Zusammenhänge in Bezug auf diese Verfassung betrifft. Inzwischen wissen wir, dass dieser Zustand durch eine Umstellung der »normalen« Gehirnfunktion ermöglicht wird: Je stärker unsere Aufmerksamkeit im Flow gesteigert und gebündelt wird, desto mehr tritt das langsame, energieaufwendige explizite System (die bewusste Verarbeitung) in den Hintergrund und das schnellere und wesentlich effizientere implizite System (das Unbewusste) drängt sich in den Vordergrund. Dadurch setzt unser Gehirn jene Energie, die es sonst fürs Denken aufbringt, für eine gesteigerte Informationsverarbeitung ein. Wichtig zu verstehen ist: Wir können keinen dauerhaften Flow anstreben, sondern uns über temporäre Phasen in ihm freuen.

Eine auffällige Gemeinsamkeit kann quer über alle Studien zur Neurobiologie des Flows gefunden werden: Das Angstzentrum Amygdala ist im Flow deutlich weniger aktiv. Mit anderen Worten: Angst löst sich auf und wir gewinnen an Mut und Selbstvertrauen. In solch einem entfesselten Zustand wachsen wir förmlich über uns hinaus.

Um den Flow im Gehirn gänzlich zu verstehen, ist noch viel Forschungsarbeit zu leisten, denn manche Ergebnisse sind widersprüchlich. Jedenfalls dürfte dabei ein komplexes Zusammenspiel von Informationsverarbeitung und Bewegungsabläufen entscheidend sein. Auch der anteriore cinguläre Cortex, der ebenfalls für Aufmerksamkeit zuständig ist, die Insula, in der unsere Körpersignale in Empfindungen übersetzt werden, und das Putamen, das Bewegungsabläufe steuert, spielen eine Rolle, wobei die Resultate ebenfalls erst noch genauer verstanden werden müssen. Tendenziell lässt sich sagen, dass Aufmerksamkeit und Bewegungsabläufe automatisiert gesteuert werden und das Körpergefühl verbessert wird. Außerdem verändern sich im Flow die Muster der Gehirnwellen eindeutig, wie etwa eine japanischen Forschergruppe 2018 belegen konnte: Sie wechseln vom Beta-Bereich in den Grenzbereich zwischen Alpha und Theta. Beta-Wellen haben nämlich eine höhere Frequenz und sind damit für das normale Wachbewusstsein zuständig, während Alpha-Wellen eine niedrigere Frequenz haben und erst in gelöster, entspannter Grundhaltung auftreten. Theta-Wellen wiederum liegen im noch niedrigeren Bereich und sind darum als Wellen des Traums, der Meditation und der Kreativität anzusehen. Wir alle befinden uns beim Einschlafen in einem solchen Zustand. Der Unterschied dazu liegt lediglich darin, dass im Flow keine Müdigkeit herrscht, sondern körperliche Aktivität. Anders ausgedrückt: Der sprichwörtliche Kopf legt sich hin, um auszuruhen, aber der Körper liefert.

Zusammenfassend ist zu sagen: Im Flow kommen Stirnhirn und Bewusstsein mehr zur Ruhe und wir greifen auf unsere unbewussten Prozesse zurück. Kein Wunder, dass wir das Gefühl haben, es geschehe wie im Schlaf: Spitzenleistung wird absolut stressfrei abgespult!

Eine legale Drogenexplosion im Kopf

Jüngste neurochemische Forschungen haben ergeben, dass Endorphine, Dopamin, Noradrenalin, Serotonin und Anandamid am Flow-Zustand direkt beteiligt sind. Das ist aus wissenschaftlicher Sicht eine immens spannende Erkenntnis, denn de facto bedeutet das: Wir haben es mit einer Explosion der fünf potentesten Neuro-Enhancer zu tun, die unser Gehirn produzieren kann! Es setzt sich förmlich selbst unter Drogen, um diesen Rausch zu erzeugen und die entspannte Höchstleistung umzusetzen. Und diese Drogen sind legal und sicher, weil sie direkt aus dem Gehirn kommen:

1. Endorphine sind körpereigene Opiate, die Schmerzen lindern und ein Wohlgefühl verbreiten.
2. Dopamin ist ein Amphetamin und erhöht unsere intrinsische Motivation und damit unser Energielevel.
3. Noradrenalin wirkt wie Speed und steigert unsere Konzentration.
4. Serotonin ist vergleichbar mit einem Antidepressivum: Es verbessert unsere Stimmung, unseren Schlaf und Appetit.
5. Anandamid ist ein Cannabinoid, das unser Denken vernetzt.

Wir haben folglich die besten Neuro-Enhancer in uns und brauchen nicht mehr im Außen nach ihnen zu suchen! Dieser grandiose Cocktail führt dazu, dass Schmerz reduziert wird und sich Wohlbefinden in uns ausbreitet, während wir fokussiert aufmerksam sind und uns angenehm energetisiert fühlen, einen wohldosierten inneren Antrieb erleben und zusätzlich zu einem vernetzten Out-of-the-Box-Denken fähig werden. All das kommt gemeinsam mit bester Laune daher, denn alle genannten Stoffe sind im Grunde sowohl Stimmungsaufheller als auch körpereigene leistungssteigernde Mittel, die insbesondere unsere Gehirnfunktionen für die drei Kräfte der blitzschnellen Problemlösung stimulieren: Wahrnehmung, Mustererkennung und laterales Denken. All jene Gehirnstrukturen, die rasche Entscheidungen behindern, werden in diesem Modus ausgeschaltet, Teile des Stirnhirns sind weniger aktiv und dadurch lösen sich Denkblockaden. Darum fühlt es sich an, als wäre alles im Fluss:

Problemlösung passiert wie nebenbei, Zweifel gibt es nicht, Risiken verlieren ihren Schrecken, die Kreativität nimmt ungehemmt ihren Lauf, denn nichts lässt einen zögern – es fließt einfach. Wer den Flow bereits erlebt hat, weiß: So fühlt sich Freiheit an! Leider können wir den Flow nicht auf Knopfdruck einschalten. Aber mit dem Persönlichkeitstest, den wir für Sie entwickelt haben und Ihnen noch vorstellen werden, können Sie eruieren, bei welcher Aktivität sich der Flow in Ihrem Fall besonders gut einstellen wird. Außerdem werden wir Ihnen später demonstrieren, wie Ihnen Rituale dabei helfen können. Doch zuvor wollen wir Ihnen das mühelose Fließen noch schmackhafter machen.

Im Zustand der Superlative

Es ist beinahe unglaublich, was im Flow alles gelingt: Wir sind bis zu achtmal kreativer, können uns um 230 Prozent(!) schneller neue Fähigkeiten aneignen, fünfmal produktiver managen, nehmen eine völlig entspannte Grundhaltung ein und sind imstande, unsere maximale Motivation zu entfalten!

Überlegen Sie einmal, was das konkret bedeutet: Im Flow können Sie achtmal mehr gute Ideen produzieren! Für Künstler und Unternehmer etwa ist diese Erkenntnis pures Gold wert. Nebenbei kann jeder von uns mit mehr Kreativität besser Probleme lösen. Das gilt für Phasen, in denen es in der Partnerschaft kriselt, genauso wie für Situationen, in denen Sie sich auf einen neuen Job einlassen. Um unfassbare 230 Prozent schneller Fähigkeiten erlernen zu können, bedeutet: Statt 20 Stunden in einen Skikurs zu investieren, zum Tanzkurs zu gehen oder Klavierunterricht zu nehmen, erlernen Sie dasselbe in weniger als zehn Stunden! Fünfmal produktiver zu managen bedeutet: Wenn Sie den ganzen Montag im Flow arbeiten, haben Sie Ihr Pensum für die komplette Woche erledigt! Und die damit hergehende maximale Motivation ist als der Heilige Gral für jedes Unternehmen anzusehen, denn genau an der Motivation mangelt es in den meisten Firmen, was diese unterm Strich ein Vermögen kostet. Ob lesen, schreiben, spielen oder Runner's High (das meditative Hochgefühl beim Laufen) – was auch immer: Alles gelingt im Flow besser und wesentlich effizienter. An diesem Zustand verdienen sich etwa Glückspielkonzerne goldene Nasen. Der Flow ist nämlich der natürliche Gegenspieler des Grübelns, von Angst und Depression, denn Körper und Geist befinden sich in absoluter Harmonie. Wer sich im Flow treiben lässt, fühlt sich buchstäblich wie ein Fisch im Wasser. Am Zenit mentaler Stärke verbinden sich außergewöhnliche Leistungen mit Wohlbefinden und Zufriedenheit. Damit ist der Flow für die Psychologie das, was einst das Penicillin für die Medizin war: ein entscheidender Durchbruch für einen breitgefächerten Anwendungsbereich!

Der Flow ist als eine Art Rausch zu verstehen, in dem ...

... wir völlig vertieft in unser Tun und höchst konzentriert dabei sind.

... wir vollständig in unserem Handeln aufgehen.

... es sich anfühlt, als würde die aktuelle Tätigkeit wie von allein passieren.

... wir unsere Bestleistung abrufen können, ohne darüber nachdenken zu müssen.

... wir uns ohne Versagensängste, Selbstzweifel, Druck oder jegliche Anstrengung an unserer Leistungsgrenze bewegen.

... wir absolut selbstsicher und ganz bei uns im aktuellen Moment sind.

Der Flow als Turbo-Booster für die Wirtschaft

Das US-amerikanische Beratungsunternehmen *McKinsey* hat über einen Zeitraum eines Jahrzehnts untersucht, wie sich der Flow auf Manager in deren beruflichem Umfeld auswirkt. Mehr als 5.000 Führungskräfte nahmen an dieser Studie teil, um Antworten auf die Frage nach den Möglichkeiten in diesem Ausnahmezustand zu finden. Zunächst überlegten die Probanden, in welchen Situationen sie mit einem Team bereits einmal Höchstleistungen im Flow kreiert hatten, definierten dann, welche Bedingungen diese Ergebnisse ermöglicht hatten, um herauszufiltern, welche Umstände nützlich sind und welche nicht. In diesen Beschreibungen gab es auffallend viele Übereinstimmungen, die in drei Kategorien eingeteilt wurden:

1. *Klarheit über die eigene Rolle:* Hier geht es um die rationalen Faktoren eines Flow-Erlebnisses – ein klares Verständnis für das Ziel sowie Zugang zu Wissen und Ressourcen, die für die erfolgreiche Erledigung der Aufgabe notwendig sind. Voraussetzung ist, dass jedes Teammitglied sich mit dem auskennt, was es beiträgt und wichtige Tools längst verinnerlicht hat. *McKinsey* bezieht sich dabei auf den Intelligenzquotienten (IQ).

2. *Sicherheit im emotionalen Umfeld:* Die Qualität in der Interaktion ist hier besonders bedeutend. Die involvierten Personen müssen einander Respekt, Wertschätzung und Vertrauen entgegenbringen, es muss ein konstruktiver Umgang mit Konflikten gewährleistet sein, es braucht zudem ein starkes Wir-Gefühl, das allen Beteiligten vermittelt, dass gemeinsam an einem Strang gezogen wird, weiters die Fähigkeit zu effektiver Zusammenarbeit und nicht zuletzt sollte Platz für Humor sein. *McKinsey* bezieht sich hierbei auf die emotionale Intelligenz (EQ).

3. *Sinn der Tätigkeit:* Zuletzt geht es um einen hohen Einsatz und große Begeisterung für eine Sache, darum, das Gefühl zu haben, dass etwas, an dem man beteiligt ist, eine Bedeutung hat, dass es womöglich noch nie gemacht wurde und das Ergebnis dieser Aufgabenstellung einen Unterschied (in der Branche, im Unternehmen, auf der Welt) machen wird. Die Beteiligten wollen etwas gemeinsam bewegen. *McKinsey* hat hierfür einen neuen Begriff kreiert: den Meaning Quotient, frei übersetzt bedeutet das »Sinn-Quotient« (MQ).

Alle drei Qs sind notwendig und müssen stark vertreten sein, damit ein Team in den Zustand der Superlative gelangen kann.

In einem weiteren Schritt der Untersuchung ging es darum, sich alle drei Kategorien im Umkehrschluss näher anzusehen, um herauszufinden, was passiert, wenn es in einem Arbeitsumfeld zu wenig von den genannten Parametern gibt. Das Ergebnis: Ein niedriger IQ verursacht häufig, dass Mitarbeiter ihre Energie in die falsche Richtung leiten, was zu Spannungen im Team führen kann. Ist der EQ niedrig, verschwenden Mitarbeiter ihre Energie wiederum in Themen rund um interne Firmenpolitik, Selbstdarstellung und die passiv-aggressive Vermeidung von schwierigen Situationen. Und wenn der MQ niedrig ist, investieren Mitarbeiter wesentlich weniger Energie in ihre Arbeit, sehen ihre Stelle nur als Mittel zum Zweck, als Job, der ihnen außer Geld nicht wirklich etwas bringt. In dieser Kategorie gab es übrigens die längste Liste an genannten Faktoren.

Übersetzen wir das einmal in Ihren Arbeitsalltag: Sagen wir, Sie wären in einer Firma, in der es von all den genannten Parametern zu wenig gibt. Dann würde das in Bezug auf den IQ bedeuten, dass Sie nicht genau wissen, was Ihre Aufgaben sind, sich von manchen über- und von anderen unterfordert fühlen und darum auch mal mit Kollegen zusammenkrachen, wenn Sie sich gegenseitig ins Gehege kommen. Den niedrigen EQ würden Sie spüren, wenn Sie bemerken, dass Ihnen andere kaum Achtung entgegenbringen, Sie immer wieder den Eindruck bekommen, Sie würden nicht von allen für voll genommen werden, weshalb Sie stark mit Ihren Emotionen diesbezüglich beschäftigt wären und Ihre Arbeit darunter leiden würde. Und wenn Sie nicht wirklich wissen, wofür Sie sich jeden Tag abrackern, weil es kein klares Ziel der Geschäftsführung gibt, dann ist zu wenig vom MQ vorhanden.

Drei Erfolgsstrategien ergeben sich aus all dem, die den Flow in einem Unternehmen erhöhen:
1. Storytelling
2. Mitarbeiter fragen
3. kleine, aber unerwartete Belohnungen

Mit dem *Storytelling* haben wir uns weiter vorne schon beschäftigt – Sie erinnern sich? Für Organisationen haben sich fünf Arten von Geschichten als gewinnversprechend erwiesen, weil mit ihnen so gut wie die ganze Belegschaft erreicht werden kann:
(a) die Turnaround-Geschichte
(b) die »Wir tun etwas für die Gesellschaft«-Geschichte
(c) die Geschichte über Kundenzentriertheit
(d) die Teamwork-Geschichte
(e) die Geschichte rund um die persönliche Entwicklung

Die Turnaround-Geschichte ist besonders beliebt, wenn es der Firma wirtschaftlich nicht gut geht und eingespart werden muss. Mit ihr werden den Mitarbeitern bessere Zeiten angekündigt. Erfreulich ist das, wenn dem Unternehmen in Folge tatsächlich eine positive Veränderung gelingt, wie das bei *Harley Davidson* der Fall war: Das Problem dort lag darin, dass der Marktanteil in den heimischen USA auf nur

15 Prozent gesunken war. Vor allem die asiatischen Hersteller um *Honda* machten der Firma das Leben schwer. Der Lösungsansatz lautete, einem anderen Mitarbeiter das Ruder zu überlassen. Sein Anspruch war es, nur mehr die weltbesten Motorräder vom Band rollen zu lassen. Er setzte den Fokus in seinem Turnaround-Management folglich auf Qualität und verbesserte den Service. Die Strategie ging auf: Zum Ende seiner Amtszeit war der Marktanteil auf 50 Prozent gestiegen! Wenn es einem Unternehmen gut geht, wird optional die Geschichte »Von gut zu großartig« erzählt. Denn es muss ja überall trotzdem immer weiter nach oben gehen.

Dieses »Good to great« hat etwa ein in Österreich ansässiges amerikanisches Biopharma-Unternehmen ausgerufen – mit dem Ziel, die 100-Millionen-Dollar-Marke zu übertrumpfen. Der Belegschaft war aber teilweise nicht klar, warum sie immer mehr leisten und was jeder Einzelne persönlich davon haben sollte. Während beim Turnaround die Angst vorm Jobverlust noch beflügelnd wirken kann, ist die Motivationsspritze in solchen Fällen weit schwieriger zu setzen. Erst als den Mitarbeitern und Mitarbeiterinnen in Aussicht gestellt wurde, als größere Marke winke jedem und jeder auch ein höheres Gehalt, waren viele dafür zu begeistern.

Auf die »Wir tun etwas für die Gesellschaft«-Geschichte greift etwa *Coca-Cola* seit 13 Jahren zurück: mit dem Get active Social Business Award, den das Unternehmen jedes Jahr ausschreibt und mit dem es dazu auffordert, »sozialunternehmerisch aktiv zu werden«. 2019 ging es dabei um die Gleichstellung von Frauen, gesellschaftliche Inklusion sowie Umwelt und Recycling – alles Themen, die hoch emotionalisierend sind.

Der Geschichte über Kundenzentriertheit dürfte der Riese *Amazon* zu einem hohen Anteil seinen überdimensionalen Erfolg zu verdanken haben: Obwohl das Online-Unternehmen wegen seiner Arbeitsbedingungen immer wieder negative Schlagzeilen macht, bestellen die Menschen gern bei ihm, denn die Pakete werden rasch und pünktlich ins Haus geliefert – mit einem kleinen jährlichen Aufpreis auch in den meisten Fällen versandkostenfrei – und es gibt ein langes Umtauschrecht, was der Konsument schätzt.

Teamwork-Geschichten kommen an, weil es manche Menschen motiviert, im Team zu arbeiten. Sie sind freilich bei Mannschaftssportarten überaus beliebt. Die größte österreichische Marktplatz-App *willhaben* hat 2019 einen der begehrten Great Place to Work Awards gewonnen, weil deren Mitarbeitende die interne Hilfsbereitschaft loben: »Alle ziehen an einem Strang und deshalb ist das Unternehmen so erfolgreich. Eine tolle Arbeitsumgebung, viele nette Kolleginnen und Kollegen, viele Firmenveranstaltungen und der lockere Umgang miteinander macht *willhaben* aus. Einfach cool, hier arbeiten zu dürfen!«

Und Meister der Geschichte rund um die persönliche Entwicklung ist beispielsweise der Konzern *OMV*. Er verspricht potenziellen Neuzugängen auf seiner Website: »Als internationales, integriertes Öl- und Gasunternehmen mit Sitz in Wien bietet die *OMV* motivierten und engagierten Mitarbeitern und Mitarbeiterinnen interessante und vielfältige Aufgabengebiete und hervorragende Perspektiven für die Zukunft.« Damit wird die persönliche Entwicklung in den Vordergrund gestellt, wodurch sich Bewerber sofort abgeholt fühlen.

Sie sehen: Storytelling ist nicht nur eine großartige Methode, um erfolgreicher zu kommunizieren, eine Rede unterhaltsam fesselnd zu eröffnen oder ein Produkt gewinnbringend zu präsentieren, sondern auch eine für die Firmenpolitik. Unternehmen, die den Flow optimal für sich nutzen möchten, sollten am besten alle fünf Arten von Geschichten erzählen und dadurch alles, was Storytelling zu bieten hat, vereinen.

Die Strategie *Mitarbeiter fragen* führt uns ein weiteres Mal zu *Coca-Cola*, denn als das Wachstum des Unternehmens ins Stocken geraten war, weil Verbraucher sich stärker Getränken ohne Kohlensäure wie Wasser oder Sportdrinks zuwandten, und 2004 E. Neville Isdell zum CEO bestellt wurde, hat dieser die Herausforderung optimal gemeistert: In mehrtägigen Workshop-Sessions hat er die Belegschaft in die Strategieentwicklung eingebunden, was sich sowohl positiv auf deren Motivation als auch auf die Strategie an sich auswirkte. Er selbst erklärte dazu:»Es ging nur darum, die Moral wieder aufzuladen. Den Daten zufolge hatten unsere Mitarbeiter kein Vertrauen in das Management oder in unsere Fähigkeit, unseren Kern zu vergrößern, im Vergleich zum Kauf anderer Unternehmen. Einige meinten, wir müssten ein Management-Team kaufen, das das Geschäft besser führen könnte. Im August 2004 hatten wir einen Auftakt mit dem Spitzenteam in London, um mit dem Aufbau unseres sogenannten ›Manifests für Wachstum‹ zu beginnen. Die leitenden Angestellten waren zunächst verwirrt darüber, was ich tat. Wir mussten uns mit unserem eigenen Mangel an Vertrauen auseinandersetzen – dem Vertrauen, dass wir beispielsweise unser Kerngeschäft ausbauen können. [...] Wir haben sie gebeten, ein bisschen zu träumen. Dann fragten wir: ›Sind wir bereit, die Arbeit zu erledigen?‹ Nach einer echten Katharsis haben wir uns der Leidenschaft und der Fürsorge verschrieben.«

Wenn es um die letztgenannte Strategie *Kleine, aber unerwartete Belohnungen* geht, funktionieren veraltete Aktionen wie einen»Mitarbeiter des Monats« zu bestimmen oder ein fast automatisiertes Lob der Chefin bzw. des Teamleiters (»Gut gemacht!«) längst nicht mehr. Das fällt unter»Management von gestern«. Für den Flow am Arbeitsplatz braucht es eben keine künstliche oder institutionalisierte Form der Anerkennung, sondern eine unerwartete. Als spontane Geste der Wertschätzung dem kompletten Team an einem heißen Sommertag ein Eis zu spendieren, weil es gerade ein Projekt abgeschlossen hat – das löst bei den meisten einen echten Oxytocin-Schub aus.

McKinsey hat den Flow, der bis dato hauptsächlich im Spitzensport und in der Kunst bekannt war, von dort direkt in die Terminologie und Konzepte der Wirtschaft übersetzt. Das war ein neuer, spannender Ansatz, der gezeigt hat: Das Flow-Erleben ist universell und auch für Unternehmen im Zeitalter der Digitalisierung ein wichtiger Erfolgsfaktor. Dadurch wurde erst klar, wie viele Gründe es gibt, auf die Qualität der Faktoren IQ, EQ und MQ zu achten – zumal die Studie offenbarte, dass Manager im Flow fünfmal produktiver sind. Viele der Teilnehmer schätzten, dass sie und ihre Mitarbeiter sich weniger als zehn Prozent der Arbeitszeit im Flow befänden. Überlegen Sie doch einmal, wie oft Sie sich am Arbeitsplatz so inspiriert und voller Schaffenskraft fühlen, dass Sie gar nicht nach Hause gehen wollen vor lauter Freude an Ihrem aktuellen Projekt! Wenn das häufig vorkommt, haben Sie den optimalen Job für sich gefunden und dürfen sich schon zu den echten Glückspilzen zählen. Wenn Sie aber eher selten in einen solchen Strom der Wonne geraten, ist noch Luft nach oben. In diesem Fall sollten Sie Ihrem Teamleader oder Ihrer direkten Vorgesetzten dringend von den Ergebnissen dieser Studie erzählen: Könnten die Bedingungen für den optimalen Fluss nämlich von zehn auf wenigstens 20 Prozent steigen, würde sich die Produktivität in einem Team oder einer ganzen Firma immerhin verdoppeln! Wen wundert es folglich, dass der Flow-Zustand ein wesentlicher Bestandteil der internen Unternehmenskultur von *Facebook* ist? Das Ausnahmeunternehmen ist auf der anonymen Arbeitgeberbewertungsseite der Job- und Recruiting-Plattform *Glassdoor* nicht von ungefähr die Nummer 1 in der Technologie-Branche und branchenübergreifend die Nummer 2. Auch bei den »Best places to work in 2017«

erreichte *Facebook* in seiner Bewertung Bestnoten. 92 Prozent der Mitarbeiterinnen und Mitarbeiter blicken positiv auf die Zukunft des Unternehmens, ebenso viele würden es als Arbeitgeber einem Freund empfehlen, und sogar 98 Prozent der Belegschaft befürworten Mark Zuckerbergs Führungsstil als CEO – obwohl der öffentlich immer wieder als umstritten gilt. Und welche gigantischen Erfolge *Facebook* wirtschaftlich feiern konnte – und nach wie vor kann –, weiß heutzutage sprichwörtlich jedes Kind.

Wenn wir nun also fähig sind, mit unserer Performance durch die Decke zu schießen, sobald wir uns im Flow befinden, ergibt sich daraus, dass Arbeitgeber im Interesse aller Beteiligten unbedingt dafür sorgen sollten, gute Bedingungen für den Superhelden-Zustand zu schaffen. Denn befände sich jeder Mitarbeiter vergleichsweise bescheidene 20 Prozent häufiger im Flow-Erleben, würde das die Produktivität eines Unternehmens verdoppeln. Die »Großen« wissen das: Wirtschaftsgiganten wie *Google* setzen längst auf Flow-Trainings, um noch erfolgreicher zu werden. Dabei geht es in erster Linie darum, Hindernisse aus dem Weg zu räumen, Grenzen zu ziehen und bedeutungsschwere Ziele für die Mitarbeiter zu definieren, damit die Arbeit eben ins Fließen kommen kann. Im Flow Genome Project unter der Leitung von Steven Kotler, der durch das Floaten am Surfbrett die Auswirkungen des Flow wohl wie kein zweiter erlebt hat, berichteten Probanden von sechs- bis achtmal höherer Kreativität im Flow. Diese Resultate müssen noch einer stärkeren Überprüfung standhalten, zeigen aber, mit welchen spannenden Erkenntnissen über den Flow-Effekt die Forschung aktuell aufwartet.

Was wir allerdings jetzt schon mit Sicherheit wissen: Um in den Flow zu gelangen, ist weniger das, *was* wir tun wichtig, sondern vielmehr, *wie* wir es tun – fokussiert, entspannt und mit einem Ziel. Denn »Flow follows focus« (»Der Flow folgt dem Fokus«) und das bedeutet: Erst wenn wir alles ausblenden und uns ausschließlich auf das konzentrieren, was zu tun ist, öffnet sich die Chance auf einen Flow. Auch hier braucht es zudem den schon beschriebenen MQ: Wir müssen einen Sinn darin erkennen. Wer sich an jedem sauberen Fenster in seiner Wohnung oder seinem Haus erfreuen kann, für den wird übrigens selbst der Frühjahrsputz zum Flow-Erlebnis!

Glückspilze können wie Kinder spielen

Schon seit den 80er-Jahren werden zwei Arten des Flow-Empfindens unterschieden: Es gibt einerseits den Flow rund um die Motivation aus Freude an der Sache und andererseits jenen rund um die Motivation aus Freude am Ergebnis. Im erstgenannten Flow-Erlebnis will der Betreffende etwas Bestimmtes erreichen und ist deshalb intensiv und mit Ernsthaftigkeit bei der Sache – in diesen Prozess taucht beispielsweise ein Extremsportler ein. Der zweitgenannte Zustand ist ein eher spielerischer. Hier gibt es kein richtiges Ziel, es geht mehr darum, auf die eigenen Sinne konzentriert zu sein, ohne einen beabsichtigten Ausgang dieses Spiels zu forcieren. Das ist die Art von Flow, in die Kinder geraten, wenn sie beim Spielen alles rundherum vergessen. Und damit wären wir bei den frühen Ursprüngen des Flow, denn bevor Namensgeber Mihály Csíkszentmihályi den Begriff im psychologischen Sinn prägte und folglich genauer untersuchte, war das Phänomen in der Spielwissenschaft bereits bekannt: Der deutsche Erziehungswissenschaftler und Spieltheoretiker Hans Scheuerl formulierte seine Kriterien für das Wesen des Spiels schon in den 50er-Jahren und betonte dabei das »Entrücktsein vom aktuellen Tagesgeschehen« genauso wie das »völlige Aufgehen in der momentanen Tätigkeit« und das »Verweilen in einem Zustand des glücklichen Unendlichkeitsgefühls«. Mit dem Flow in Bezug auf verschiedene Altersstufen, bei unterschiedlichen Handlungen und differierten Personengruppen setzte sich der deutsche Psychologe und Pädagoge Siegbert Warwitz auseinander und kam dabei zu dem Schluss, dass das »Urbild des Menschen im Flow« das spielende Kind wäre, das sich in einer Art glückseligem Zustand des Beisichseins befände. Seiner Ansicht nach *spielt* ein in seinem Spiel völlig aufgehendes Kind etwa keinen Piraten, sondern es *ist* in diesem Moment der Pirat, weil es sich mit der gespielten Figur allumfassend identifiziert. Das wiederum kennen wir aus dem Schauspielunterricht, bei dem es genau darum geht, die Natürlichkeit und Intensität der Darstellung zu steigern, indem der Schauspieler die jeweilige Rolle in sich findet und mit ihr verschmilzt.

Das Spielen erfüllt laut Warwitz alle wesentlichen Kriterien, die charakteristisch für das Flow-Erleben sind:
(a) Das Kind fühlt sich den (selbst gestellten, unbewussten) Anforderungen gewachsen, wodurch sich die Schwierigkeit der Aufgabe und die Kompetenz zur Lösungsfindung im Gleichgewicht befinden.
(b) Es konzentriert seine Aufmerksamkeit auf ein überschaubares Handlungsfeld. Dadurch läuft die Tätigkeit im Nahbereich ab.
(c) Auf seine Aktionen erfolgen klare Rückmeldungen, was bedeutet, dass der Handlungserfolg unmittelbar erkennbar wird.
(d) Das Bewusstsein des spielenden Kinds verschmilzt mit seinem Handeln, weshalb die Außenwelt nicht mehr existent erscheint.
(e) Das Kind geht in seinem Spielen auf – darum überhört es etwa, dass seine Mutter nach ihm ruft, weil das Essen fertig ist.
(f) Sein Zeitgefühl verändert sich, weil es während des Spielens ganz im Hier und Jetzt ist.

(g) Und die Handlung belohnt sich selbst, denn es bedarf keines Lobes von außen, um sich vom Spiel befriedigt zu fühlen.

Weil es beim freien Spielen ohne Ziel und Druck tatsächlich in der Regel zu Flow-Erlebnissen kommt, liegt es nahe, gesundheitsfördernde Auswirkungen des Spiels auf das Phänomen des Flow zu übertragen. Es hat sich gezeigt, dass sich dieses Gefühl der Weltvergessenheit in vergleichbarer Art und Weise bei einem Bastler und Tüftler einstellen kann, der über den freudvollen Drang, ein Miniaturschiff in der Flasche anzufertigen das Familienleben fast vergisst. Freilich kann ihm auch der Wissenschaftler erliegen, der beim tagelangen Studieren und Überlegen, wie es wahrscheinlich Einstein getan hat, nicht einmal mehr seine Grundbedürfnisse nach Nahrung oder Schlaf wahrnimmt, wenn er beinahe fanatisch eine ihn faszinierende Problemstellung und deren Lösungsansätze verfolgt. Intensive Flow-Erlebnisse finden sich bei Menschen, die sich bis an die Grenze ihrer mentalen, psychischen und physischen Möglichkeiten verausgaben. Die extreme Herausforderung durch eine außerordentliche Tätigkeit wie etwa mit dem Rad Tausende Kilometer durch Wüsten zu fahren oder auf einen der höchsten Berge der Welt zu steigen, bewirkt deshalb eine enorme Ausschüttung von Glücksbotenstoffen, weil der Betroffene spürt, dass er mit seiner Leistungsfähigkeit selbst einer derart unglaublich schwierigen Aufgabe noch gewachsen ist. Das kommt gerade bei Extremsportlern, Tänzern oder Artisten vor, die im Glücksrausch ihrer Spitzenleistungen Schmerzen ignorieren oder anderweitig auf ihre Gesundheit pfeifen, indem sie trotz gravierender Verletzungen weitermachen, obwohl ihnen beispielsweise beim Aufstieg auf einen Siebentausender schon einige Zehen abgefroren sind – einfach um ihre ambitionierten Ziele nicht aufgeben zu müssen, die sie erst zu dieser übermächtigen Euphorie gebracht haben.

Beim Kajakfahren im Wildwasser erleben erfolgreiche Paddler den Flow-Zustand gerade bei halsbrecherischen Touren ebenfalls und erzählen diesbezüglich von Empfindungen zwischen Angst und Glück, während Körper wie Psyche gleichermaßen herausgefordert und beansprucht waren. Der Flow kann in gefährlichen Situationen sogar Leben retten, weil durch ihn Adrenalin und Serotonin freigesetzt werden, wodurch das Erkennen und Zuordnen von Ereignissen im Umfeld schneller verarbeitet und eine Reaktion darauf schneller ausgeführt werden kann.

Wobei auch immer Menschen ihren Flow erlebt haben – es bleibt ihnen allen in positiver Erinnerung, denn bei ihm erfährt man Leidenschaft genauso wie Motivation und erfüllte Sehnsucht. Manche fühlen sich dabei wie Vögel mit einer enormen Flügelspannweite beim Dahingleiten. Geier etwa sind wahre Meister der Lüfte. Bei ihnen reichen wenige Flügelschläge aus, um mit Leichtigkeit Hunderte Kilometer zurückzulegen, weil sie die Kunst des mühelosen Gleitflugs beherrschen, indem sie Winde und Thermik optimal zu ihren Gunsten nutzen.

Springen Sie in den Fluss des glücksbringenden Flow!

So weit – so gut. Die schlechte Nachricht haben wir bereits überbracht: Dieser spezielle Hirnzustand, der einen solch großen Nutzen bringt, kann momentan noch nicht willentlich auf Knopfdruck hergestellt werden. Die wunderbare Nachricht lautet: Allerdings können die notwendigen Voraussetzungen für sein Eintreten geschaffen werden, sodass es uns immer leichter möglich wird, intensive Flow-Phasen zu erleben. Flow ist also Trainingssache. Wir rutschen da förmlich hinein und profitieren nicht nur während der

Flow-Momente von dieser mühelosen Höchstleistung, sondern darüber hinaus.

Wahrscheinlich fragen Sie sich, wie ein derart komplexer Zustand mit einfachen Maßnahmen unterstützt werden kann. Wer jetzt den Eindruck erhalten hat, er könne ohnehin nichts machen, um all das zu erreichen, sondern wäre dem puren Zufall ausgeliefert, wenn es darum geht, ins Fließen zu gelangen, verpasst riesige Chancen im Leben. Denn so ist es glücklicherweise nicht! Sie können zwar den Flow selbst nicht aktiv trainieren, sehr wohl aber eine bestmögliche Umgebung und damit den Nährboden für diese grandiose Verfassung schaffen, wenn Sie Lust darauf bekommen haben, Höchstleistungen – etwa in Ihrem Beruf, im künstlerischen Bereich, im Sport oder auch einfach im Alltag – zu erbringen, um fortan zu den Glückskindern zu zählen.

Der durch den wiederholten Flow genesene Steven Kotler beschreibt 17 Auslöser (»Trigger«), die ein Flow-Erlebnis begünstigen, und hat dadurch die Flow-Forschung in der jüngsten Vergangenheit maßgeblich geprägt:

Psychologische Trigger:
Über psychologische Trigger haben Sie ein gewisses Maß an Kontrolle, da Sie Ihre Willenskraft erfordern und als interne Strategien die Aufmerksamkeit auf das Hier und Jetzt lenken.

- *Intensiver Fokus:* Der intensive Fokus bildet die Basis (»Flow follows focus«). Das heißt: Raus aus den Gedanken an Vergangenheit oder Zukunft und rein in die Präsenz (Gegenwart, im Hier und Jetzt)! Hier geht es darum, mentale Ablenkungen zu beseitigen und sich um nichts anderes als die Sache Gedanken zu machen.
- *Klar definierte Ziele:* Hier geht es darum, Klarheit in dem zu erlangen, was zu tun ist. Gegebenenfalls können Sie sich vorher einen Plan machen – dafür eignet sich

etwa ein Mind-Mapping. Der Cortisol-Typ braucht es hierbei geordnet, ruhig und in sich gekehrt. (Dazu erfahren Sie später bei den Typologien mehr.)

- *Direktes Feedback:* Je unmittelbarer Sie erkennen, ob Ihr Handeln von Erfolg gekrönt war oder nicht, umso besser ist es. Darum sind Computerspiele so beliebt – oder auch Fußball, bei dem sofort erlebbar ist, ob ein Tor geschossen wurde oder nicht.
- *Verhältnis von Herausforderung und Fähigkeit:* Der Leitspruch hierfür lautet »Bleiben Sie in Ihrer Gewichtsklasse!« Die Aufgabe soll nur marginal anspruchsvoller sein als die dafür notwendige Fähigkeit. Der Testosteron-Typ liebt Herausforderungen übrigens besonders. Dennoch sollten Sie sich nicht überfordern. Ob Sie nun Gewichte heben oder ein Sitzungsprotokoll schreiben müssen: Stellen Sie sicher, dass Sie die bestehenden Herausforderungen schon gemeistert haben, bevor Sie an die nächsten herangehen.

Umwelt-Trigger:
Die Auslöser in Ihrer Umgebung haben Sie nicht alle in der Hand – sie können Sie immer tiefer in den Flow treiben oder aber aus ihm herausreißen. Um Zweiteres zu vermeiden, sollten Sie die folgenden Punkte berücksichtigen.

- *Schwere Konsequenzen:* Erhöhen Sie den Einsatz! »No risk, no fun« stimmt wirklich: Wenn es um nichts geht, wird es mit dem Flow schwierig. Viele Menschen sagen von sich: »Ich arbeite besser unter Druck!« Das liegt an der Panik, die sie bekommen, wenn eine Deadline näher rückt, die dazu führt, dass der Geist klarer wird.
- *Vielfältige, reichhaltige Umgebung:* Eine langweilige Umgebung kann den Flow verhindern. Andy Warhol dürfte das gespürt haben, denn er malte am liebsten in einem Raum voller Menschen und hatte dabei noch Plattenspieler und Fernseher laufen, um sich von allen

Seiten berieseln zu lassen. Dadurch konnte er sich besser konzentrieren. Aber auch Naturkulissen, ein schönes Büro oder eine tolle Aussicht sind hilfreich – oder ein geordneter Papierstapel mit den Infos, die Sie brauchen.

- *Starke körperliche Erfahrung:* Ein gut spürbares Erlebnis gehört dazu – darum ist ein gewisses Maß an Unvorhersehbarkeit in der Umgebung ideal. Dabei geht es darum, Körperempfindungen wahrnehmen zu können. Der Dopamin-Typ spricht hierauf besonders an.

Soziale Trigger:
Die zwischenmenschlichen Parameter werden zu einem »Gruppen-Flow-Auslöser«. Auf die sozialen Trigger spricht der Oxytocin-Typ besonders an.

- *Ernsthafte Konzentration:* Zurück zum Anfang: Auch als Gruppe ist es wichtig, den Fokus nicht aus den Augen zu verlieren, da sich der Flow sonst schnell verabschiedet.

- *Gemeinsame Ziele:* Die Ziele der Einzelnen müssen in einem Gruppenszenario aufeinander abgestimmt werden, damit jeder an Bord ist. Das kann eine Gratwanderung darstellen, da die gemeinsamen Ziele immer noch Raum für individuelle Improvisation lassen sollten.

- *Ständige Kommunikation:* Hier geht es darum, ein gutes Wir-Gefühl in der Gruppe zu erzeugen, was etwa durch ein eigenes gemeinsames Vokabular passiert. Im Mannschaftssport oder beim Tauchen gibt es dafür zusätzlich etwa non-verbale Handzeichen, bei einer Operation ist ein offenes Kommunizieren für den Patienten überlebensnotwendig.

- *Vertrautheit:* Jede erfolgreiche Gruppe hat nicht nur ihre eigene Sprache und ihren Kommunikationsstil, sondern auch ihr unausgesprochenes Verständnis untereinander. Wenn diese nicht gesprochene Sprache nicht vorhanden ist, ist es wichtig, eine Sprache zu importieren, die von einem anderen Ort aus erfolgreich funktioniert. Durch die Vertrautheit ziehen alle an einem Strang, ob das nun beim Fußball oder im Marketing ist.

- *Gleiches Level:* Alle Teilnehmer der Gruppe sollten ungefähr dasselbe Level an Fähigkeiten haben und gleich partizipieren können. Ansonsten langweilen sich die Profis und die Amateure werden bald frustriert sein. Der Flow-Status in einem Team kann zudem nur entstehen, wenn sich alle auf derselben Seite befinden und gleich intensiv an der gemeinsamen Arbeit teilnehmen.

- *Risiko:* Auch das kennen wir von den psychologischen Triggern: Wie im Einzel-Flow-Status sollte innerhalb einer Gruppe ein Risiko spürbar sein, dessen sich jeder bewusst ist.

- *Gefühl der Kontrolle:* Dem Gefühl des Risikos sollte ein Gefühl der Kontrolle entgegengesetzt werden können. Die Kombination von Autonomie und Kompetenz sorgt üblicherweise automatisch dafür.

- *Intensives Zuhören:* Nur wenn die Ohren aller bewusst offen sind, kann das Team wirklich geschlossen agieren. Eine bewusste Kommunikation mit Seele ist hier hilfreich: Es ist nicht nur wichtig, gut zuzuhören, sondern auch seine eigene Wahrnehmung zu hinterfragen, denn wie Sie inzwischen wissen, blickt das Gehirn in die Zukunft, wenn es darum geht, was der andere sagen wird. Das macht Kommunikation zwar effizient, sorgt aber für viele Missverständnisse. Vorgefasste Meinungen und Vorstellungen sind hier genauso kontraproduktiv wie negative Kommentare oder eine witzige Bemerkung, wenn sie gerade nicht passt.

- *»Ja« sagen:* Ein »Nein« blockiert und versperrt die Gedanken – ein »Ja« fördert neue Ideen. Darum sagen Sie lieber »Ja« anstatt zu diskutieren. Auf diese Weise kann die Dynamik im Team leichter aufrechterhalten werden.

● *Kreativität:* Durch die anderen Trigger wie Risikobereitschaft und Vertrautheit sollte ein Gruppen-Flow ausgelöst werden, der zu einem Feuerwerk der Kreativität führen kann.

Ausgehend davon haben Sie nun einige Optionen an der Hand, wie und womit Sie Ihre mentalen Kräfte lenken können, um Schritt für Schritt einen möglichen Flow vorzubereiten. Mit dem Persönlichkeitstest, den Sie weiter hinten vorfinden werden, können Sie Ihre Präferenzen ermitteln und in Folge ein Ambiente erschaffen, das die Trigger miteinbezieht.

Denken Sie immer daran: Der Flow ist ein Zustand von absoluter Präsenz. Um ihm näherzukommen, müssen Sie mit Ihrer Aufmerksamkeit voll im Hier und Jetzt sein, und um ihn zu erleben, müssen sämtliche Störelemente beseitigt werden. Aus diesem Grund ist ein regelmäßiges Präsenztraining neben der Vorbereitung durch die genannten sieben Schritte die Basis für Flow-Erlebnisse. Dadurch gelingt es, sich zu fokussieren, zu konzentrieren, die eigenen Emotionen zu kontrollieren und Störfaktoren im Innen wie Außen auszublenden. Und all das ist notwendig, damit das selbstvergessene Zulassen des eigenen Potenzials bei gleichzeitiger innerer Kontrolle, das schließlich den Flow ausmacht, glückt. Das Gefühl, die Situation kontrollieren zu können, tritt in diesen Phasen automatisch auf, wenn die Rahmenbedingungen (die eigenen Fertigkeiten, die klare Aufgabenstellung, das eindeutige Ziel) vorab abgeklärt wurden. Erst im Zuge dessen kann die vollkommene Aufmerksamkeit für die Sache stattfinden, erst dann können Bewusstsein und Handeln miteinander verschmelzen, was für Höchstleistungen im Flow so charakteristisch ist.

Folgende Übung, die wir Ihnen in »Alles reine Kopfsache!« als Intro für den Veränderungsprozess in Bezug auf schlechte

Gewohnheiten bereits vorgestellt haben, ist in abgewandelter Form auch als Vorbereitung für den Flow bestens geeignet und kann in Varianten beliebig oft wiederholt werden:

Schließen Sie die Augen und reisen Sie gedanklich durch Ihr Leben: von heute ausgehend bis zu einem Moment, in dem Sie glücklich waren. Es muss nicht der glücklichste Moment Ihres bisherigen Lebens gewesen sein – irgendein guter Moment reicht aus. Was sehen Sie? Vielleicht Menschen, Gegenstände, eine Landschaft? Ganz egal, was es ist: Machen Sie das Bild größer, wie mit dem Zoom einer Kamera – holen Sie das Bild näher heran! Jetzt drehen Sie die Farben hoch! Was hören Sie? Stimmen, Geräusche oder nur Stille? Machen Sie es ein bisschen lauter, stärker – aber so, dass es noch angenehm ist. Oder versinken Sie einfach in der Stille! Was riechen Sie, was schmecken Sie? Vielleicht gar nichts ... Wenn Sie ein Standbild sehen, dann machen Sie jetzt einen Kurzfilm daraus! Spüren Sie in sich hinein, was Sie in Ihrem Körper wahrnehmen, wo es vielleicht entspannter, wärmer oder einfach angenehmer geworden ist. Was immer Sie wahrnehmen, wo auch immer es ist – machen Sie das Gefühl stärker! Stellen Sie sich vor, Sie drehen an einem Thermostat und der Regler macht Ihr Gefühl doppelt so stark – viermal so stark – zehnmal so stark – so intensiv, wie Sie es schaffen. Lassen Sie zu, dass sich das Gefühl über Ihren ganzen Körper ausbreitet! Vielleicht können Sie spüren, wie Ihr Körper von Wärme erfasst wird und wie diese Wärme ihn von den Zehenspitzen bis zum Kopf zu durchströmen beginnt. Lassen Sie es immer intensiver werden! Sie können dieses Gefühl nun mitnehmen – es ist Ihr Gefühl – und es sich immer wieder herholen, wenn Sie es brauchen.

Als Leser dieses Buches können Sie sich diese geführte Meditation sowie diverse Übungen außerdem kostenlos anhören oder downloaden. Die Zugangsdaten dafür erwarten Sie im letzten Kapitel.

Achten Sie auf ein paar Komponenten, wenn Sie derartige Übungen ohne Anleitung von außen durchführen: Mentale Bilder sollten stets positiv und lebendig sein und möglichst alle Sinne ansprechen. Wenn Sie vor Ihrem inneren Auge eine bestimmte Handlung ablaufen lassen, sehen Sie sich dabei bewusst zu und achten Sie darauf, was Sie währenddessen sehen, hören, riechen, schmecken und fühlen!

Bedenken Sie: Studien haben inzwischen hinlänglich belegt, dass die Vorstellung eines Bewegungsablaufs die Muskeln ähnlich aktiviert wie die tatsächliche physiologische Bewegung – und somit Veränderungen im Körper auslöst. Dieser »ideomotorische Effekt« durch eine Imagination wird etwa von Spitzensportlern längst gezielt genutzt, weil in diesem Bereich klar ersichtlich ist, dass die besten Erfolge aus der Kombination von körperlichem und mentalem Training resultieren. Der Weg dorthin kann in fünf Stufen unterteilt werden:

1. Stufe: Wahrnehmen des eigenen Körpers
2. Stufe: mit Aktivierung und Entspannung in den Flow
3. Stufe: durch ein Bewegungsgefühl ins Flow-Feeling
4. Stufe: Verinnerlichen der Flow-Erlebnisse
5. Stufe: den Flow-Zustand im Wettkampf abrufen

Um diese Stufen zu durchlaufen und alles umzusetzen, geht ein Sportler vorm Wettkampf exakt jene Bewegungen intensiv im Kopf durch, die er später durchführen wird. Damit aktiviert er genau die richtigen Muskeln, die er dann benötigen wird – er wärmt sie auf diese Weise mental auf. Dabei nimmt er eine Innenperspektive ein und versucht, sich voll in die Bewegung einzufühlen. Das sieht man im Fernsehen oft bei Skifahrern, die vor dem Start noch mal mit geschlossenen Augen den Lauf durchgehen, wobei sich ihr Körper mitbewegt.

Vom positiven Effekt dieser Ideomotorik können auch Sie profitieren: Bevor Sie in ein Meeting mit dem Chef gehen, können Sie Ihre dafür geplante Körperhaltung, Mimik, Gestik und passende Bewegungsabläufe im Kopf durchspielen. So aktivieren Sie das Gespräch schon mal im Gehirn. Wichtig ist dabei die Innenperspektive, also dass Sie sich nicht von außen dabei zusehen, sondern sich von innen erleben und dabei entspannt sein.

Im Flow trollt sich der Schweinehund

Der ideomotorische Effekt hilft Ihnen genauso, wenn Sie sich nicht aus dem Bett aufraffen können oder es nicht schaffen, sich zu überwinden, die Belege zu sortieren – in derlei Situationen ist es Ihnen möglich, das Bevorstehende bereits in Ihrem Kopf zu durchleben, um sich bestmöglich darauf vorzubereiten. Dabei sollten Sie die dazugehörigen Bewegungen spüren und sich ansonsten auf den Körper verlassen.

Folgende Übung, die Sie im Sitzen oder Stehen durchführen können, wird Sie dabei unterstützen, Ihre inneren Bilder die Bewegung steuern zu lassen:

Kreisen Sie Ihren rechten Fuß im Uhrzeigersinn! Dann strecken Sie den rechten Arm mit ebenso ausgestrecktem Zeigefinger nach vorne, während Ihr Fuß weiterkreist, und malen damit eine große 6. In welche Richtung kreist nun Ihr Fuß? Nutzen Sie die Kraft der Bilder, um ins Tun zu kommen!

Haben Sie davon gehört, dass in Stockholm die Treppen einer U-Bahn-Station in eine Klaviertastatur verwandelt wurden, wodurch jeder Schritt auf eine Stufe einen anderen Ton erzeugt? Der Erfolg blieb nicht aus: 66 Prozent der Menschen haben diese Stufen anstatt der Rolltreppe genutzt. Der Schweinehund hatte keine Chance mehr! Kennen Sie jemanden, der mit *Weight Watchers* sein Gewicht in den Griff bekommen hat? Wer es schafft, das Konzept des Punktezählens nicht als anstrengendes Übel zu empfinden, sondern es wie ein Spiel anzugehen, hat Spaß daran und wird erfolgreich damit sein. Spielerisch auf Herausforderungen zuzugehen führt unweigerlich zum *Prinzip der Mühelosigkeit*.

Laufen ist der beliebteste Ausdauersport, weil weder Fitnessstudio noch Tennisplatz dafür benötigt werden und es überall durchführbar ist. Trotzdem kostet es viele Hobbyläufer immer wieder Überwindung, ein regelmäßiges Lauftraining in ihren Alltag einzubauen. In diesen Fällen schafft beispielsweise die eine oder andere App Abhilfe.»Zombies, run!« etwa versetzt den Nutzer in ein interaktives Spiel: Während des Laufens übernimmt er die Rolle eines Charakters mit dem Namen »Runner 5«, dessen Ziel es ist, aus einem von Zombies kontrollierten Areal zu entkommen und dabei Vorräte zu sammeln, die zurück ins Versteck gebracht werden müssen. Über Kopfhörer warnt die App, wenn Horden von Zombies näher kommen und daher die Laufgeschwindigkeit erhöht werden muss. Auf diese Weise wird wie nebenbei ein Intervalltraining absolviert, was wirklich clever ist. Wie bei den meisten anderen ähnlichen Apps werden natürlich zudem die Anzahl der gelaufenen Kilometer und die Geschwindigkeit aufgezeichnet. Das ist gelebte Mühelosigkeit!

Die Vorteile dieses Prinzips hat auch der US-amerikanische Lehrer Paul Andersen erkannt und deshalb seinen Unterricht darauf aufgebaut. Seiner Meinung nach können

Schulleiter wie Lehrer drei wichtige Dinge aus Computerspielen lernen:
1. Schule soll Spaß machen!
2. Fehler sind etwas Positives!
3. Schule sollte in unterschiedliche Level eingeteilt werden.

Er setzte folglich die Elemente von Game-Design in seiner
Biologie-Klasse ein: Die Noten unterteilte er in Level, die
von den Schülerinnen und Schülern je nach gewonnenen Er-
fahrungspunkten erreicht werden konnten. Weiters führte
eine Lernplattform ein, auf der er Podcasts, Experimente
und Unterlagen zur Verfügung stellte. Abgesehen vom Ab-
schlussquiz ging es ihm darum, dass die Lernenden gemeinsam Lösungen erarbeiteten. Auf einem Leaderboard konnte
jeder seinen Punktestand einsehen und sich mit den anderen
vergleichen. Computerspiele nicht als Widersacher des Lernens zu begreifen, sondern von diesem mutmaßlichen Feind
zu lernen, um die Schüler an der Stange zu halten und für den
Unterricht zu begeistern, ist doch ein großartiger Ansatz, um
den Schweinehund im Schulalltag zu besänftigen! So lernt es
sich gleich wesentlich spielerischer. Denn wir haben ja schon
mehrfach festgestellt: Das Flow-Erleben kennt keinen Stress
und keinen Druck, denn das im Flow entstehende Gefühl
und jenes von Überforderung sind zwei einander ausschlie-
ßende emotionale Zustände. Weder kommt es während des
Flow zu physischem noch zu psychischem Stressempfinden.
Typisch hingegen ist ein gesundes Maß an körperlicher Aktivierung. Sowohl leicht erhöhte Cortisolwerte und Sympathi-
kusaktivität als auch das Ankurbeln des Parasympathikus
fördern das Flow-Empfinden – wobei es hier speziell beim
Sympathikus auf die Dosis ankommt: Zu viel davon bringt
uns rasch wieder aus dem Flow raus.
    Mithilfe von Ritualen, Aktivierungstechniken und Ent-
spannungsübungen kann das eigene Erregungslevel beeinflusst werden, wodurch es möglich wird, das optimale Span-

nungsniveau – und damit den idealen Leistungszustand – zu erreichen. Je näher wir dabei unserem besten Bewegungsgefühl kommen und je eher wir es bewusst abrufen können, desto schneller nähern wir uns dem ersehnten Flow. Da dieser Zustand aus Sicht der Hirnforschung eine Mischung aus Sympathikus- und Parasympathikus-Anteilen ist – also aus moderater Erregung und stärkerer Entspannung – können wir ihn mittels Aktivierungs- und Entspannungstechniken förmlich austarieren. Um den Sympathikus anzuregen, eignet sich beispielsweise Yoga bestens. Zudem helfen Übungen, die den Gleichgewichtssinn stimulieren, weil wir dadurch unseren Körper bewusst fühlen und uns konzentrieren. Das werden Sie beim Balancieren oder bei Waldwanderungen abseits der Wege erreichen. Auch Klopftechniken sind förderlich: Dabei können Sie Ihren ganzen Körper oder eine bestimmte Stelle wie das Brustbein abklopfen. Diese Art der Körperwahrnehmung unterstützt den Flow ebenfalls. Der Parasympathikus hingegen lässt sich am besten über die Atmung steuern: Dabei sollten Sie mit dem Zwerchfell atmen und das Ausatmen verlängern. Meditation und progressive Muskelentspannung feuern ebenso den Parasympathikus.

Naturerlebnisse bringen uns ebenfalls in Richtung Flow-Gefühl, da sie eine »sanfte Faszination« auf uns ausüben, wie das in Fachkreisen genannt wird. Wer nun in einer Großstadt lebt, hat die Berge, Seen, Wälder oder das Meer nicht immer unmittelbar vor der Haustür. Alternativ zur wahren Natur können Simulationen in Form von Naturversionen durch Virtual Reality unterstützend in Richtung Flow führen. Wenn Sie durch das Aufsetzen einer 360-Grad-Brille in den Genuss von Naturszenen kommen, gefällt das Ihrem Gehirn ebenfalls, weil es zwischen real Wahrgenommenem und Vorgestelltem nicht unterscheidet. Der Effekt ist der Gleiche: Wenn wir die Natur auf uns wirken lassen, reduziert das unseren Stress, verbessert die Stimmung und stellt durch die Zunahme der Konzentrationsfähigkeit unsere Arbeitsproduktivität wieder her. Das konnte an der Boulder University in Colorado bestätigt werden, als dort das Phänomen der Attention Restoration Theory (ART) im Jahr 2017 näher unter die Lupe genommen wurde. Demnach stellt die virtuelle Natur von der Reaktion her eine ernst zu nehmende Alternative für unser Gehirn dar. Anders als beim mentalen Training werden hier Wahrnehmungen und Bilder nicht von innen aus den Erinnerungen geformt, sondern von außen durch realitätsnahe 360-Grad-Szenen aus einer Virtual-Reality-Brille, aber das Resultat ist ähnlich: Wer sich mittels virtueller Realität erholt, kann sich danach ebenfalls besser konzentrieren und gleitet eher in ein Flow-Feeling – mehr noch: Drei von vier Personen verlieren durch Virtual Reality, die in diesem Fall sogar zur Therapieform werden kann, schwerwiegende Höhenangst, und das nach nur sechs 30-Minuten-Sessions innerhalb von zwei Wochen!

Auch die Ergebnisse am Institut für mentale Erfolgsstrategien zeigen, dass mit einem eigens konzipierten Virtual-Reality-Mentaltraining bereits innerhalb von drei Minuten eine durch die veränderte Hautleitfähigkeit (entspannte Haut ist trockener und leitet deshalb Strom schlechter) messbare Tiefenentspannung und innerhalb von 15 Minuten eine erhöhte Wahrscheinlichkeit für das Flow-Erleben (gemäß den sieben genannten Kriterien) zu erzielen sind.

Übrigens: Es ist ein Mythos, dass wir ständig unsere Komfortzone verlassen müssen, indem wir in einer anderen als der gewohnten Reihenfolge unsere Zähne putzen, auf einem neuen Weg zur Arbeit fahren oder zwischendurch auch mal mit der linken Hand schreiben. Nein, Rituale sind ebenso wichtig wie gezielt das Neue anzustreben. Es sind der Wechsel und die Dosis, auf die es ankommt. Damit Sie den Flow erleben können, sollten Sie sogar einem Ritual folgen und zudem Ablenkungen eliminieren sowie banale Entscheidungen außen vor lassen. Manche Chirurgen schildern, dass sie am Morgen vor einer wichtigen Operation sozusagen auf »Autopilot« stellen, indem sie ein bestimmtes Frühstück zu sich nehmen, immer die gleiche Kleidung tragen und auf dem üblichen Weg ins Krankenhaus fahren. Das tun sie nicht, weil sie abergläubisch sind, sondern weil sie spüren, dass gewohntes Verhalten es ihnen erleichtert, ihre ungeteilte Aufmerksamkeit auf die vor ihnen liegende Herausforderung zu richten.

Das können wir alle nachmachen: Ob es nun um die Hausarbeit geht, um Ihren Lieblingssport oder darum, Belege fürs Finanzamt zu sortieren – am besten ist es, wenn wir eine Rhythmik reinbringen, etwa jeden Montag, Mittwoch und Freitag direkt nach der Arbeit laufen gehen, die Wohnung putzen oder was auch immer. Sich für den erstrebenswerten Zustand aufzuwärmen und auf ihn einzustimmen, gelingt ganz wunderbar über Musik (die sollte nicht einschläfernd wirken und andererseits keinesfalls zu hektisch sein) oder mit Atemübungen. Sie können genauso Ihren Körper in Bewegung bringen, indem Sie zur Musik tanzen oder einfach Ihre Schultern oder mit der Hüfte kreisen – 20 Minuten bilden hierfür einen geeigneten Zeitrahmen. Ein leichtes Warm-up gelingt zudem über moderates Yoga oder einen kurzen Spaziergang. Danach sollten Sie Ruhe geben und den Fokus auf das, was zu tun ist, richten, einen Plan machen, sämtliche Störquellen wegräumen oder ausschalten und dann konzentriert loslegen. Bei der Hausarbeit, im Zuge derer Sie sich ohnehin körperlich betätigen, können Sie das Aufwärmen freilich einfach in die Handlung integrieren. Und tun Sie es den Chirurgen gleich, indem Sie Ihre Entscheidungen und Hürden minimieren. Das heißt: Machen Sie sich einen klaren Ablauf, legen Sie fest, was Sie in welcher Reihenfolge tun wollen und ziehen Sie dabei am besten auch immer das Gleiche an!

Ihre Vorbilder sollten dabei wirklich die Spitzenleister sein: Sie überlassen tatsächlich nichts dem Zufall. Mozart, Beethoven, Kant – sie alle hatten ihren Rhythmus, der den Flow-Zustand begünstigt. Beethoven hat angeblich stets exakt 60 Bohnen für seinen Kaffee abgezählt. Sie alle hatten ihre Zeit, zu der sie in Ruhe arbeiteten. So hat sich Thomas Mann immer von 9:00 Uhr bis 12:00 Uhr in seinem Büro verkrochen. Während dieser Stunden durfte ihn niemand stören. Schaffensfreudige Menschen reduzieren das Stirnhirn ermüdende Entscheidungen auf das Wichtigste und automatisieren Banales: Wenn Sie je einen von Steve Jobs' Auftritten gesehen haben, so erinnern Sie sich vielleicht daran, dass er einen schwarzen Rollkragenpullover, Jeans und Turnschuhe getragen hat. Laut seiner offiziellen Biografie hätte er sein Lieblingsoutfit gern zur Uniform bei *Apple* erhoben – dermaßen überzeugt war er davon, die Kleidungsfrage zu vereinfachen.

Dem Glücklichen schlägt keine Stunde

Sie fragen sich vielleicht: Warum vergessen Menschen im Zustand des Flow alles um sich herum, ja sogar die Zeit? Aus welchem Grund denken sie nicht an ihre Sorgen und Probleme? Die Disziplin der Gedächtnispsychologie bietet hierfür eine Erklärung an: Das betreffende Mehrspeichermodell unterteilt das Gedächtnis in ein Ultrakurzzeit-, ein Kurzzeit- und ein Langzeitgedächtnis. Davon haben Sie wahrscheinlich schon gehört, außerdem haben wir alle drei Gedächtnisformen bereits herangezogen. Der britische Psychologe Alan Baddeley spricht in diesem Zusammenhang nicht mehr von »Kurzzeitgedächtnis«, sondern von einem »Arbeitsgedächtnis«. Seinem Ansatz nach ist dieses Arbeitsgedächtnis in seiner Verarbeitungsmenge beschränkt: auf eine Kapazität pro Zeiteinheit. Unsere bewusste Aufmerksamkeit kann infolgedessen zu einem Zeitpunkt nur wenige Informationen verarbeiten. Durch das selektive Wahrnehmen fokussieren Personen im Flow auf bestimmte Aspekte, was wiederum »Aufmerksamkeit« genannt wird – darüber haben wir schon ausführlich berichtet. Jemand, der nun weiß, was und wie er etwas zu tun hat, und dessen Fertigkeiten den Anforderungen der jeweiligen Betätigung gerecht werden, kann sich völlig auf das Ausführen dieser Aktion einlassen und damit in ihr aufgehen, weil die komplette Aufmerksamkeit ausschließlich dem Lösen der vorliegenden Aufgabe zugutekommt. Dadurch wird jemand im Flow nicht mehr durch Gedanken wie »Was werden wohl andere über mich denken?« abgelenkt, sondern entfaltet sich in seinem Tun, indem eine hohe Übereinstimmung der eigenen Wünsche und des äußeren Anspruchs besteht. Die transiente Hypofrontalität wirkt sich auch auf die Zeitwahrnehmung aus, weshalb im Flow subjektiv alles wie im Zeitraffer passiert.

Diese Übereinstimmung zwischen Fähigkeit und Anforderung ist etwa beim intensiven Computerspielen entscheidend. Der Spieler kennt noch nicht alle Regeln, Funktionen und Zusammenhänge, weiß, dass ihn manches, was da kommen wird, überraschen könnte – all das antizipiert er lustvoll. Ihm ist klar, wie wenig sinnvoll es wäre, mit der höchsten Schwierigkeitsstufe zu starten, da ihn das rasch überfordern könnte, und bei Überforderung wirft es einen aus dem angestrebten Flow raus. Zielführend ist es deshalb, wenn er sich nach und nach steigert, um parallel zum Spielen die Eigenheiten des Spiels kennenzulernen. Bestseller unter den Computerspielen versuchen dem Spieler ein Flow-Erlebnis zu ermöglichen, indem sie ihn vor schnell aufeinanderfolgende Aufgaben eines mittleren Schwierigkeitsgrads stellen, die ihn zwar fordern, aber eben nicht *über*fordern, weil er sie mit hoher Wahrscheinlichkeit erfolgreich lösen wird können. Wie der Computerspielklassiker »Tetris« beweist, muss die Herausforderung dabei nicht unbedingt anspruchsvoll sein – im Gegenteil können zu anspruchsvolle Aufgabenstellungen einen Misserfolg begünstigen und damit das Flow-Ereignis unterbrechen.

Schließlich gibt es noch die Begeisterung als zusätzlichen Parameter, der uns einerseits die Zeit vergessen lässt und andererseits etwas ist, das zum Flow-Erleben führen kann. Forscher haben herausgefunden, dass sich der Flow-Zustand meistens einstellt, wenn wir etwas tun, das wir aus vollem Herzen gern machen, für das wir brennen. Die Aufhebung des Zeitempfindens passiert naturgemäß auch immer dann, wenn wir uns mit Dingen beschäftigen, die wir mögen. Dabei kann es sich um die Lieblingsbeschäftigung wie Heimwerken, Gartenarbeit oder das Kochen unserer Leibspeise genauso handeln wie um sportliche Aktivität oder unser kreatives Hobby. Unter Umständen kommen wir im Alltag ebenfalls in den fließenden Zustand, wenn wir Auto fahren oder mit unseren Freunden ein intensives Gespräch führen – und auch im Job, wenn wir einer Arbeit nachgehen, die wir spannend finden.

Erstaunlich ist, dass der Flow üblicherweise mit einer Aktivität verbunden ist und uns nicht ereilt, wenn wir passiv sind. Warum ist das so? Weil wir gern etwas Sinnvolles tun, weil es uns erfüllt, im Einklang mit uns und unserer Umgebung aktiv zu sein, weil wir uns in perfekter Balance von Körper und Geist bewegen wollen. Menschen, die wiederholt Flow-Phasen erleben, sind insgesamt produktiver und ziehen Befriedigung aus ihrer Arbeit. Sie setzen sich immer wieder selbst neue Ziele, um ihre Fähigkeiten zu verbessern, schöpfen dabei aus nicht versiegenden Energiequellen und haben ihren Job nicht bloß wegen des Gehalts, das sie dafür erhalten, sondern weil sie ihn wirklich gern machen und etwas Sinnvolles tun wollen. Das ist das ganze Geheimnis!

Um immer tiefer ins *Prinzip der Mühelosigkeit* vorzudringen und dabei den Flow regelmäßig zu erleben, trainieren Sie die Voraussetzungen (etwa mit unserer Präsenz-Übung) und sorgen Sie für genug Entspannung, ein bisschen Aktivierung, vollen Fokus bei wenig Ablenkung und ein für Sie stimmiges Ritual, das Ihnen beim Hineingleiten hilft!

Worauf es im Flow ankommt

Im Oktober 2012 faszinierte die aufsehenerregende Aktion eines Österreichers mehr als zwei Milliarden Menschen auf der gesamten Welt: In einem Ballon auf allerengstem Raum sitzend stieg Felix Baumgartner über mehrere Stunden in beinahe 40 Kilometer Höhe auf und erreichte im anschließenden freien Fall als erster Mensch in der Geschichte Überschallgeschwindigkeit. Viele Faktoren haben zum Erfolg dieses außergewöhnlichen Spektakels beigetragen, aber was die wenigsten wissen: Hinter Baumgartners Stratos-Sprung – und hinter vielen anderen Extremleistungen von *Red-Bull*-Athleten – steckt ein Mann: Andrew Walshe, High-Performance-Experte bei *Red Bull*. Eine seiner wichtigsten Strategien im Trainieren von Extremsportlern ist das Erreichen und damit Nutzbarmachen von Flow-Zuständen. Er weiß, worauf es dabei ankommt!

Viele Leistungssportler scheitern daran, dass sie im Wettkampf ihre volle Leistungsfähigkeit nicht abrufen können. Aus diesem Grund trainieren die Besten nicht ausschließlich ihren Körper, sondern ebenso ihr Gehirn. Denn Goldmedaillen ohne Flow zu gewinnen, ist heutzutage ein Ding der Unmöglichkeit geworden. Moderne Wissenschaftler sehen den Flow deshalb mittlerweile als wesentlichen Faktor im Sport – für Spitzenleistungen bei Wettkämpfen wie Weltmeisterschaften oder der Olympiade –, in der Kunst – für unvergleichliche Glanzleistungen – und in der Wissenschaft – für bahnbrechende Erkenntnisse. Beim Skispringen waren die Konsequenzen des Fehlens des *Prinzips der Mühelosigkeit* einmal besonders offenkundig: In Lille-

hammer setzte es für das deutsche Skisprung-Team ein De-
saster, nachdem es bei der WM in Seefeld noch so gut gelaufen war. »Ich bin einfach nicht reingekommen«, meinte
Markus Eisenbichler, und erklärte weiter, er habe sich »run-
tergekämpft«. Damit war er natürlich meilenweit von der
spielerischen Mühelosigkeit entfernt.

Der Flow ist zwar ein Hirnzustand, kann aber nicht iso-
liert betrachtet werden. Wir wachsen durch Stretchen und
Erholung – und wenn wir das verbinden, erkennen wir, dass
es um einen Prozess geht, den wir aktiv formen und beeinflussen können und der auf verschiedenen Phasen aufbaut:

1. Loading-Phase
2. Relax-Phase
3. Perform-Phase
4. Recovery-Phase

In der *Loading-Phase* sind wir bewusst konzentriert, sammeln Informationen oder trainieren – jedenfalls beladen wir
unser Gehirn. Während dieser Phase ist ein achtsamer Zugang von Vorteil, weshalb Achtsamkeitsübungen zu empfehlen sind, um die Kunst der Konzentration zu steigern.

Die *Relax-Phase* sollten wir einleiten, nachdem wir das
Gehirn befüllt haben, denn jetzt brauchen wir Erholung. Um
diese zu erlangen, eignen sich etwa Spaziergänge oder Medita-
tionen. Nicht zuträglich wäre es in dieser Phase, fernzusehen
oder andere Medien (Handy-Apps) zu konsumieren. Vermutlich ist das die schwierigste aller Phasen, weil das Loslassen
vor einer Spitzenleistung kontraintuitiv ist, also nichts ist, was
von alleine passiert, da es uns fälschlicherweise unlogisch und
erfolgsverhindernd erscheint. Deshalb lernen viele noch unmittelbar vor einer Prüfung oder machen sich und andere nervös statt ein Relax-Ritual verinnerlicht zu haben und sich für
die anstehende Leistung aufzuwärmen.

In der *Perform-Phase* wird mühelose Bestleistung möglich, wenn die beiden ersten Phasen richtig durchlebt wur-

den. Jetzt schaltet das Stirnhirn punktuell hinunter und die unbewussten Ressourcen gewinnen die Oberhand. Wenn die Spitzenleistung erledigt wurde, gilt es in der *Recovery-Phase* abzuschalten und etwas gänzlich anderes zu tun. Keinesfalls ist es ratsam, gleich wieder in die nächste Loading-Phase überzugehen. Hier sollte Ähnliches wie in der so wichtigen Relax-Phase forciert werden.

Sie sehen: Dieses neue Konzept ist ein Prozess, in dem die enorme Wichtigkeit der Pausen nicht unterschätzt werden darf! Es geht nicht um *mehr*, sondern um *weniger* Kontrolle, Disziplin und Willensstärke: Das Bewusste gerät in den Hintergrund und wird zum stillen Beobachter. Was bedeutet das? Im Bewusstsein denken wir linear und können unsere Beweggründe nennen. Das ist der bekannte Modus Operandi der meisten Manager und der führt einseitig betrieben zu falschen Entscheidungen (denken Sie etwa an die *Nokia*-Pleite). Sie sehen nun schon, wie alles zusammenhängt! Im Unbewussten denken wir integrativ, es äußern sich die Körperempfindungen. Dieser Bereich wird durch Erfahrung trainiert und damit besser. Typische Kopfmenschen finden diese Empfindungen »unseriös« und verdrängen sie deshalb gern. Doch Spitzenleistungen unter Stress durchführen zu müssen, kann in einer Tragödie enden (denken Sie an das Flugzeugunglück). Zeitdruck ist einfach kein guter Ratgeber bei wichtigen Entscheidungen.

Durch das Laden, Erholen und Entladen integrieren wir diese beiden Systeme und lassen sie zu einem werden, ja werden »eins« – eben die beste Version von uns selbst! All das ist untrennbar mit dem *Prinzip der Mühelosigkeit* verbunden bzw. mündet in ihm. Denn sich zu erholen und das Gehirn zu entladen ist nichts anderes als Mühelosigkeit. Laden ist eine dosierte, kontrollierte Anstrengung, der die Entspannung folgen muss. Wer diesen Prozess versteht, wird zu einem echten Glückskind!

Persönlichkeit aus Sicht der Hirnforschung

In diesem Kapitel werden wir Ihnen den bereits angekündigten und von uns eigens für dieses Buch entwickelten Persönlichkeitstest zur Verfügung stellen, der Ihnen helfen wird, zu verstehen, wie Sie aus neurobiologischer Sicht ticken – und auf Basis dieser Erkenntnis, wie Sie mehr und mehr das *Prinzip der Mühelosigkeit* in Ihr Leben integrieren können. Zu erkennen, wie man gestrickt ist, und auch andere »lesen« zu können, reizt die meisten von uns, denn wir alle möchten gerne unser jeweiliges Gegenüber durchschauen.

Aus diesem Grund sind wohl Fernsehsendungen rund ums Thema »Profiling« seit Jahren schwer im Trend: Sie zeigen Fallanalytiker dabei, wie sie Täterprofile erstellen, um Verbrecher zu fassen, und das finden die meisten einfach aufregend. Die US-Serie »Criminal Minds« begeistert etwa seit 2005 und bereits in 14 Staffeln ein Millionenpublikum und hat zudem inzwischen zwei Ableger. Faszinierend wirkt auf viele nicht nur die Fiktion, sondern genauso die Realität, wenn sie meist auch eine Spur weniger spektakulär ist als in den Hochglanzserien: Europas führender Kriminalpsychologe, der österreichische Fallanalytiker Thomas Müller, erlangte einen hohen Bekanntheitsgrad, nachdem er 22 von 24 Merkmalen des Briefbombenattentäters Franz Fuchs vorhergesagt und bei der Aufklärung der von Jack Unterweger begangenen Mordserie mitgewirkt hatte. Und sogar im Geschäftsumfeld wird mithilfe diverser DISG-Modelle (das Akronym »DISG« steht dabei für die vier Grundpfeiler Dominanz, Initiative, Stetigkeit und Gewissenhaftigkeit) und anderer Typologien nach Mitteln und Wegen gesucht, das Gegenüber einordnen zu können. Gerade für das Personalwesen wird Profiling immer interessanter, um in einem Vorstellungsprozess herauszufinden, wie der jeweilige Bewerber tickt und ob er mit seiner Persönlichkeit gut ins Unternehmen passen würde. Deshalb wird eine Beurteilung des Verhaltens und des Wertesystems eines potenziellen Mitarbeiters mit dem jeweiligen Stellenprofil abgeglichen. Wieder hat hier Müller seine Finger im Spiel: Die Verantwortlichen des Institut of International Research sind auf ihn zugekommen, weil sie die Methode der kriminalpsychologischen Verhaltensbeurteilung HR-Managern zugänglich machen wollten. »Ein CV sagt wenig über Sie aus – die Art, wie Sie Ihr Auto einparken, aber sehr viel«, erklärt Müller, der daran erinnert, dass Sigmund Freud uns seinerzeit gelehrt hat, wie unsere Persönlichkeit jeden Tag aus allen Poren dringt.

Die Tradition des Profilings ist über 2.000 Jahre alt: Der römische Arzt Galenos von Pergamon hat bereits erste Persönlichkeitstypen kategorisiert, indem er Menschen in Sanguiniker, Phlegmatiker, Melancholiker sowie Choleriker unterteilte und diese Kategorisierung mit unseren unterschiedlichen Körpersäften erklärte. Nicht nur diese Lehre ist nach dem aktuellen Wissensstand keineswegs haltbar – auch die Einteilung in die genannten vier Typen entbehrt jeder wissenschaftlichen Grundlage. Und sogar das moderne und bei vielen Unternehmen beliebte DISG-Modell ist neurowissenschaftlich nicht fundiert und gehört daher eher in die Rubrik »selbsterfüllende Prophezeiung«. Jede durch die Auswertung des Tests geöffnete Schublade wirft die Betreffenden in ebendiese Schublade: Durch die Unterteilung wird jeder Mitarbeiter gedanklich in einer bestimmten Ecke abgestellt, aus der er es kaum mehr herausschafft, denn alles, was er tut oder nicht tut, wird plötzlich durch diese Schablone wahrgenommen, gedeutet und bewertet. Und auch selbst neigen wir dazu, recht allgemeinen Beschreibungen zu glauben, wie wir das etwa aus den Horoskopen in der Zeitung kennen. Der Fachbegriff dafür ist »cold reading«: Wir interpretieren in vage Begriffe hinein und suchen nach Bestätigungen für die jeweilige Aussage. Wie kontraproduktiv und irreführend das sein kann, können Sie sich bestimmt vorstellen.

Wie entsteht Persönlichkeit?

Nun stellt sich die Frage, ob es aus Sicht der Hirnforschung überhaupt verschiedene Persönlichkeitstypen gibt – und wenn ja, welche? Zunächst müssen wir beantworten, was eigentlich eine Persönlichkeit ist. Jeder von uns hat eine Persönlichkeit, die sich aus dem Temperament und dem Charakter zusammensetzt. Dabei ist das Wesen eines Menschen weitgehend angeboren, während sich die Eigenschaften durch Konditionierungen und Gewohnheiten entwickeln, und das, wie vieles andere ebenfalls, vorrangig im Kindesalter.

Unsere Persönlichkeit kann sich ändern, aber meistens geht das nur langsam vor sich. So zeigen sich dieselben Verhaltensmuster oftmals über Jahre oder sogar Jahrzehnte. Auch deren emotionale Grundlage – unsere Wertehaltung – ist relativ stabil. Die Ursache dafür liegt im Zusammenspiel unserer wichtigsten neuroaktiven Substanzen. Diesen Cocktail werden wir uns gleich noch genauer ansehen. Doch vorher wollen wir der Frage auf den Grund gehen, welche Tendenzen in uns wirklich wichtig sind. In erster Linie geht es evolutionär gesehen um unser Überleben und den damit verbundenen Fortpflanzungserfolg. Für unser Überleben maßgeblich sind zwei Gegenpole:

1. Wir streben alle nach Sicherheit.
2. Und wir streben alle nach Unsicherheit.

Das liest sich wie ein Paradoxon? Richtig! Genau darin liegt der Hund begraben. Was ist nun damit gemeint? Wir mögen einerseits Stabilität, Ordnung und Kontrolle – und andererseits ein gewisses Maß an Veränderung, auch wenn es wirkt, als würde das eine das andere ausschließen. Daraus lässt sich ableiten, warum wir Bewährtes in Variation mögen – Stichwort »Smartphone«, bei dem alte Symbole für neue Funktionen stehen, wie wir weiter vorne geschildert haben. So ist der Begriff »Pferdestärke« für Automotoren noch immer gebräuchlich, obwohl derlei Gefährte seit Langem nicht mehr von Pferden gezogen werden.

Dieses Problem, dass Menschen sich einerseits nach Sicherheit und Geborgenheit sehnen, aber andererseits dem Reiz des Neuen erliegen, kennen wir gerade im Bereich der Liebesbeziehungen gut. Hier stellt es sich für manche als wahre Gratwanderung heraus, sich über die Konstante einer langjährigen Partnerschaft zu freuen und eine solche anzustreben, aber gleichzeitig nicht vergessen zu dürfen, dass der andere immer wieder »neu« für uns wirken sollte, damit wir uns nicht mit dem Gewohnten fadisieren. Bereits im Tierreich findet sich dieses Muster: Selbst wenn ein Tier ausreichend Nahrung und einen Gefährten hat, geht es von sich aus auf die Pirsch auf der Suche nach Neuem. Manche vermuten in diesem Umstand auch die Ursache für Untreue ...

Sicher ist: Wir würden uns langweilen, wenn jeder Tag völlig gleich ablaufen würde. Umgekehrt wären wir aber überfordert, wenn täglich alles vollkommen neu wäre. Stellen Sie sich das nur einmal konkret vor: jeden Tag einen neuen Wohnort, eine neue Arbeitsstelle und einen neuen Partner – das wäre wohl ganz schön stressig! Zwischen diesen beiden Extremen – der Sehnsucht nach Gewohntem und nach Neuem – hat jeder Mensch Präferenzen, die eine spezielle Mischung aus beidem ergibt und somit den Kern unserer Persönlichkeit ausmacht. Ähnlich einer Gaußschen Verteilungskurve, die eine Glockenform hat, nähern sich manche mehr dem einen und andere stärker dem anderen Pol.

Die vier neurobiologischen Persönlichkeitstypen

Wer oder was bestimmt beispielsweise, wie konservativ wir sind? Haben Sie sich das schon einmal überlegt? In den USA gibt es politisch gesehen zwei großen Lager: konservative Republikaner und liberale Demokraten. Sie sind am ehesten vergleichbar mit Mitte-rechts- und Mitte-links-Regierungen in Europa. Ein Blick in die Köpfe der Menschen verrät: Sogar die politische Einstellung kommt aus dem Gehirn! Die neurobiologische Grundlage für diese Charaktereigenschaft bzw. Geistesgesinnung liegt in unserem Stresssystem begraben, genauer gesagt im Wechselspiel aus Stressreaktion und Stressberuhigung. Welcher gesellschaftspolitischen Linie sich Menschen zugehörig fühlen, hat nichts mit Intelligenz oder Bildung zu tun. Die politische Überzeugung ist weniger eine Sache von inhaltsvollen Parteiprogrammen und umfangreichen Argumentationsketten als eine der Emotionen. Deshalb ist auch nicht eine Richtung per se besser als die andere – radikale Ansichten aller Art natürlich ausgenommen – und es hat nichts mit Vernunft oder stichhaltigen Argumenten zu tun, welche Einstellung man hat, sondern ausschließlich mit der eigenen emotionalen Welt.

Eine gesunde Gesellschaft lebt von der Vielfalt, von einer Mischung aus Bewährtem und Fortschritt. Und sie reagiert auf äußere Einflüsse. Darum wird in unsicheren Zeiten der Wunsch nach dem Bewahren von Traditionen größer und in Zeiten von gefühlter und tatsächlicher Sicherheit der Drang in Richtung Veränderung mächtiger. Das Gefühl, sicher zu sein, ist konservativen Republikanern wichtiger als liberaleren Demokraten. Im Zuge einer Untersuchung an der

University of Berkeley stellte sich heraus, dass Menschen im Alter von 23 Jahren konservativere Ansichten haben, wenn Sie im Vorschulalter auf manche Situationen ängstlich reagiert haben. Ähnliches bestätigte eine andere Studie zu diesem Thema: Konservative reagieren empfindlicher auf Bedrohungen als Liberale. Bei politisch Konservativen ist laut Forschungsergebnissen aus dem Jahr 2018 die Reaktion der Amygdala auf Furchtreize erhöht. Fühlen sich liberale Menschen eines Tages unsicher, werden sie aus diesem Grund ebenfalls konservativer. Selbstverständlich haben derartige Einstellungen auch viel mit den Prägungen durch das Elternhaus zu tun, denn wir übernehmen die Werte unserer Familie, deren Lebensstile und politischen Überzeugungen. Während uns das Modell von zu Hause aber leicht bewusst wird und wir als Gegenreaktion dazu andere Werte entwickeln können, wirkt das Signal aus der Amygdala viel subtiler: Es entsteht einfach ein starkes Bedürfnis nach Sicherheit.

Der Umkehrschluss konnte 2017 an der Yale University bewiesen werden: Im Rahmen einer Studie wurde dokumentiert, dass Menschen, die sich vorgestellt hatten, wie Supermann unverwundbar zu sein oder fliegen zu können, eine liberalere Gesinnung bekamen. Das bewies nicht nur einmal mehr, welch großen Einfluss die Vorstellung auf unser Verhalten ausübt – wir wissen dadurch nun auch, wie politische Einstellungen beeinflusst werden können.

Unsere Anlagen die Persönlichkeit betreffend resultieren folglich aus dem Stresssystem, das sich schon vor der Geburt und in den ersten beiden Lebensjahren entwickelt: Der emotionale Teil unseres Gehirns beginnt sich bereits zwischen der fünften und siebten Schwangerschaftswoche auszubilden. Schon in dieser Phase ist der Embryo eng mit seiner Mutter verbunden und nimmt mit allen fünf Sinnen seine Umwelt wahr. Weil das Hirn der Schwangeren an das ihres ungeborenen Kindes gekoppelt ist, erlebt es praktisch alles live mit. Ist die werdende Mutter nun gestresst oder erfolgt sogar eine

Traumatisierung bei der Mutter oder dem Kind, dann beein-flusst das die Entwicklung des Stresssystems entscheidend, weil es förmlich in eine Schieflage gerät: Stress während der Schwangerschaft bewirkt, dass die Nebennierenrinde das Hormon Cortisol ausschüttet. Je mehr Cortisol ans Ungebo-rene weitergegeben wird – und etwa zehn Prozent gelangen von der Mutter über die Plazenta in die Blutbahn des Emb-ryos und von dort aus weiter in sein Gehirn –, desto stärker verändert das die Hirnentwicklung. Während die Stressak-tivierung durch Cortisol erfolgt, wird die Beruhigung durch Oxytocin und Serotonin ausgelöst. Das Cortisol gibt unse-rem Körper und Geist quasi die Anweisung: »Komm schon, reg dich auf!«, wodurch wir auf Kampf oder Flucht geeicht werden. Oxytocin und Serotonin dagegen flüstern uns zu: »Ruhig Blut, reg dich ab!«, wodurch das Cortisol sinkt und wir uns beruhigen. Die Stressverarbeitung, die Selbstberuhi-gung und die Bindung bestimmen schließlich, wie später un-sere Reaktion auf Probleme ausfallen wird. Damit bildet die Stressachse das Fundament für unsere Persönlichkeit. An-ders gesagt ergeben sich aus diesem Zusammenspiel grund-sätzliche Wesenszüge, die sich von der jeweiligen Beantwor-tung folgender Fragen ableiten lassen:

1. Wie leicht regen wir uns auf und wie leicht wieder ab?
2. Wie gut können wir mit Problemen umgehen?
3. Wie gehen wir mit Kritik um?
4. Wie reagieren wir auf Veränderungen?

All diese Anlagen sind dermaßen tief in uns verankert, dass wir Probleme, Kritik und Veränderungen im wahrsten Sinne des Wortes »persönlich« nehmen, wenn das System aus dem Lot ist. Diese Mechanismen ergeben das Fundament unserer Resilienzfähigkeit sowie unserer mentalen Stärke. Sie beein-flussen unser Mindset damit wesentlich.

Sind wir besonders stressempfindlich oder funktioniert die Beruhigung nicht optimal, werden wir zu Stressvermei-

dern. Weil wir spüren, dass uns Stress in Form von Konflikten, negativer Kritik, Schwierigkeiten und Veränderungen
nicht guttut, klammern wir uns an Bestehendes. Menschen
mit einem solchen Mindset tun sich in unserem Zeitalter der
Digitalisierung schwer, in dem sich ständig alles verändert
und weiterentwickelt.

Ähnliches gilt für den ausgeglichenen Typus: Er fühlt
sich mit dem Status quo so wohl, dass er Veränderungen
ablehnt – er will schlichtweg seine Ruhe haben. In milde-
rer Ausformung gehen Menschen mit dieser Persönlichkeitsstruktur gerne auf Nummer sicher, mögen Ordnung, Pünkt-
lichkeit und sind meist introvertiert.

Menschen mit erhöhtem Cortisol im Vergleich zum Se-
rotonin-Spiegel sind tendenziell ängstlich und depressiv. In
manchen Fällen kann daraus eine Zwanghaftigkeit entstehen – die Hardcore-Version eines Ordnungsdrangs. Prinzipiell sind Stressvermeider Weg-von-Typen: Ihre Motivation
wird vom Vermeidungswillen dominiert.

Unsere Motive werden in unseren ersten Lebensjahren
entwickelt: Dopamin, das ein Gefühl der Vorfreude auslöst, und endogene Opioide, die Zufriedenheit bewirken,
formen sich in der Interaktion mit unseren Erfahrungen zu
einem Belohnungssystem, das die Basis dafür bildet, was uns
Freude bereitet und ob wir mehr auf Bungee-Jumping oder
das Sammeln von Briefmarken reflektieren. Darauf haben
auch unsere Neurostoffe ihren Einfluss. Positive Bindungs-
erlebnisse und ein liebevolles Elternhaus lassen das Oxyto-
cin-System stabil ausformen. Menschen mit einem starken
solchen System empfinden weniger Stress, denn Oxytocin
ist ein Gegenspieler des Cortisols. Außerdem sind sie empa-
thisch und zeigen Fürsorge für Tiere und ihre Mitmenschen.

Männer wie Frauen mit vergleichsweise viel Testosteron
sind durchsetzungsstark und lieben alles rund um die Themen »Macht«, »Status« und »Wettbewerb«. Die Sehnsucht
nach Reichtum und Ruhm kann in eine richtiggehende Gier

umschlagen und rührt daher, dass solche Menschen Defizite im Bindungssystem aufweisen, was sich etwa in geringer Selbstliebe äußert.

Unsere Belohnungserwartung, die an die Ausschüttung von Dopamin gekoppelt ist, lässt uns prinzipiell alle nach Wiederholung streben, denn das, was uns Spaß gemacht hat, wollen wir wieder erleben. Wenn dieses Verhalten vergleichsweise stark ausgebildet ist, entstehen daraus die Hinzu-Typen, deren Motivation von Zielen geprägt ist.

Eine Gesellschaft braucht die Mischung verschiedener Typen. In milden Ausprägungen ist auch jeder dieser Persönlichkeitstypen gesund und positiv – in Extremausprägungen ist allerdings jeder potenziell ungesund und schädlich für das System. Denken wir nur an Suizide, die aus einer Depression resultieren können, an Suchterkrankungen, die dem Dopamin entspringen, an das selbstlose Aufopfern für andere um jeden Preis, wenn das Oxytocin überhandnimmt, oder an den getriebenen Machtmenschen, der über Leichen geht, weil das Testosteron in ihm zu einnehmend wird!

Aus den Fragen, ob jemand vorwiegend anderen helfen will, ob der Konkurrenzkampf mit anderen als etwas Erstrebenswertes erscheint oder ob sich jemand vorrangig für Neues interessiert, ergeben sich vier neurobiologische Grundtypen die Persönlichkeitsstruktur betreffend:

1. der Stressvermeider bzw. Harmoniebedürftige
2. der Fürsorgliche bzw. Ausgeglichene
3. der Abenteurer bzw. Trendjäger
4. der Statusliebhaber bzw. Dominanzhungrige

Machen Sie den Test: Welcher Neuro-Persönlichkeitstyp sind Sie?

Haben Sie schon eine vage Ahnung, zu welchem Typus Sie zu zählen sind? Wir haben für Sie ein einfaches Neuro-Profiling der besonderen Art entwickelt: einen Selbsttest, der Ihnen verrät, in welcher Kategorie von Persönlichkeitstyp Sie am stärksten zu Hause sind. Durch die nachstehenden Ergebnisse erfahren Sie nicht nur, welchem Typ Sie aus Sicht der Hirnforschung am ehesten angehören, sondern auch, wie Sie davon ausgehend am besten in Einklang mit dem Flow und dem *Prinzip der Mühelosigkeit* kommen.

1. Ohne lange nachzudenken: Welcher dieser Werte ist für Sie am wichtigsten?
   - Erfolg *(T)*
   - Abenteuer *(D)*
   - Freundschaft *(O)*
   - Sicherheit *(C)*
2. Wenn Sie sich bei Freunden oder Ihrem Partner für eine Eigenschaftsgruppe entscheiden müssten, welche würden Sie wählen?
   - Ich umgebe mich gern mit Menschen, die hilfsbereit, fürsorglich und mitfühlend sind. *(O)*
   - Ich mag Menschen am liebsten, die zuverlässig, pünktlich, gut organisiert und strukturiert sind. *(C)*
   - Ich schätze Menschen, die charismatisch sind und mich mit ihrem Auftreten und ihrer Ausstrahlung förmlich umhauen. *(T)*
   - Es zieht mich zu Menschen hin, die fortschrittlich und neugierig sind sowie Innovationen offen gegenüberstehen. *(D)*
3. Was ist Ihnen für Ihre Zukunft am wichtigsten?
   - eine erfolgreiche, befriedigende Karriere *(T)*
   - persönliche Entwicklung/Spiritualität *(D)*

- eine gute Work-Life-Balance *(C)*
- Geselligkeit/intensiver, regelmäßiger Kontakt zu Familie und Freunden *(O)*
4. Was präferieren Sie für Ihre Freizeitgestaltung?
- mehrere unterschiedliche Beschäftigungen *(D)*
- Entspannung, Ausgleich und Balance *(C)*
- Anerkennung und Applaus für das, was ich tue *(T)*
- Teamgeist/gemeinsame Aktivitäten zu zweit oder in der Gruppe *(O)*
5. Welche Art von Urlaub ist genau Ihr Ding?
- Am liebsten lasse ich mich in einem Luxushotel rund um die Uhr verwöhnen. *(T)*
- Eine Expedition in ein noch eher unbekanntes Gebiet lässt mein Herz höherschlagen. *(D)*
- Bei einem Wellness-Urlaub kann ich so richtig entspannen und Kraft tanken. *(C)*
- In einem Club mit Freunden und anderen Gleichgesinnten hätte ich am meisten Spaß. *(O)*
6. Welcher Beruf entspricht am meisten Ihren Vorlieben und Bedürfnissen?
- Routinearbeit *(C)*
- ein sozialer Beruf *(O)*
- Beratung für Start-ups *(D)*
- Abteilungsleitung in einem angesehenen Konzern *(T)*
7. Was sollte Ihnen Ihr Job vor allem bieten bzw. was ist Ihnen an einer Arbeitsstelle am wichtigsten?
- Personalverantwortung *(T)*
- keine Befristung im Vertrag *(C)*
- abwechslungsreiche Aufgaben *(D)*
- angenehme Kollegen *(O)*
8. Welchen Kleidungsstil favorisieren Sie?
- der aktuellen Mode entsprechend *(D)*
- zeitlos elegant *(T)*
- bequem und meiner Figur schmeichelnd *(C)*
- unauffällig und passend zum Mainstream *(O)*

9. Welche Sportart reizt Sie am meisten?
   – Volleyball *(O)*
   – Yoga *(C)*
   – Golf *(T)*
   – Snowboarden *(D)*
10. Welche der folgenden Rubriken lesen Sie in einer Zeitung am liebsten?
    – »Gesundheit« *(C)*
    – »Politik & Wirtschaft« *(T)*
    – »Gesellschaft« *(O)*
    – »Trends & Lifestyle« *(D)*

Auflösung: Zählen Sie nun zusammen, wie oft Sie C, O, D und T jeweils angekreuzt haben. Der am häufigsten gewählte Buchstabe verrät Ihnen, zu welchem neurobiologischen Typ Sie tendieren und welche Maßnahmen Sie ergreifen können, um mit Ihrer Veranlagung bestmöglich zu einem Glückspilz zu werden, der das *Prinzip der Mühelosigkeit* im alltäglichen Leben umsetzen und schließlich verinnerlichen kann.

C *(Cortisol):* Sie sind besonders gut strukturiert, bestens organisiert, mögen eine gewisse Routine in Ihrem Alltag und sehnen sich nach Ruhe, Stabilität und Sicherheit. Damit gehören Sie zur Gruppe der Stressvermeider und Harmoniebedürftigen. Aktivierung kann bei Ihnen rasch in Stress umschlagen und so jeden Flow zunichtemachen. Ein ordentlich aufgeräumtes Ambiente – im Arbeitsumfeld etwa der Schreibtisch –, wiederholte Rituale, die sich tief ins Gehirn graben und ausreichend Raum für Erholung sind die Basis dafür, das *Prinzip der Mühelosigkeit* in Ihren Alltag integrieren zu können. Meditation, Qi-Gong oder Yoga können Ihnen dabei helfen, aus einer entspannten Grundhaltung heraus zu agieren.

O *(Oxytocin):* Ihre zwischenmenschlichen Beziehungen sind mitunter das Wichtigste für Sie. Darum leiden Sie enorm, wenn es gröbere Streits oder Probleme mit anderen gibt. Somit zählen Sie zur Gruppe der Fürsorglichen – man könnte Menschen dieser Kategorie auch als »Bindungstypen« bezeichnen, weil Sie andere Menschen brauchen, um bestmöglich in den Flow zu kommen und in weiterer Folge das *Prinzip der Mühelosigkeit* nachhaltig in Ihren Alltag einbauen zu können. Sie sind ein Teamplayer und leben in Gruppen erst richtig auf. Konflikte mit Mitmenschen erzeugen rasch einen erhöhten Stresspegel bei Ihnen. Damit Sie dann nicht aus dem Gleichgewicht geraten – oder auch, wenn Sie eine Spitzenleistung alleine erzielen wollen –, empfiehlt es sich, dass Sie vorher ein freundschaftliches Gespräch mit vertrauten Menschen führen. Wenn das Face to Face nicht möglich sein sollte, so sorgen Sie wenigstens für einen telefonischen Austausch!

D *(Dopamin):* Sie suchen stets die Herausforderung, das Neue, das Abenteuer. Zu viel Eintönigkeit im Alltag macht Sie richtiggehend unrund. Sie sind ein typischer Trendjäger bzw. Abenteurer, der sich nach Stimulanz und Veränderung sehnt. Getrieben vom Dopamin könnten Sie Gefahr laufen, der klassische Fremdgeher zu sein, wenn Sie sich nicht bewusst dafür entscheiden, innerhalb einer Partnerschaft treu sein zu wollen, denn Sie lechzen nach dem Kick und brauchen die Herausforderung. Intensive Naturerlebnisse, wie sie etwa beim Bergsteigen oder Klettern möglich sind, helfen Ihnen beim Ausleben Ihrer Bedürfnisse. Weil freilich nicht vor jeder Performance eine sportliche Tour möglich ist, können spektakuläre Kulissen wie Bergwelten, tiefe Schluchten oder Urwälder über Virtual-Reality-Brillen ein guter Ersatz für Sie sein. Auch Musik und Bewegung begünstigen den Flow und unterstützen Sie dabei, das *Prinzip der Mühelosigkeit* dauerhaft in Ihr Leben zu lassen.

T (Testosteron): Sie streben nach Anerkennung, Status und nicht zuletzt nach einer Machtposition. Damit gehören Sie zu den Dominanzhungrigen, den Statusliebhabern, die für Fortschritt und Erfolg in der Gesellschaft sorgen. Wahrscheinlich sehen Sie sich als Alpha-Männchen bzw. Alpha-Weibchen und übernehmen gern die Führung in einer Gruppe. Schon der Gedanke, zu Ruhm und Anerkennung zu kommen, dürfte Sie beflügeln – so kann allein der Wettbewerb sie in den Flow führen, wenn Sie sich vorstellen, wie Sie siegen, sich gegen andere durchsetzen. Dementsprechend sind Sie dem klassischen Telic-Flow-Typus zuzuordnen, was bedeutet, dass Sie ein konkretes Ziel antreibt. Die Erledigung einer Aufgabe wird für Sie zur Herausforderung, sie zu bewältigen ein Gewinn. Zuschauer und Applaus können deshalb wahre Wunder wirken, wenn es um Ihre innere Zufriedenheit geht. Um das *Prinzip der Mühelosigkeit* leben zu können, verbinden Sie das Flow-Erlebnis mit Freiheitsgewinn und Prestige. Wie beim Oxytocin-Typ wirkt auch die Gruppe aktivierend für Sie – allerdings wollen Sie nicht Teil des Teams sein, sondern in der Rolle des Anführers im Mittelpunkt stehen. Mit Ihren Veranlagungen und Stärken sind Sie prädestiniert für eine Stellung in der Politik oder im hohen Management. Achten Sie darauf, anderen ein Vorbild zu sein und sich nicht vom Trieb des Egos in eine Richtung steuern zu lassen, die anderen schaden könnte!

Zu welchem Typus auch immer Sie laut dieses Tests oder Ihrer Intuition nach gehören – vergessen Sie nicht, dass jeder von uns alle vier Anteile in sich trägt! Weil sie unterschiedlich gewichtet sind und vermutlich in den einzelnen Lebensbereichen verschieden zum Ausdruck kommen, sind die wenigsten Menschen reine Cortisol-, Oxytocin-, Dopamin- oder Testosteron-Typen, sondern Mischformen. So kann jemand in Liebesdingen ein Bindungstyp sein, aber im Beruf den Trendjägern angehören und in Bezug auf seine große

Leidenschaft anerkennungshungrig sein – oder jemand wünscht sich einen möglichst anforderungsschwachen Job und sucht dafür im Urlaub das herausfordernde Abenteuer. Je besser Sie sich diesbezüglich einschätzen können, je genauer Sie Ihre Wesenszüge und damit Ihre Gesamtpersönlichkeit kennen, desto einfacher wird es für Sie, Einfluss darauf zu nehmen, in welchem Bereich Sie wo ansetzen müssen, um das *Prinzip der Mühelosigkeit* im betreffenden Gebiet oder für Ihr gesamtes Leben verwirklichen zu können.

Die Trilogie des mühelosen Erfolgs

Wir haben nun schon viel über Höchstleistungen und Mühelosigkeit gehört. Müssen Leistung und Leichtigkeit einander folglich tatsächlich ausschließen? Was denken Sie? In Filmen sehen wir und in Lebenshilfebüchern lesen wir immer wieder, wie wichtig Fleiß und Disziplin sind. Viele von uns sind mit dem Glaubenssatz »Ohne Schweiß kein Preis« aufgewachsen. Wir haben gesehen: Ein gewisses Maß an Anstrengung, Konzentration und Überwindung gehört zum Fortschritt. Aber beschleicht Sie inzwischen vielleicht das Gefühl, dass wir es damit übertreiben könnten? Was wäre, wenn die Idee von »mehr ist mehr« eine trügerische Illusion ist und der Unterschied zwischen Spitzenleistung und Leichtigkeit ausschließlich in unseren Glaubenssätzen begraben liegt?

Die drei großen L: Leistung, Leichtigkeit und Lebensfreude

Wenn die drei großen L – Leistung, Leichtigkeit und Lebensfreude – aufeinandertreffen und sich vereinen, entsteht ein Bild des Ganzen, nach dessen Vorbild wir ein Leben nach dem *Prinzip der Mühelosigkeit* führen können. Und aus unseren drei Büchern ergibt sich eine Trilogie des Erfolgs, die Sie dorthin bringt.

In »Gewinner grübeln nicht« haben wir Ihnen die Formel für den Erfolg vorgestellt:

Leistung = Potenzial – Störung

Diese Erfolgsformel löst sich im Zustand des Flow auf, weil durch ihn die Störung wegfällt. Wenn wir ein Flow-Erlebnis haben, sind wir fokussiert und rufen unser Können ab, weshalb Störfaktoren keine Chance mehr haben. Das ergibt den Zustand ultimativer mentaler Stärke!

Das *Prinzip der Mühelosigkeit* lässt sich infolgedessen zu folgender Formel zusammenfassen:

müheloser Erfolg = Grow + Flow

Das bedeutet: Wir laden unser Gehirn auf, füllen es mit Wissen und Können. Während wir konzentriert sind, wachsen wir an unseren Aufgaben (»grow« bedeutet »wachsen«), begeben uns danach in eine Erholungsphase und rufen das Wissen und Können später entspannt und mit Leichtigkeit ab, wenn es darauf ankommt.

Folgendes müssen wir bedenken, damit diese Formel gelingt: Wir wollen meistens zu viel auf einmal! Darum ist der erste Schritt die Akzeptanz des Ist-Zustands: die Dinge so anzunehmen, wie sie im Moment nun mal sind, und ein eventuelles Problem nicht als Belastung zu sehen, sondern sich darum zu bemühen, trotz jedweder Schwierigkeiten im Fluss zu bleiben, den eigenen Weg weiterzugehen und durch mentale Techniken über sich hinauszuwachsen. Dabei hilft uns das Wissen, dass Vorstellungkraft auch hier wieder wichtiger ist als der Wille. Darum macht Mühelosigkeit aus, dass wir imaginieren, installieren und das Neue trainieren – um dann ins Tun, ins Machen, ins Durchführen zu kommen, ohne zu lange zu grübeln, abzuwägen und zu zweifeln. So können automatisiert überhaupt erst Programme abgerufen werden. Denn Spitzenleistung braucht keinen Druck, sondern Lockerheit und Mühelosigkeit!

Die in »Gewinner grübeln nicht« präsentierte Neurobiologie des Erfolgs, ergänzt um die Phänomene, aus denen sich die Big Five aus »Alles reine Kopfsache!« ableiten lassen, haben wir hiermit zur Neurologik für starke Köpfe und schließlich zum allumfassenden Lebensprinzip weiterentwickelt.

Alle mentalen Erfolgsstrategien, die es gibt, drehen sich letztlich um die in den vorangegangenen Kapiteln beschriebenen Zyklen von »Hirn füllen«, »Hirn erholen lassen«, »Leistung abrufen«. Dieser Kreislauf bringt jene Hirnzustände hervor, die zum Erfolg führen. Es ist ein für das alltägliche Leben eher neuer Zugang, den wir etwa aus fernöstlichen Kampfsportarten wie dem Aikido oder aus der Traditionellen Chinesischen Medizin kennen, deren philosophische Grundlage der Daoismus ist, der davon ausgeht, dass im Fluss alles seinen Weg findet. Dieses alte Wissen, verknüpft mit jenem aus der modernen Flow-Forschung, verhilft uns dazu, eine neue spirituelle Lebensphilosophie zu gewinnen, in der wir Leistung mit Leichtigkeit verbinden und damit einen vermeintlichen Widerspruch in unseren Köpfen auflösen können: das *Prinzip der Mühelosigkeit*. Dadurch wird es uns möglich, fortan zu den Glückskindern zu gehören und nicht immer um alles hart kämpfen zu müssen, wodurch sich der Alltag oftmals wie ein ewiger Krampf anfühlt.

Die Geschwister der Präsenz:
Achtsamkeit, Trance und Flow

Wir haben insgesamt von vier spannenden Gehirnzuständen berichtet: Mindwandering bzw. Tagträumen, Achtsamkeit, Flow und Trance. Die drei Letztgenannten davon bringen uns auch körperlich spürbar in eine bestimmte Verfassung, die etwa manche Kraftwunder aus dem Kampfsport erklären. Hier möchten wir Ihnen nun demonstrieren, in welchem Verhältnis diese drei Geschwister der Präsenz und das Tagträumen zueinander stehen.

Zu je einem Satz zusammengefasst, können Sie sich die Geschwister der Präsenz sowie das Mindwandering wie folgt merken:

Tagträumerei: »Ich lasse meine Gedanken schweifen.«

Achtsamkeit: »Ich bin präsent im Sein.«

Flow: »Ich bin präsent im Tun.«

Trance: »Ich bin präsent im Erleben.«

Beim *Tagträumen* sind Sie, wenn Sie es schaffen, gedanklich abzuschalten, Ihre Gedanken nicht mehr zu kontrollieren, sondern wie Wolken am Himmel kommen und wieder ziehen zu lassen. Dadurch erhält die Kreativität in Ihrem Kopf den Raum, den es für große und kleine Ideen braucht.

Achtsam sind Sie, wenn Sie etwas beobachten, ohne es zu bewerten oder ändern zu wollen – beispielsweise einen Stau auf der Autobahn, an dessen Ende Sie sich befinden –, indem Sie sich denken: »Es ist, was ist.« Näheres zur Achtsamkeit haben wir in »Gewinner grübeln nicht« und »Alles reine Kopfsache!« beschrieben.

Im *Flow* befinden Sie sich, wenn Sie voll in Ihrem Hobby – im Malen, Klettern oder Stricken – oder in Ihrem Beruf aufgehen. Dann vergessen Sie alles rundherum und sind super entspannt, weil Ihr kompletter Fokus im Tun, im Durchführen Ihrer Handlung liegt. Dabei erleben Sie eine wahre neurochemische Explosion in Ihrem Gehirn, die Sie zu müheloser Höchstleistung führt. Die fünf stärksten Neuro-Enhancer auf diesem Planeten können Sie nämlich in Ihrem Gehirn selbst erzeugen und nutzen, weshalb Sie dafür gar keine Dopingmittel brauchen: Noradrenalin (lässt das Herz sowie die Muskeln stärker werden und im Gehirn einen wachen und klaren Fokus entstehen), Endorphine (vermeiden Schmerz, steigern Glücksgefühle und bringen Sie in einen inneren Rausch), Dopamin (motiviert und energetisiert), das körpereigene Cannabinoid Anandamid (entspannt und lässt uns über den Tellerrand einer Angelegenheit blicken) und Serotonin (macht uns stolz und zufrieden).

In *Trance* kommen Sie, wenn Sie Mentaltraining durchführen oder sich hypnotisieren (lassen). Dabei lauschen Sie den Anleitungen und erschaffen starke, lebhafte Bilder in Ihrem Kopf, wodurch Sie sich über dieses intensive Erleben praktisch umprogrammieren können. Die »Big Five« dazu haben wir in »Alles reine Kopfsache!« ausführlich beschrieben. Aber auch wenn Sie in ein gutes Buch verschlingen, in einen spannenden Film vertieft sind oder bei einem Fußballmatch mitfiebern, können Sie in einen tranceähnlichen Zustand gelangen.

Diese vier Zustände stehen in einem engen Zusammenhang miteinander, den wir Ihnen an dieser Stelle als *Quadrat der vier Spitzenzustände des Gehirns* nach Dr. Marcus Täuber präsentieren möchten. Dieses Quadrat offenbart die vierfache Kraft aus dem Kopf als vier einander gegenüberliegende Parameter und macht damit Mühelosigkeit und Spitzenleistung zu einem verstehbaren Prozess mit einer Gebrauchsanweisung, wie Sie dort hinkommen:

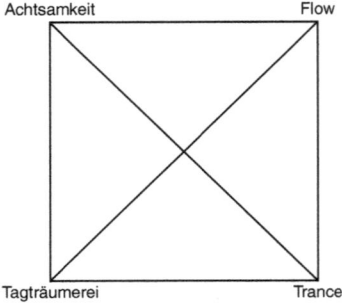

Achtsamkeit   Flow

Tagträumerei   Trance

Wie Sie sehen, hat das Quadrat zwei Diagonalen, da wir von jedem Zustand in den nächsten schlüpfen können. Das Flow-Erleben und die Achtsamkeit dabei sind zwei einander gegenüberliegende Pole. Dadurch wird deutlich, dass es sich bei diesen Gehirnzuständen um zwei Seiten derselben Tür handelt, die beide in eine intensive Gegenwartserfahrung führen. Auf der einen Seite steht die Achtsamkeit als ein Zustand der Aufmerksamkeit auf das Sein, in dem mit einer akzeptierenden Grundhaltung alle Wahrnehmungen gleichwertig integriert werden, ohne sie zu bewerten und ohne unmittelbar auf sie reagieren zu müssen. Wenn unser Fokus auf dem liegt, was beobachtbar ist, sind wir Forscher und Entdecker. Das passiert, wenn wir etwa ein Pferd derart genau betrachten, dass wir es im Geiste wie auf einem Foto wiedergeben könnten. Das Flow-Gefühl andererseits ist eine Form der Aufmerksamkeit im Handeln, bei der alle für das Tun und die Zielerreichung irrelevanten Reize durch fokussiertes Bewusstsein herausgefiltert werden. Wenn wir auf diese Weise mit unserem Fokus voll im Tun aufgehen, verhalten wir uns wie Künstler. Das geht etwa vor sich, wenn wir ein Pferd als Zeichnung zu Papier bringen. Zu forschen und Kunst zu erschaffen sind Schöpferkräfte, die in uns allen stecken! Während in der Achtsamkeit ein Gefühl der Zeitausdehnung entsteht, scheint sie im Flow dahinzufließen. Achtsamkeit stärkt langfristig den präfrontalen Cortex, das Flow-Erleben fährt Teile des Stirnhirns kurzfristig hinunter. Mit Ersterem erreichen Sie mehr Kontrolle über Ihre Aufmerksamkeit, Ihre Gedanken und Ihre Gefühle. So erweitern Sie langfristig Ihr Potenzial. Mit Zweiterem überwinden Sie Denkblockaden und entfesseln kurzfristig Ihr inneres Potenzial. Entwicklung und Entfesselung sind die beiden Zutaten für Spitzenleister und andere Gewinnertypen. Wenn wir mit diesen vier Gehirnzuständen jonglieren können, verinnerlichen wir das *Prinzip der Mühelosigkeit* und erreichen mit weniger Einsatz viel mehr! Dann hören wir auf, uns durch zu viel Anstrengung zu sabotieren.

Neben dem Druck und der Anstrengung sind Ängste und Sorgen die größten Blockaden für einen Flow-Zustand. Das ist absolut logisch, wenn man bedenkt, dass der Fokus durch sie auf das Negative gerichtet ist. Sogar Verletzungen beim Sport entstehen meistens aus sorgenvollen, ängstlichen Gedanken: Zuerst sind die Zweifel da und dann reagiert der Körper darauf. Die Bündelung der Aufmerksamkeit durch die Konzentration auf die aktuelle Handlung erlaubt es im Flow wiederum, alltägliche Sorgen und störende Gedanken hinter sich zu lassen oder zumindest zur Seite zu schieben. Dadurch kann die Energie zielgerichtet für die jeweilige Aktivität eingesetzt werden, was zumeist mit einer verbesserten Leistung einhergeht. Sobald uns die Aufmerksamkeit auf etwas außerhalb der Aktion lenkt, wird das Flow-Erleben unterbrochen.

Zwei Psychologinnen der Universität Zürich dokumentierten 2009, dass ein Flow während eines Marathonlaufs die intrinsische Motivation fördert, auch künftig trainieren

zu wollen. Denn wer während eines Marathons in ein Lauf-
hoch – ein »Runner's High«, das nichts anderes als ein Flow
ist – kommt, möchte dieses Gefühl wiederholen und schöpft
daraus die Motivation, noch härter für den nächsten Wettkampf zu trainieren. Das Erleben des Flow wirkt demnach
wie eine Belohnung und spornt zu weiteren Trainingseinhei-
ten an, weil der Betroffene dieses großartige Glücksgefühl
erneut erleben möchte. Flow-Zustände können bei entsprechenden Bedingungen wie einem Marathon, der ohnehin für
sich schon etwas Meditatives haben kann, sogar in hypno-
tische oder ekstatische Trance übergehen. Manche Wissenschaftler verstehen den Flow bereits als Trance.

Fakt ist: Eine Trance (wie auch eine Meditation) erhöht
die Neuroplastizität, das Tagträumen die Kreativität und der
Flow die mühelose Spitzenleistung. Der Zustand der Trance
wird dabei teilweise nach wie vor als etwas nicht Fassbares
und darum Esoterisches angesehen. Aus Sicht der Forschung
ist er jedoch eindeutig erklärbar: Menschen in Trance sind
entspannt, gleichzeitig fokussiert auf die Stimme des Hyp-
notiseurs, durch die sie in ihrem inneren Prozess angeleitet
werden. Währenddessen findet im Gehirn der hypnotisierten
Person eine verminderte Aktivität im frontalen Cortex statt.
Damit wird der kritische Anteil des Geistes ausgeschaltet,
wodurch der Hypnotisierte alles, was er hört, leichter, weil
ohne Gegenwehr, annimmt. Der Hinterhauptlappen, in dem
sich das Sehzentrum befindet und in dem folglich die Bilder
erzeugt werden, die schließlich ins Bewusstsein gelangen, ist
indes aktiviert. Auf diese Weise wird der Fokus nach innen
gelegt, was eine intensivere Vorstellung der inneren Bilder
bewirkt.

Im Hypnoseprozess findet zunächst eine intensive Entspannung im Gehirn des Probanden statt, bevor das Sensori-
sche (die Vorstellungskraft) ansteigt. Das bedeutet: In Trance konstruiert das Gehirn eine alternative Wirklichkeit, die
von der jeweiligen Person multisensorisch (mit allen Sinnen)

imaginiert wird. Dadurch können die erlebten neuen Erfahrungen über weite Hirnbereiche hinweg verarbeitet werden. Es gibt Menschen, die besonders empfänglich für im Trancezustand empfangene Botschaften sind. Sie können die bildhaften Ereignisse außerordentlich stark erleben, und zwar selbst die Motorik betreffend. Das sind jene Personen, die sich Show-Hypnotiseure aussuchen, weil diese schnell erkennen, wer Eindrücke von außen so gut ausblenden kann, dass er in Trance nur die innerlich erlebte Welt zeigen wird.

Aber wie gelingt es diesen Hypnotiseuren, solche Kandidaten zu identifizieren? Sie bauen Tests ein, sogenannte Convincer. Innerhalb dieser Tests fordern sie beispielsweise das Publikum dazu auf, die Finger zu verschränken, die Handflächen aneinander zu drücken, die Zeigefinger zu spreizen und sich dann vorzustellen, wie sich die beiden Zeigefinger wie Magneten anziehen. Wer da engagiert mitmacht, wird ausgewählt, auf die Bühne zu kommen, weil durch diese Vorübung sichtbar wird, wer entspannt ist, konzentriert auf die Anleitung hört, sich alles Gesagte gut vorstellen kann und somit fähig ist – und Lust hat –, in Trance zu gehen. Haben Sie denn schon einmal eine solche Showhypnose live oder im TV gesehen? Da meinen Menschen, in einem Ferrari zu sitzen und fahren in Wahrheit mit dem Tretauto auf und ab. Oder sie glauben, sie sind eine berühmte Sängerin und geben ein Lied vom Besten. Das ist tatsächlich kein Fake! Jedem zehnten von uns kann das passieren! Erst 2017 haben Forscher in Bezug darauf einen noch tieferen Blick ins menschliche Gehirn im hypnotisierten Zustand geworfen. Dazu haben sie leicht zu hypnotisierende Probanden mit solchen verglichen, die kaum oder gar nicht hypnotisierbar waren. Der Hintergrund: Nur rund zehn Prozent der Menschen sind leicht hypnotisierbar – das sind dann genau diese Teilnehmer bei Showhypnosen. Die spannende Entdeckung: Bei einer starken hypnotischen Wirkung wird die Verbindung zwischen präfrontalem Cortex und Insula intensiviert.

(Die Insula repräsentiert im Gehirn unsere Körperempfindungen – etwa bei Schmerzen.) Das bedeutet: Die Verbindung zwischen Gehirn und Körper wird verbessert. Umgekehrt wird die Verbindung zwischen dorsolateralem präfrontalem Cortex und Ruhenetzwerk vermindert, was nichts anderes heißt als: Die Steuerung über den Verstand wird reduziert. Damit ist Hypnose ein Prozess, der Überlappungen mit Entspannung – etwa durch Tagträumerei –, Meditation und dem Flow-Empfinden besitzt. Gleichzeitig unterscheidet sie sich von diesen anderen Zuständen: Während Meditation eine bewusste Konzentrationskontrolle bedeutet – eine klare Aufmerksamkeit und Achtsamkeit mit dem Fokus aufs Hier und Jetzt – und der Flow den Fokus voll aufs Tun legt, steigert sich in der Hypnose die Imaginationsfähigkeit und es werden im Kopf neue Realitäten erzeugt. So wird aus einer gefährlichen oder ekeligen Spinnen ein sympathisches Tier, oder wir durchleben im Kopf bereits, wie wir bei einer Firmenpräsentation vollkommen entspannt sind, und schaffen es dadurch, auch ruhig zu bleiben, wenn dann in der Realität alles drumherum nach Hektik schreit. Auf diese Weise können wir lernen, Dinge mit weniger Anstrengung umzusetzen, und unsere Wünsche bestmöglich als Auftrag an unser Gehirn zu formulieren. Dieser Umweg über Bilder im Kopf ist stressfrei, angenehm und entspricht dem *Prinzip der Mühelosigkeit.*

Superstars sind Glückskinder, weil sie sich nicht auf den Zufall verlassen

Kreative Köpfe wie Walt Disney zu seinen Lebzeiten oder Stephen King bis heute warten nicht darauf, dass sie von der Muse geküsst werden, sondern haben Rituale, die sie dabei unterstützen, einen Zustand hervorzurufen, in dem sie einfallsreich agieren können. Nach Disney, der ein wahres Imperium aufgebaut hat, ist deshalb sogar eine Kreativitätsmethode benannt worden. Diese Strategie beruht auf einer Art Rollenspiel, durch das es möglich wird, eine Angelegenheit aus drei unterschiedlichen Blickwinkeln zu betrachten:

1. Die *Rolle des visionären Träumers:* In ihr ist man enthusiastisch und subjektiv, kreiert eine Idee, ohne sie in Bezug auf ihre Umsetzbarkeit zu beurteilen oder zu analysieren – beispielsweise möchte jemand den Zahnputzmarkt revolutionieren und den Aufwand fürs tägliche Zähneputzen minimieren, indem er ein Gerät entwickelt, mit dem es möglich wird, in nur zehn Sekunden das komplette Gebiss zu reinigen.

2. Die *Rolle des planenden Realisten:* In ihr nimmt man eine pragmatisch-praktische Perspektive ein, beginnt zu planen und die für die Erreichung des Ziels notwendigen Arbeitsschritte zu überlegen – etwa, welche Materialen dafür benötigt werden, wer das herstellen kann und wo es möglich ist, die Produktion in Auftrag zu geben.

3. Die *Rolle des hinterfragenden Kritikers:* In ihr geht es darum, die Arbeit des Träumers und des Realisten auf ihre Tauglichkeit hin zu überprüfen. Die durchwegs konstruktive Kritik soll helfen, Fehlerquellen zu identifizieren und ein mögliches Scheitern zu verhindern. In dieser Rolle würde erhoben werden, ob ein solches Gerät in der Produktion zu teuer wäre, es überhaupt einen Markt – und damit eine realistische Kaufkraft – dafür geben würde oder es gefährlich für seine Anwender sein könnte.

Es ist außerdem möglich, als vierte Rolle einen *neutralen Beobachter und Berater* hinzuzuziehen. Die Walt-Disney-Methode stammt vom US-amerikanischen Trainer Robert Dilts, der die drei unterschiedlichen Ansätze Walt Disneys identifizierte und zu einer Strategie weiterentwickelte, die sowohl von einer einzigen Person als auch von einer Gruppe angewendet werden kann, um Ideen voranzutreiben und herauszufinden, ob sie realistisch umsetzbar sind.

Disney selber soll tatsächlich drei verschiedene Plätze gehabt haben, um für jede Rolle eine andere Örtlichkeit einzusetzen, wodurch Körper und Gehirn sofort realisieren konnten, um welche Perspektive es jeweils ging. Es empfiehlt sich demnach, Tagträumereien anderswo in der eigenen Wohnung oder im Büro nachzuhängen als an jenem Platz, der dem Strukturieren und Planen vorbehalten sein sollte.

Auch Stephen King lüftet in seiner Biografie »Über das Leben und das Schreiben« das eine oder andere seiner Erfolgsgeheimnisse: Er achtet auf jedes Detail, wenn es um seine Arbeitsumgebung geht. Der Schreibtisch steht angeblich stets an einer bewusst gewählten, bestimmten Stelle, in derselben Position, mit den immer gleichen darauf befindlichen Gegenständen. Er hat sich auf diesem Weg eine Umgebung geschaffen, mit der er zurechtkommt und in der er wie durch ein Ritual in einen Kreativitätsprozess gerät, wenn er sich an den Schreibtisch setzt. Wenn Sie schon mal versucht haben – oder aufgrund einer Deadline versuchen *mussten* –, auf Knopfdruck kreativ zu sein, dann wissen Sie: Eine solche Leistung kann kaum erzwungen werden. Aber wir können sie abrufen: Wenn wir unser Gehirn zuvor gefüttert und aufgeladen und uns danach eine Erholungsphase gegönnt haben, sind wir dazu fähig, die Kreativitätsleistung schließlich mithilfe eines Rituals wie etwa der Walt-Disney-Strategie oder eines anderen mentalen Ankers erfolgreich anzuzapfen.

Womit und wie können Sie Ihr Gehirn füttern, damit das gelingt? Wir haben vorhin besprochen, dass Kreativität und Produktivität im Grunde keine Fähigkeiten sind, sondern ein bestimmter Hirnzustand. Vieles, was dazu führt, dass unser Gehirn in diese Verfassung gerät, kann durch

Bewegung hervorgerufen werden! Also gehen Sie regelmäßig 40 Minuten gemächlich Rad fahren oder laufen Sie eine halbe Stunde in moderater Geschwindigkeit um den Block – oder noch besser durch den Wald, um Ihr Gehirn dabei zu unterstützen, wie gewünscht zu funktionieren! Auch Achtsamkeitsübungen, Meditation und mentales Training helfen unseren grauen Zellen dabei, auf Hochtouren zu kommen. Mit der Kombination dieser Maßnahmen laden Sie Ihr Gehirn, um später kreativ sein zu können – *beinahe* wie auf Knopfdruck. Probieren Sie Verschiedenes aus, um das für Sie Passende zu finden! Nicht alles ist für jeden von uns gleich gut geeignet. Manche Sportler klopfen sich auf die Thymusdrüse, um sie zu aktivieren, damit die eigene Energie gesteigert wird. Gleichzeitig wird durch diese unkomplizierte Methode, die immer und überall möglich ist, Stress abgebaut. Versuchen Sie es einfach, wenn Sie daran denken! Die Thymusdrüse liegt in der Mitte unseres Brustkorbs hinter dem Brustbein und Sie können sie jederzeit durch sanftes Klopfen im Rhythmus von rund 30 Sekunden ankurbeln. Andere stellen sich in Superman-Pose hin und atmen bewusst tief ein und aus, um ihrem Gehirn durch diese körperliche Haltung zu signalisieren, dass sie sich unbesiegbar fühlen. Wieder andere hören über Kopfhörer ihre eigens für wichtige Momente zusammengestellte Musik. Sie werden Ihr Ritual finden, wenn Sie sich neugierig und voller Vorfreude auf die Suche machen!

Worauf Gewinnertypen bewusst oder unbewusst ferner Wert legen, ist, ihre Lebensqualität durch eine ihren Vorlieben und Stärken entsprechende Arbeitsstelle zu erhöhen. Wie machen sie das, worauf achten Sie dabei? Dafür sind insbesondere zwei Ansätze zielführend:

1. *Ihre berufliche Funktion sollte so ausgelegt sein, dass sie weitgehend alle Bedingungen einer Flow-Aktivität enthält:* Sie soll Ihrem Können, Ihren Fähigkeiten, Ihren

Talenten entsprechen; sie soll Ihr Wahrnehmungsfeld einschränken, sodass Sie die Möglichkeit haben, Ihren Fokus komplett auf Ihre Tätigkeit zu richten und irrelevante sonstige Stimulationen auszuschließen; sie soll Ihnen klare Ziele und passende Mittel für deren Erreichung zur Verfügung stellen und Ihnen laufend deutliches Feedback bieten.

2. *Ihr Arbeitsplatz sollte Ihnen gestatten, sich zu einer autotelischen Persönlichkeit zu entwickeln (intrinsisch motiviert zu sein):* Sie soll es Ihnen ermöglichen, sich selbst immer wieder Ziele zu setzen, die Ihren Herausforderungen und Handlungsmöglichkeiten angemessen sind – indem Sie üben können, Ihre Potenziale zu erkennen, Ihre Fähigkeiten und Fertigkeiten zu verbessern und erreichbare Vorhaben zu verfolgen, durch die Sie sowohl Ihre Aufmerksamkeit bewusst steuern als auch Rückmeldungen in den kleinsten Schritten wahrnehmen können.

Überprüfen Sie Ihren derzeitigen Beruf bzw. Ihre aktuelle Position in Hinblick auf diese Punkte und nehmen Sie sich genug Zeit, um zu ergründen, ob Sie eine grundsätzlich erfüllende und Ihrem Wesen entsprechende Funktion bekleiden, die Ihnen einen stimmigen Arbeitsalltag beschert. Ziehen Sie dafür am besten das Ergebnis des Persönlichkeitstests heran, um Ihrem Typus entsprechend zu beurteilen, inwieweit Sie bereits am für Sie richtigen Platz sind. Und sollte sich durch diese Maßnahme herausstellen, dass Sie im Alltag meist nicht die idealen Arbeitsbedingungen vorfinden, haben Sie keine Scheu, sich neu zu orientieren, um im Rahmen Ihres Berufs Leistung mit Leichtigkeit und Lebensfreude verbinden zu können – Sie wollen doch sicher nicht wie eine Seescheide agieren! Denken Sie stattdessen daran: Gewinner sind stets bereit für Abenteuer!

Werden Sie zum Glückskind! Mühelosigkeit als Lebensprinzip

Hier schließt sich nun der Kreis von den mentalen Erfolgsstrategien aus »Gewinner grübeln nicht« über die Big Five aus »Alles reine Kopfsache!« bis hin zum *Prinzip der Mühelosigkeit.* Mit dieser chronologisch aufgebauten Trilogie des Erfolgs haben Sie einen neuen Zugang zu sämtlichen Lebensbereichen gefunden, um dauerhaft zum Sieger zu werden – sei es, wenn es sich ums Abnehmen, um Höchstleistungen im Beruf oder im Sport handelt, oder sei es in Bezug auf Ihre individuelle Persönlichkeitsentwicklung oder wenn es ums Lösen von Problemen und um den Erhalt Ihrer Gesundheit geht.

Die Big Five aus »Alles reine Kopfsache!« sind auch hier überall versteckt vorgekommen – vielleicht ist es Ihnen ja aufgefallen?

1. *Fokus:* Beim Aufladen Ihres Gehirns bedarf es einer fokussierten Konzentration – beim Abrufen der Spitzenleistung geht es darum, präsent zu sein und alles auszublenden, was uns ablenkt.

2. *Vorstellungskraft:* Das Fantasieren, Tagräumen und bildhaftes Denken ist Ihnen auf dem Weg zur Kreativität und zum Erfolg ein besserer Begleiter als Ihr Wille.

Es begüstigt das Lernen und hilft, das Gehirn auf Erfolg zu programmieren. Aber Achtung: Auf die Dosis kommt es an!

3. *Entspannung:* Regelmäßige Erholungsphasen sind wichtig, damit das Gehirn später leisten kann, wonach Ihnen der Sinn steht. Sie unterstützen die Vorstellungskraft und lassen unsere Fähigkeiten wie Muskeln wachsen. Naturerlebnisse entspannen und inspirieren gleichermaßen. Sie sind daher besonders empfehlenswert.

4. *Positive Erwartungshaltung:* Durch die richtigen Gedanken und mentales Kontrastieren steigern Sie Ihr Selbstvertrauen und erlangen einen realistischen Optimismus. So erhöhen Sie das Dopamin in Ihrem Gehirn und helfen sich mit dieser Ladung Extra-Energie selbst, zu erreichen, wonach Sie sich sehnen.

5. *Konditionierung:* Wenn-dann-Ziele bringen Sie auf Dauer weiter als Zielformulierungen ohne diese Verknüpfung. Ihr neues, wünschenswertes Muster (ob es nun ums Denken, Fühlen oder Handeln geht) wird Ihnen über Wiederholungen und regelmäßiges Trainieren wirkungsvoll in Fleisch und Blut übergehen.

Gönnen Sie sich Ihre tägliche Hour of Power!

Das *Prinzip der Mühelosigkeit* ist nichts für Faule! Ja, Sie müssen etwas dafür tun: sich einerseits entscheiden, ein Glückspilz zu werden – und damit auch ein Chancenergreifer und Möglichkeitenerkenner, der begreift, welchen Schatz er mit diesem neuen Wissen geborgen hat. Und andererseits ist es notwendig, aktiv zu werden, ins Handeln zu kommen. Wir können Ihnen keine Wunderlampe aushändigen, an der Sie nur zu reiben brauchen, um sich vom aus ihr herausschwebenden Geist all Ihre Wünsche erfüllen zu lassen. Aber wir geben Ihnen eine Gebrauchsanweisung mit, die Sie darin instruiert, wie Sie selbst zu diesem Flaschengeist werden können, um Ihre künftigen Vorhaben mühelos zu erreichen.

Dieses hier vorgestellte komplette System ist in seinen Einzelteilen gut in den Alltag integrierbar, wenn Sie sich überlegen, wie und wann Sie sich insgesamt zumindest eine Stunde pro Tag gönnen können, in der Sie etwas für sich und Ihr Gehirn tun. Es geht immerhin um Ihre persönliche Auszeit für Wachstum und Entwicklung! Das sollte so dazugehören wie Ihre Zähne zu putzen, regelmäßig zu essen und genug zu trinken. Und wie viele Aufgaben wir auch zu bewältigen und in einem Tag unterzubringen haben: Dafür finden sich zeitliche Möglichkeiten, wenn es uns wichtig (genug) ist.

Sie können etwa die Zeit des Bügelns Ihrer Wäsche zu einer Erholungsphase machen, in der Sie sich der Tagträumerei hingeben. Das kreative Fantasieren zu forcieren, senkt zwar den Fokus, aber beim Bügeln wird dieser Umstand kein ernsthaftes Problem darstellen. Weil das Fokussieren wiederum das Tagträumen mindert, ist es ohnedies wichtig, durch die Abwechslung von beidem die richtige Mischung für das *Prinzip der Mühelosigkeit* zu kreieren. Ebenso können Sie den Abwasch Ihres Geschirrs zur Aufmerksamkeitsübung machen. Seien Sie kreativ in der Lösungsfindung, wenn es darum geht, Zeit fürs Üben zu finden – darin sind Sie ja inzwischen geschult!

Achten Sie zudem darauf, was Ihnen den ganzen Tag lang so durch den Kopf geht, und betreiben Sie bewusste Gedankenhygiene: Sie können sich natürlich Ihren Problemen widmen – aber vergessen Sie dabei nicht, gleich die Lösung für das jeweilige Dilemma anzusinnen. Denken Sie weiters an das mentale Kontrastieren, indem Sie nicht grübeln, aber ebenso wenig gedanklich in einer ausnahmslos positiven Zukunft schwelgen – das macht diese wissenschaftliche Version von »The Secret« aus. Und setzen Sie sich Ziele, ohne auf allen Gebieten gleich wieder in die Leistungsfalle zu tappen.

Wenn Sie sich für Sport als Methode der Wahl entscheiden, um Ihrem Gehirn auf die Sprünge zu helfen, dann tun Sie das ohne hohe Anstrengung und lassen Sie die Pulsuhr weg, weil Sie ansonsten versucht sind, wieder auf volle Leistung zu gehen. Dabei kämen aber die bewusste Körperwahrnehmung und die Genusserfahrung mit Sicherheit zu kurz, und das ist nicht gesund.

Machen Sie sich klar, dass es um Ruhe im Kopf geht, um emotionalen inneren Frieden und um Harmonie! Wir alle sind 90.000 Impulsen am Tag ausgeliefert und das bringt automatisch Stress mit sich: Geschätzte 60.000 Gedankenimpulse täglich beeinflussen uns stark und stehen 20.000 bis 30.000 Atemzügen gegenüber, die direkt mit dem Hirnstamm und mit Stress verbunden sind. Ausatmen bringt uns Entspannung und Einatmen führt zu Anspannung. Wenn Sie sich folglich unter Druck fühlen, ist die erste Maßnahme, tief zu atmen – doch nicht derart, dass Sie nach Luft schnappen, denn das ist in diesen Momenten das Falscheste, was Sie tun können. Stark durch den Mund einzuatmen, erhöht zwar den Sauerstoffgehalt im Blut, aber es senkt zeitgleich den CO_2-Gehalt und der ist – auch wenn wir diesen Wert vordergründig mit Abgasen assoziieren – wichtig für die Bindung des Sauerstoffs an die roten Blutkörperchen, was wiederum essenziell für unsere Organe und das Gehirn ist. Hektisch tief einzuatmen führt dazu, dass Sie Luft schlucken und im schlechtesten Fall hyperventilieren – denn das führt zu einer Unterversorgung des Gehirns mit Sauerstoff. Das ideale Atemmuster sieht wie folgt aus: einatmen – Pause – ausatmen – Pause – einatmen. Dabei sollten Sie zwar tief einatmen, was die Richtung im Körper betrifft (nach unten, damit die Atemluft ins Zwerchfell gelangen kann), allerdings nicht »tief« im Sinne von Atemvolumen, also »so viel Luft wie möglich«. Diese Form der Atmung entspannt uns und macht uns stressresistent. Durch die Nase einzuatmen und durch den Mund auszuatmen ist die ideale Atmung für uns – und genau diese können Sie ebenfalls täglich üben und in Ihren Alltag integrieren. Da der Parasympathikus hauptsächlich über den Nervus vagus wirkt, können Sie zusätzlich die Stimulationsmethode der Kompression zur Entspannung anwenden. Sehen wir uns das ein wenig genauer an: Der dritte, siebte und neunte Hirnnerv sind mit Muskeln verbunden, nämlich mit jenen im Bereich der Augen, Schläfen und des Kehlkopfs sowie der Zunge. Diese Nerven wirken nicht nur vom Gehirn zu diesen Muskeln, sondern genauso in die Gegenrichtung. Eine sanfte Stimulation dieser Muskeln schickt Signale in den Hirnstamm, die zu einer Aktivierung des Nervus vagus führen. Besonders empfehlenswert ist die Vagus-Meditation nach Gerd Schnack: Wenn man nun die Augen schließt und versucht, etwas ganz nah anzusehen, stimuliert das den dritten Hirnnerv. Auch eine Augenpressur funktioniert: Drücken Sie zart mit den mit Handballen auf Ihre Augen! Sie werden spüren, wie schnell Sie das entspannt. Die Schläfenmuskulatur zu reiben, hilft uns ebenfalls beim Relaxen – ein Effekt, der sich über den siebten Hirnnerv einstellt. Und wenn Sie sich erst überwunden haben, regelmäßig tief zu summen, zu brummen und diverse Stimmübungen zu machen, werden Sie diese Methode nicht mehr missen wollen, denn das Trainieren unserer Stimmwerkzeuge wirkt über den Kehlkopf und den neunten Hirnnerv ebenso überaus entspannend auf uns. Mit diesen Übungen und mit Achtsamkeitsmeditation können Sie den Nervus vagus stimulieren und so Ihr Ruhenetzwerk im Gehirn trainieren.

Verlernen Sie alles, was Sie früher gelernt haben!

Aus der Kombination all dieser Maßnahmen kann mit dem *Prinzip der Mühelosigkeit* eine Grundhaltung entstehen, die uns für unser restliches Leben begleitet und uns zeitlebens auf unsere Intuition vertrauen lässt. Dafür ist es notwendig, dass Sie moderate Bewegung, Tagträumereien sowie Achtsamkeitsübungen, Meditation oder mentales Training in Ihren Alltag einbauen. Wenn Sie zudem noch Abstand von der Einnahme von Psychomedikamenten nehmen (sofern sie nicht krankheitsbedingt darauf angewiesen sind) und auf Nikotin und Alkohol verzichten, können Sie ein erfüllteres, gesünderes, müheloseres Leben führen.

Sie wissen ja jetzt: Flow-Erlebnisse aktivieren die körpereigenen Selbstheilungskräfte, wie die Geschichte um den an Lyme-Borreliose erkrankten Journalisten Steven Kotler offenbart hat. Zunehmend wird das Wissen um den Flow endlich auch für den Alltag und das gewöhnliche berufliche Umfeld interessant, denn im Flow läuft alles mühelos und harmonisch – eben fließend – ab: Eine Handlung geht ohne Anstrengung in die nächste über. Bei Profis wirkt von außen betrachtet immer alles kinderleicht, selbst wenn es sich um hochkomplexe Vorgänge handelt: Man sieht Spitzensportlern oder Artisten im Fernsehen zu, wie sie scheinbar mit Leichtigkeit Bewegungen durchführen, von denen wir wissen, dass wir sie (zumindest ohne jahrelanges Training) niemals vollbringen würden. Oder wenn Sie in einem Konzertsaal sitzen und miterleben, wie ein Musiker sich gänzlich seinem überirdisch anmutenden Spiel hingibt. Dass Sie derlei Beobachtungen in Entzücken bringen und so viele andere Menschen ebenfalls begeistern, liegt daran, dass diese Menschen alle Abläufe automatisch abrufen können, weil sie sie im Vorfeld intensiv trainiert haben, und zwar sowohl tatsächlich, also körperlich, als auch mental. Dieses Wissen können Sie für Ihre Bereiche nutzen, in denen Sie Meister sind und weiterhin oder noch mehr brillieren möchten, denn Präsentationen, Prüfungen oder Verkaufsgespräche laufen im Flow-Zustand glatter, weil Sie souveräner wirken. Deshalb sind Trainingsprogramme, die den Flow zum

Ziel haben, genauso für die »Normalsterblichen« interessant, weil sie dadurch die Möglichkeit haben, ihre Leistung wesentlich zu verbessern und bisher ungeahnte Erfolge verzeichnen können. Das ist nichts anderes als ein Wechsel aus den Komponenten »Fokus/Laden« und »Fokus/Entladen« mit Pausen dazwischen. Und mit dem Wissen über Ihren Neuro-Persönlichkeits-Typus und den vorgestellten Triggern haben Sie Strategien, die den Flow begünstigen.

Wichtig für das Verinnerlichen des *Prinzips der Mühelosigkeit* ist aufgrund all dieser Parameter, möglichst an jedem Tag des Lebens von Zeit zu Zeit bewusst im Hier und Jetzt zu sein. Dadurch kommen wir in den Fluss, in dem Abläufe plötzlich mühelos werden. Dafür ist es für viele notwendig, zu verlernen, was sie in ihrer Vergangenheit falsch gelernt haben, weil die Menschheit es noch nicht besser wusste. »You must unlearn what you have learned«, sagt der weise »Star Wars«-Charakter Yoda, ein Meister des alten Jedi-Ordens und führendes Mitglied im Hohen Rat. Wenn auch diese Weisheit nur einem Film entspringt: Es stimmt, denn unser Leben funktioniert weitgehend anders, als wir es in unserer Leistungsgesellschaft gelernt haben. Wir sind alle meistens zu stark in der Konzentration, wollen zu viel, strengen uns zu sehr an, geben uns extremen Emotionen hin oder reagieren emotionsarm und abgestumpft. Dadurch machen wir es uns oft unnötig schwer, obwohl das Leben einfach sein sollte – und auch sein *könnte*. Denken, Fühlen und Tun sollten bestenfalls gleichzeitig aktiv sein – und das ausgewogen. Wenn alles im Gleichgewicht ist und wir bei uns bleiben, erreichen wir mit minimalem Input maximalen Output. So kommen wir in die Mühelosigkeit des Handels und damit in eine wunderbare Leichtigkeit des Seins, die uns zu wahren Glückskindern macht. Und als solches brauchen Sie den Geist aus der Lampe gar nicht mehr, weil Sie selbst befähigt sind, sich Ihre sehnlichsten Wünsche zu erfüllen!

Erfolgsgeheimnisse für angehende Gewinner

Was wir Ihnen in diesem Buch vorgestellt haben, leben wir freilich selber. Darum wird es jetzt noch einmal richtig persönlich, wenn wir Ihnen unsere individuellen Erfolgsrezepte verraten ... Womöglich ist die eine oder andere Methode davon so attraktiv und interessant für Sie, dass Sie Lust haben, sie auszuprobieren.

»Grow, flow, go!« – Marcus Täubers Erfolgsrezept

Bei Psychologen fühlen wir uns gerne beobachtet. Von Fitnesstrainern lassen wir uns gerne Tipps für einen schlankeren Körper geben. Und wie ist das bei einem Hirnforscher? Die häufigste Frage, mit der ich konfrontiert werde: »Wie kann ich mein Gehirn aktivieren, um besser zu lernen, produktiver zu arbeiten oder einfach, damit sich mehr Gelassenheit und Lebensfreude einstellt?« Und da komme ich nicht umhin, aus dem Nähkästchen zu plaudern und zu erzählen, wie ich das bei mir selbst mache. Um erfolgreich an mein jeweiliges Ziel zu gelangen, füttere ich mein Gehirn bewusst mit dem betreffenden Überthema – etwa für einen Vortrag oder ein Buch –, indem ich intensiv stöbere und diverse wissenschaftliche Datenbanken durchforste. Das erfordert meine volle Konzentration, und manche Nacht wird dabei auch zum Tag, aber ich werde dann zum leidenschaftlichen Informationsjäger und -sammler. Danach geht's in die Entspannung und ich erhole mich von der Arbeit. Dazu habe ich einen Lieblingswald gleich in der Nähe vor den Toren Wiens, in dem ich spaziere. Im Anschluss kommt die Mindmap-Technik zum Einsatz: Ich mache eine Struktur, Gedankenexperimente dazu und verbinde alles miteinander. Im Prinzip werden aus den gesammelten Daten Erkenntnisse – es entstehen Aha-Effekte. Ich nähere mich dem Ganzen. Wenn es drauf ankommt, zu liefern – vor dem betreffenden Vortrag, vor dem Schreiben oder vor einer Sitzung mit meiner geschätzten Co-Autorin –, führe ich Rituale aus. Dazu gehören körperliche Schüttelübungen mit Brummen und Summen, das Abrufen innerer Bilder und das Aufsagen von Affirmationen oder Mantren. Eine solche Vorbereitung lässt sich nicht immer verbergen, und da ist schon mal die eine oder andere peinliche Szene entstanden, wenn man dabei plötzlich ertappt wird. Unbeteiligte müssen mich für verrückt halten. Aber es lohnt sich: Denn dann wird meistens problemlos abgerufen, was ich vorbereitet habe. Ich spüre, wie ich sukzessive in den Flow komme und mit vollem Fokus bei der Sache bin. Und dann geschieht die Performance quasi wie von selbst, sie wird mühelos und fühlt sich einfach nur grandios an.

Dieses Buch nimmt eine neue Perspektive auf »Erfolg« ein: Es sind bestimmte Hirnzustände, die uns erlauben, die »best version ourself« zu werden und mit dem *Prinzip der Mühelosigkeit* durch weniger mehr zu erreichen. Die Grundideen dazu lassen sich bereits im Wu Wei der Chinesen (Laotse) finden. Da geht es um das Nicht-Tun, also »Was lasse ich weg, was zu viel ist?« Jeder hat ein geniales Gehirn. Was wir in diesem Buch immer wieder sehen: Starke Bilder im Kopf, starker Fokus und starke Präsenz im Hier und Jetzt teilen erfolgreiche Menschen. Wer die Fähigkeit der Konzentration und Imagination kultiviert, kann über sich selbst hinauswachsen. Die Grenzen im Kopf zu sprengen, ist kein Ding der Unmöglichkeit, sondern ein Potenzial, das wir alle in uns tragen.

Was mich als Hirnforscher fasziniert: die Rolle des Stirnhirns. Einerseits brauchen wir ein gut trainiertes Stirnhirn, um den Fokus zu halten und Gedanken wie Gefühle besser zu steuern, andererseits gibt es Momente, in denen wir Teile des Stirnhirns auch ein wenig runterschalten sollten. Auch faszinierend: Der Wechsel aus Konzentration (dem Aufladen) und Flow (dem Entladen) ist dasselbe Prinzip, wie wir es beim Sport beobachten: Muskeln trainieren, dann erholen. So wachsen sie und wir können mehr heben. Die Analogie »Muskel – Gehirn« hat durchaus ihren Chic. Leider wissen nur wenige Menschen, wie sie ihr Gehirn richtig benutzen. Dieses Buch ist deshalb auch eine Art Gebrauchsanweisung – weniger mit Punkt 1 bis 10, was zu tun ist, sondern mehr mit den richtigen Inputs, um hoffentlich möglichst viele zu inspirieren.

Wer wie ich in den 8oer-Jahren aufgewachsen ist, hat Rocky, den Tellerwäscher, auf seinem Weg zum Millionär im Kopf. Dass wir extrem fleißig sein müssen oder in einem Modus der übertriebenen Anspannung, um etwas zu erreichen, ist die wahrscheinlich größte Erfolgslüge überhaupt. Kurze intensive Reize, gefolgt von Entspannung und den vier Hirnzuständen sind das Rezept, um mehr Erfolg, Gesundheit und Erfüllung zu finden.

Zum Abschluss sind Sie recht herzlich eingeladen, auf *https://ifmes.at/muehelosigkeit* zu schauen. Es erwarten Sie Videos, Audios und weitere Informationen rund um das *Prinzip der Mühelosigkeit*, zu denen Sie durch das Passwort *DPDM* gelangen. In diesem Sinne alles Gute und vielleicht bis bald!

»Live always with passion!" –
Pamela Obermaiers Erfolgsrezept

Ich darf mich über ein erfülltes, selbstbestimmtes Leben freuen, führe alles, was ich mir vornehme, mit Engagement und Leidenschaft aus – und meistens entsteht dabei etwas Gutes. Bin ich folglich ein Glückskind? In vielen Lebensbereichen fühlt es sich so an, ja. Doch nicht alles, was mir gelingt, ist vom Himmel direkt in meinen Schoß gefallen. Einen großen Teil des Glückspilzdaseins hab ich mir erarbeitet – und es ist freilich noch Luft nach oben. Sie wissen ja inzwischen: Das *Prinzip der Mühelosigkeit* zu leben bedeutet nicht, sich zurücklehnen zu können, um das Leben zu konsumieren wie einen Film. Wir müssen schon etwas dafür tun, um in den Strom der Leichtigkeit zu geraten – wenn das auch paradox klingen mag. Aber je mehr wir von den richtigen Dingen machen, desto öfter küsst uns das Glück wie von selbst.

Sie erinnern sich an die zu Beginn des Buchs gestellte Frage, warum ich als junge Erwachsene auf einmal weniger selbstbewusst und selbstsicher war als während meiner Schulzeit? Darauf bin ich Ihnen noch eine Antwort schuldig: Weil das Spielerische in den Hintergrund getreten war und es auf einmal um Leistung ging, weil ich mich in meinem Job beweisen musste und wollte. Als junge blonde Frau, frisch von der Universität kommend, war ich nicht nur einmal den üblichen klischeehaften Vorurteilen ausgeliefert. Folglich war es mir ein Anliegen, zu zeigen, wie gut ich in allem war, das ich anpackte. Immerhin wollte ich mit dem Journalismus in einer vielbeachteten Branche Fuß fassen, in die unzählige Bewerber drängten – und einige von ihnen hätten wohl ihre sprichwörtliche Großmutter dafür verkauft. Inzwischen verstehe ich den viel zitierten Spruch »Sometimes you win and sometimes you learn", denn genau so ist es: Entweder gewinnen wir oder wir werden an Erfahrungen reicher.

Die kleinen Tipps und Tricks, die mir heutzutage helfen, meine Nervosität vor öffentlichen Auftritten in den Griff zu bekommen, teile ich an dieser Stelle gern mit Ihnen: Ich bereite mich bestmöglich vor. Das klingt simpel, ist aber meiner Erfahrung nach die halbe Miete. Bei der Vorbereitung fülle ich (wie in den vorangegangenen Kapiteln beschrieben) mein Gehirn mit allen wichtigen Informationen, auf die ich später zurückgreife, wenn es darauf ankommt, Bestleistung abzugeben. Auf dem Weg zu einem Vortrag oder Training mache ich ritualisiert Stimm-, Sprech- und Atemübungen, um mich auf das Bevorstehende einzustimmen und aufzuwärmen. Und wenn sich echtes Lampenfieber bemerkbar macht, klopfe ich auf meine Thymusdrüse, stelle mich im Backstage-Raum – oder wenn es nicht anders geht, auch mal in einer WC-Kabine – in Superwoman-Haltung hin und erinnere mich daran, dass ich gut vorbereitet bin und mir nichts passieren kann. *Die Lektion dahinter: Ich habe meinen Erfolg selbst in der Hand.* Das ist eine wichtige Erkenntnis, denn durch sie hören wir auf, Probleme und deren Lösungen ausschließlich im Außen zu suchen. Manchmal kommt die Rechnung dafür postwendend: In extrem arbeitsintensiven Phasen nehme ich mir zu wenig Zeit für den so wichtigen Ausgleich in Form von Entspannung, Bewegung oder Ausflügen in die Natur – und nach ein paar Wochen fühle ich mich schon richtiggehend angespannt, unangenehm gestresst und weniger leistungsfähig. Wenn ich die für das *Prinzip der Mühelosigkeit* notwendigen Zutaten berücksichtige und mich ihnen im Alltag widme, geht es mir hingegen rundum gut und die Dinge laufen glatt. Dann muss ich nicht mühsam kämpfen und mich durch eine Situation quälen, sondern alles gelingt beinahe wie von allein.

Die wichtigste Basis für meinen beruflichen Erfolg ist bestimmt, dass ich tue, was ich liebe. Dadurch habe ich alle Voraussetzungen geschaffen, mich laufend motivieren zu können und zusätzlich von außen durch das Feedback anderer regelmäßig motiviert zu werden. Ich versuche allerdings genauso, zu lieben, was ich tue. Denn sogar innerhalb eines Gebiets, das uns erfüllt und in dem wir richtig gut sind, gibt es Phasen, in denen wir nicht voller Freude an die tägliche Arbeit herangehen, sondern lieber im Bett bleiben oder auf Urlaub fahren würden. Dieses Gefühl versuche ich nicht Oberhand gewinnen zu lassen, indem ich aktiv beschließe, jedes einzelne Projekt zu mögen. Auch das ist meiner Erfahrung nach eine Entscheidung, die wir bewusst treffen können. Damit keine Langeweile aufkommt, suche ich mir immer wieder neue Herausforderungen, die zwar meinen Fähigkeiten entsprechen, an denen ich aber weiter wachsen und mich entwickeln kann.

Wichtig für meinen täglichen Kundenkontakt ist mir, mich achtsam, fokussiert und wertschätzend auf meine Klientinnen und Klienten, Geschäftspartner und Geschäftspartnerinnen bzw. meine Leserinnen und Leser und mein Publikum einzulassen. Das ist – wenn man so will – eines meiner Erfolgsrezepte. Ein zweites ist es, alle Begebenheiten derart zu gestalten, dass ich die Chance bekomme, in den Flow-Zustand zu geraten. Für jene Zeiten im Büro, in denen es darum geht, mein nächstes Buch zu schreiben, einen neuen Vortrag zu entwickeln oder ein weiteres Training auszuarbeiten, habe ich deshalb ein simples Ritual, das wir Ihnen in diesem Buch ans Herz gelegt haben: Ich begebe mich in Klausur und beschäftige mich für eine Weile nur damit. Das heißt: Ich lasse bestenfalls keine Störfaktoren wie E-Mails oder Anrufe zu, ziehe mich zurück und mache »Diät« von den täglichen Reizen. Dadurch gelange ich relativ schnell in einen Sog, eine Art »Tunnel«, wie Programmierer das nennen, und komme nach ein paar Stunden in das Flow-Erleben, durch das es mir solchen Spaß macht, dass die Zeit wie im Flug vergeht und jeder Tag zu kurz ist, weil ich oft um 22:00 Uhr noch nicht zu arbeiten aufhören will. Das erinnert mich dann an Kindertage, an denen ich auch nach Stunden und mit schon blauen Lippen noch nicht aus einem Swimmingpool raus wollte, über das Zeichnen und Schreiben die Zeit völlig vergessen oder keine Lust hatte, ein bestimmtes Spiel zu beenden oder mit dem Lesen aufzuhören, selbst wenn mir beinahe die Augen zufielen. Dieses mich durchströmende Flow-Empfinden voller Glücksmomente kenne ich außerdem von der Bühne: Wenn das Publikum mir seine Aufmerksamkeit widmet, mit mir lacht, mir applaudiert und voll bei der Sache ist, fühlt sich das nach spielerischer Leichtigkeit im Tun an und schenkt mir allumfassendes Wohlbefinden. *Meine Lektion: Wer tut, was er liebt und liebt, was er tut, hat mehr vom Leben.*

Wenn ich in einem Satz zusammenfassen müsste, worin mein Erfolgsgeheimnis liegt, würde ich sagen: Ich mache Pläne, die ich fokussiert, mit Begeisterung und Engagement verfolge – und lasse zu, dass ich sie womöglich adaptieren oder sogar wieder über Bord werfen muss. Dabei verlasse ich mich jederzeit auf mein Bauchgefühl. Eine meiner größten Schwächen lag allerdings lange Zeit darin, ein Projekt – vor allem wenn es um ein Buch oder einen Vortrag ging – nicht abschließen, sondern es immer und immer wieder weiter optimieren zu wollen. Wenn ich damit fertig war und es nochmal durchgegangen bin, hätte ich jedes Mal noch etwas ändern, hinzufügen oder wegnehmen können. Irgendwann geht das aber nicht mehr, weil etwa ein Manuskript sonst niemals abgabefertig werden würde und es nun mal Fristen gibt. Ich musste deshalb lernen, meinen überdimensionierten Perfektionismus loszulassen und zu akzeptieren, dass etwas unter Umständen nicht perfekt geworden ist – einfach um ins Handeln zu kommen. Glauben Sie mir: Wenn ich eines meiner Bücher nach dem Erscheinen in die Hand nehme und in das eine oder andere Kapitel hineinlese, denke ich mir oft: »Ach, das würde ich jetzt anders formulieren« oder »Hm, das wäre vermutlich noch besser gegangen« – aber das ist in Ordnung. Andernfalls könnte ich nie etwas fertig machen und wäre höchstens erfolgreich im Überarbeiten. *Meine Lektion: Durchs Loslassen kommen wir weiter, falscher Perfektionismus hindert uns hingegen manchmal am Tun.* Was für die Karriere bestens funktioniert, gilt nicht automatisch fürs Privatleben. Daher habe ich dafür teils andere Strategien. Für meine grundsätzliche Zufriedenheit und mein Seelenheil ist das Reisen immens wichtig. Diese Entdeckung habe ich schon früh im Leben gemacht – nicht umsonst bin ich so glücklich darüber, in meiner Funktion als Reisejournalistin regelmäßig herumzukommen. Woran liegt das? Auch das haben Sie in der vorliegenden Lektüre zumindest zwischen den Zeilen erfahren: In fremde Kulturen einzutauchen, erweitert unseren Horizont, und Naturerlebnisse tun uns Menschen einfach rundum gut – und nie bin ich mehr outdoor unterwegs als auf Reisen. In anderen Ländern, in denen es unzählige neue Eindrücke gibt, verhalte ich mich zudem automatisch achtsam und bin komplett im Hier und Jetzt. Das bringt mich wunderbar und ohne Mühe in Balance, was wiederum dazu führt, dass ich belastbar für den beruflichen Alltag bleibe, der ohne Frage häufig intensiv und arbeitsreich ausfällt. In Phasen, in denen es mir nicht möglich ist, zu reisen, gönne ich mir die Reise im Kopf in Form einer entspannenden Meditation. Progressives Muskeltraining ist dabei eine Methode, durch die ich mich schon nach nur 15 Minuten tiefenentspannt fühle. Und was ich mir für meine private Zukunft erhoffe und ersehne, visualisiere ich von Zeit zu Zeit beim Einschlafen, während ich Meditationsmusik höre. Dadurch schlafe ich mit einem angenehmen Gefühl ein, was mir wiederum Vertrauen und die positive Erwartungshaltung dem jeweiligen Thema gegenüber schenkt, dass dieses innere Bild eines Tages real werden wird – und wenn nicht, gehe ich davon aus, dass es noch besser für mich kommen wird, womit sich der Kreis schließt. Darum nochmal kurz zurück zu meinem ersten Scheitern: Ich kann nicht einschätzen, ob es in der ursprünglich ausgesuchten Schule ähnlich rund für mich gelaufen wäre. Das Nichtbestehen der Aufnahmeprüfung war aber jedenfalls mein erstes merkliches Scheitern im Leben – und es war genau richtig für mich. Meine langjährigste Freundin, mit der ich eng verbunden bin, seit wir süße 13 waren, hat übrigens die Aufnahmeprüfung in die erwähnte Schule drei Jahre vor unserer Begegnung geschafft. Wir wären folglich in dieselbe Klasse gegangen und hätten uns schon im Alter von zehn Jahren kennengelernt. Trotzdem haben sich unsere Wege gekreuzt, wenn auch geringfügig später. Dieses Wissen gibt mir ein gutes Gefühl, weil es mich an eines fest glauben lässt: Die wichtigsten Menschen und die wertvollsten Erfahrungen verpassen wir nicht, weil wir in einer Sache scheitern oder wenn wir uns in einer anderen für eine Alternative entscheiden. Sicher haben Sie ebenfalls solche Weil-deshalb-Geschichten, auf die Sie in Ihrem Leben zurückblicken können. Wenn sie Ihnen wie mir die meinen ein Lächeln ins Gesicht zaubern und mit einem warmen, wohligen Gefühl der Dankbarkeit erfüllen, dann wissen Sie, was ich meine, wenn ich sage: Das Meiste ist für irgendetwas gut und birgt eine wertvolle Erfahrung für uns. Es klingt vielleicht ein wenig »esoterisch« für Sie, aber dieses Mindset, davon auszugehen, dass die Dinge genauso laufen werden, wie es richtig für mich ist, hat mir geholfen, selbst nicht gerade ideale Begebenheiten als verborgene Schätze wahrnehmen zu können. Dadurch bin ich offen für Unverhofftes und Ungeplantes und ergreife jede sich mir bietende Gelegenheit, um etwas Tolles daraus zu machen. Auf diese Weise haben sich schon ungeahnte Chancen ergeben. So gesehen empfinde ich mich als wahres Glückskind, das dieses grandiose *Prinzip der Mühelosigkeit* immer stärker verinnerlicht – und ich weiß: Das können Sie auch! In diesem Sinne wünsche ich Ihnen viel Erfolg und vor allem Freude auf dem Weg zu Ihrem Gewinnerdasein!

Quellenverzeichnis

Adriaanse, M. A., Oettingen, G., Gollwitzer, P. M., Hennes, E. P., de Ridder, D. T. D., & de Wit, J. B. F. (2010). When planning is not enough: Fighting unhealthy snacking habits by mental contrasting with implementation intentions (MCII). European Journal of Social Psychology, 40, 1277–1293.

Adriaanse, M. A., De Ridder, D. T. D., & Voorneman, I. (2013). Improving diabetes self-management by mental contrasting. Psychology & Health, 28:1, 1–12.

Anderson, Allison & D. Mayer, Michael & Fellows, Abigail & Cowan, Devin & T. Hegel, Mark & Buckey, Jay. (2017). Relaxation with Immersive Natural Scenes Presented Using Virtual Reality. Aerospace Medicine and Human Performance. 88. 520–526.

Apter, Michael. (1989). Reversal theory: a new approach to motivation, emotion and personality. Anuario de psicología; Núm.: 42. 42.

Aherne, C., Moran, A. P., & Lonsdale, C. (2011). The effect of mindfulness training on athletes' flow: an initial investigation. Sport Psychologist, 25(2), 177–189.

Anderson, Britt & Harvey, Thomas. (1996). NEUROSCIENCE LETTERS Alterations in cortical thickness and neuronal density in the frontal cortex of Albert Einstein. Neuroscience letters. 210. 161–4. 10.1016/0304-3940(96)12693-8.

Aron, A. & Melinat, E. & Aron, Elaine & D. Vallone, R. & Bator, Renee. (1997). The Experimental Generation of Interpersonal Closeness: A Procedure and Some Preliminary Findings. Personality and Social Psychology Bulletin. 23. 363–377.

Bargh, J. A., & Chartrand, T. L. (1999). The unbearable automaticity of being. American Psychologist, 54(7).

Baumeister/Roy, Tierney/John: Die Macht der Disziplin. Wie wir unseren Willen trainieren können. Campus Verlag, Frankfurt/M., 2012.

Bayes, Marjorie A. 1972. Behavioral cues of interpersonal warmth. Journal of Consulting and clinical Psychology 39: 333.

Beaty, R. E., Benedek, M., Silvia, P. J., & Schacter, D. L. (2016). Creative cognition and brain network dynamics. Trends in Cognitive Sciences, 20(2), 87–95.

Bertamini, Marco & Byrne, Christopher & Bennett, Kate. (2013). Attractiveness is Influenced by the Relationship between Postures of the Viewer and the Viewed Person. i-Perception. 4. 170–179.

Biancardi, Beatrice & Cafaro, Angelo & Pelachaud, Catherine. (2017). Analyzing first impressions of warmth and competence from observable nonverbal cues in expert-novice interactions. 341–349.

Block, Jack & H. Block, Jeanne. (2006). Nursery School Personality and Political Orientation Two Decades Later. Journal of Research in Personality. 40. 734–749.

Bruk, A., Scholl, S. G., & Bless, H. (2018). Beautiful mess effect: Self–other differences in evaluation of showing vulnerability. Journal of Personality and Social Psychology, 115(2), 192–205.

Buran, Anna & Filyukov, Andrey. (2015). Mind Mapping Technique in Language Learning. Procedia – Social and Behavioral Sciences. 206. 215–218.

Cairney, Scott A. et al.: Memory Consolidation Is Linked to Spindle-Mediated Information Processing during Sleep. In: Current Biology 28 (6), 2018, 948–954.

Chartrand, L. Tanya & A. Bargh, John. (1999). The chameleon effect: The perception-behavior link and social interaction. Journal of Personality & Social Psychology, 76(6): 893–910. Journal of personality and social psychology. 76. 893–910. 10.1037/0022–3514.76.6.893.

Cheron, G. (2016). How to measure the psychological »Flow"? A neuroscience perspective. Frontiers in Psychology, 7. doi:10.3389/fpsyg.2016.01823

Cheruvu, Ria. (2018). The Neuroscience of Flow. 10.13140/RG.2.2.12520.57608.

Cojan, Yann & Waber, Lakshmi & Schwartz, Sophie & Rossier, Laurent & Forster, Alain & Vuilleumier, Patrik. (2009). The Brain under Self-Control: Modulation of Inhibitory and Monitoring Cortical Networks during Hypnotic Paralysis. Neuron. 62. 862–75.

Csikszentmihalyi, M. Flow. Das Geheimnis des Glücks. Stuttgart: Klett-Cotta. 16. Auflage, 2013.

Csikszentmihalyi, M. (2014b). Flow and the foundations of positive psychology: The collected works of Mihaly Csikszentmihalyi. Dordrecht, The Netherlands: Springer.

Csikszentmihalyi, M., & Nakamura, J. (2010). Effortless attention in everyday life: A systematic phenomenology. Effortless Attention, 179–190. doi:10.7551/mitpress/9780262013840.003.0009

Damasio, Antonio R: Descartes' Irrtum: Fühlen, Denken und das menschliche Gehirn. Berlin: List-Taschenbuch 2004.

Dean, Jeremy. (2014). The Psychology of Storytelling and Empathy, Animated. http://www.spring.org.uk/2014/01/the-psychology-of-storytelling-and-empathy-animated.php

Dewar, Michaela & Alber, Jessica & Butler, Christopher & Cowan, Nelson & Della Sala, Sergio. (2012). Brief Wakeful Resting Boosts New Memories Over the Long Term. Psychological science. 23. 955–60.

Diamond, C. Marian & B. Scheibel, Arnold & Murphy, G.M. & Harvey, Thomas. (1985). On the brain of a scientist: Albert Einstein. Experimental neurology. 88. 198–204. 10.1016/0014-4886(85)90123-2.

Dietrich, Arne. (2003). Functional neuroanatomy of altered states of consciousness: The transient hypofrontality hypothesis. Consciousness and cognition. 12. 231–56.

Dietrich, Arne & B Sparling, Phillip. (2004). Endurance exercise selectively impairs prefrontal-dependent cognition. Brain and cognition. 55. 516–24. 10.1016/j.bandc.2004.03.002.

Domenico, S. I., & Ryan, R. M. (2017). The Emerging Neuroscience of Intrinsic Motivation: A New Frontier in Self-Determination Research. Frontiers in Human Neuroscience, 11. doi:10.3389/fnhum.2017.00145

Duckworth, Angela & Kirby, Teri & Oettingen, Gabriele & Gollwitzer, Anton. (2013). From Fantasy to Action: Mental Contrasting With Implementation Intentions (MCII) Improves Academic Performance in Children. Social Psychological and Personality Science. 4: 1–9.

Farrand, Paul & Hussain, Fearzana & Hennessy, Enid. (2002). The efficacy of the 'mind map' study technique. Medical education. 36. 426–31.

Ford, Brett & J Gross, James. (2019). Why Beliefs About Emotion Matter: An Emotion-Regulation Perspective. Current Directions in Psychological Science. 2019, 28(1) 74–81.

Fox, Kieran & Beaty, Roger. (2018). Mind-wandering as creative thinking: Neural, psychological, and theoretical considerations.

Franke A.G. & Lieb K. (2010). Pharmakologisches Neuroenhancement und »Hirndoping«. Vol 53(8): 853–860.

Freedberg, David. (2007). Motion, Emotion and Empathy in Aesthetic Experience [D. Freedberg and V. Gallese]. Trends in Cognitive Sciences. 11. 197–203.

Gamaiunova, Liudmila & Yves Brandt, Pierre & Bondolfi, Guido & Kliegel, Matthias. (2019). Exploration of psychological mechanisms of the reduced stress response in long-term meditation practitioners. Psychoneuroendocrinology. 104: 143–151.

Gigerenzer, Gerd. 2007: Bauchentscheidungen: Die Intelligenz des Unbewussten und die Macht der Intuition. München: C.-Bertelsmann-Verlag.

Gobet, Fernand & Snyder, Allan & Bossomaier, Terry & Harré, Michael. (2014). Designing a «better" brain: Insights from experts and savants. Frontiers in psychology. 5. 470.

J. Gross, James & W. Levenson, Robert. (1997). Hiding feelings: The acute effects of inhibiting negative and positive emotion. Journal of abnormal psychology. 106. 95–103.

Guéguen, N., Meineri, S., & Fischer-Lokou, J. (2014). Men's music ability and attractiveness to women in a real-life courtship context. Psychology of Music, 42(4), 545–549.

Gunaydin, Gul & Selcuk, Emre & Zayas, Vivian. (2016). Impressions Based on a Portrait Predict, 1-Month Later, Impressions Following a Live Interaction. Social Psychological and Personality Science. 8: 36–44.

Halsband, Ulrike & Mueller, Susanne & Hinterberger, Thilo & Strickner, Simon. (2009). Plasticity changes in the brain in hypnosis and meditation. Contemporary Hypnosis. 26. 194–215.

Harmat, László & Orsted Andersen, Frans & Ullén, Fredrik & Wright, Jon & Sadlo, Gaynor. (2016). Flow Experience. Empirical Research and Applications.

Harmat, L., Andersen, F. Ø, Ullén, F., Wright, J., & Sadlo, G. (2016). Flow experience: Empirical research and applications. Switzerland: Springer.

Harmat, L., Manzano, Ö D., Theorell, T., Högman, L., Fischer, H., & Ullén, F. (2015). Physiological correlates of the flow experience during computer game playing. International Journal of Psychophysiology, 97(1), 1–7. doi:10.1016/j.ijpsycho.2015.05.001.

Harris, D. J., Vine, S. J., & Wilson, M. R. (2017). Neurocognitive mechanisms of the flow state. Progress in Brain Research Sport and the Brain: The Science of Preparing, Enduring and Winning, Part B, 221–243. doi:10.1016/bs.pbr.2017.06.012.

Heckman, James j. (2006). Skill Formation and the Economics of Investing in Disadvantaged Children. Science 30: 1900–1902.

http://karenpine.com/wp-content/uploads/2011/09/Executive-summary_The-Effect-of-Appearance-on-First-Impressions.pdf

http://www.martinroedel.de/25er/maerchen.htm

https://derstandard.at/2000097969231/Neuro-Enhancement-Durch-Pillen-das-Hirn-hochfahren

https://dgh-hypnose.de/neurobiologische-grundlagen-der-hypnose-neueste-erkenntnisse-aus-der-hirnforschung

https://greatergood.berkeley.edu/article/item/how_stories_change_brain

https://heckmanequation.org/

https://hbr.org/2015/03/
why-group-brainstorming-is-a-waste-of-time

https://hbr.org/2017/05/
your-team-is-brainstorming-all-wrong

https://hbr.org/2018/03/better-brainstorming

https://hbr.org/2019/01/
neuromarketing-what-you-need-to-know

https://positivepsychologyprogram.com/what-is-flow/

https://ppc.sas.upenn.edu/re-
sources/questionnaires-researchers/
attributional-style-questionnaire

https://science.howstuffworks.com/life/inside-the-mind/hu-
man-brain/einsteins-brain1.htm

https://www.arbeiterkammer.at/infopool/wien/Nachhilfe_in_
Oesterreich_2017.pdf

https://www.apa.org/monitor/2011/10/unwanted-thoughts

https://www.bergmueller.at/wp-content/uploads/2017/05/pia-
nistenstudie.pdf

https://www.bertelsmann-stiftung.de/fileadmin/files/BSt/Pu-
blikationen/GrauePublikationen/Nachhilfeunterricht_in_
Deutschland_160127.pdf

https://www.businessinsider.de/anders-ericsson-how-to-beco-
me-an-expert-at-anything-2016–6?r=US&IR=T

https://www.businessinsider.de/how-to-turn-conservatives-li-
beral-john-bargh-psychology-2017–10?r=US&IR=T

https://www.cww-paderborn.de/fileadmin/CWW/CWW_Pri-
maernavigation/PDF/Rain_Man-Zusammenfassung.pdf

https://www.dasgehirn.info/denken/genie/
das-gehirn-des-genies

https://www.defense.gov/News/Article/Article/1164793/dar-
pa-funds-brain-stimulation-research-to-speed-up-learning/

https://www.deutschlandfunk.de/product-pla-
cement-james-bond-oder-james-brand.766.
de.html?dram:article_id=335973

https://www.flowgenomeproject.com/

https://www.forbes.com/sites/bruceupbin/2011/12/13/
five-new-management-metrics-you-need-to-know/
https://www.forbes.com/sites/giovannirodriguez/2017/07/21/
this-is-your-brain-on-storytelling-the-chemistry-of-mo-
dern-communication/#2d1ba8d7c865
https://www.forbes.com/sites/stevenkotler/2014/01/08/the-re-
search-is-in-a-four-letter-word-that-starts-with-f-is-the-re-
al-secret-to-ultimate-human-performance/
https://www.greatplacetowork.at/workplace/item/104/
willhaben+internet+service+GmbH+
https://dgh-hypnose.de/neurobiologische-grundlagen-der-hyp-
nose-neueste-erkenntnisse-aus-der-hirnforschung
https://www.health.harvard.edu/blog/go-with-the-flow-enga-
gement-and-concentration-are-key-201307266516
https://www.karriere.at/blog/profiling-bewerbung.html
https://www.lungenunion.at/index.php/erkrankungen/lunge/
lungenkrebs/krebs-und-psyche/127-simonton-methode
https://www.news.at/a/
oesterreich-wuensche-zukunft-8368298
https://www.nytimes.com/2003/06/22/magazine/savant-for-
a-day.html
https://www.oecd.org/education/school/48980282.pdf
http://www.perspektive-mittelstand.de/Social-Loa-
fing-Der-Ringelmann-Effekt-bei-Teamarbeit/manage-
ment-wissen/2331.html
https://www.psychologytoday.com/intl/blog/the-athletes-
way/201602/mindfulness-meditation-and-the-vagus-ner-
ve-share-many-powers
https://www.spektrum.de/news/
neurowissenschaft-einsteins-gehirn/1374737
https://www.spektrum.de/news/
wie-flow-die-leistungsfaehigkeit-foerdert/1440968
https://www.theatlantic.com/health/archive/2019/01/
beautiful-mess-vulnerability/579892/
https://www.t-online.de/leben/liebe/id_73316790/altersunter-
schied-ab-diesem-abstand-wird-es-problematisch.html

https://www.welt.de/kultur/article142954402/Der-weisse-
Hai-hat-uns-fuer-immer-traumatisiert.html
http://www.bbc.com/future/story/20180208-an-effortless-
way-to-strengthen-your-memory
Isaksen, Scott. (1998). A Review of Brainstorming Research:
Six Critical Issues for Inquiry.
https://zrm.ch/images/stories/download/pdf/wissenschftl_ar-
beiten/seminararbeiten/seminararbeit_degen_20100918.
pdf
https://www.welt.de/gesundheit/psychologie/artic-
le114446800/Der-erste-Eindruck-bleibt-weil-er-stimmt.
html
https://www.youtube.com/watch?v=mToNLihOK30
Hitsch, Günter & Hortaçsu, Ali & Ariely, Dan. (2010). What
Makes You Click? Mate Preferences in Online Dating.
Quantitative Marketing and Economics. 8. 393–427.
Howlett, Neil & Pine, Karen & Orakcioglu, Ismail & Fletcher,
Ben. (2013). The influence of clothing on first impressions:
Rapid and positive responses to minor changes in male at-
tire. Journal.
Keeler, J. R., Roth, E. A., Neuser, B. L., Spitsbergen, J. M., Wa-
ters, D. J., & Vianney, J. (2015). The neurochemistry and
social flow of singing: bonding and oxytocin. Frontiers in
Human Neuroscience, 9. doi:10.3389/fnhum.2015.00518.
Inbar, Yoel & Pizarro, David & Bloom, Paul. (2009). Conser-
vatives are More Easily Disgusted than Liberals. Cognition
& Emotion – COGNITION EMOTION. 23. 714–725.
Jiang H., White M.P., Greicius M.D., Waelde L.C., Spiegel S.,
Brain Activity and Functional Connectivity Associated with
Hypnosis, Cerebral Cortex, Volume 27, 2017: 4083–4093.
Judge, A. Timothy & Hurst, Charlice & Simon, Lauren.
(2009). Does It Pay to Be Smart, Attractive, or Confident
(or All Three)? Relationships Among General Mental Ability, Physical Attractiveness, Core Self-Evaluations, and In-
come. The Journal of applied psychology. 94. 742–55.

Katahira, Kenji & Yamazaki, Yoichi & Yamaoka, Chiaki & Ozaki, Hiroaki & Nakagawa, Sayaka & Nagata, Noriko. (2018). EEG Correlates of the Flow State: A Combination of Increased Frontal Theta and Moderate Frontocentral Alpha Rhythm in the Mental Arithmetic Task. Frontiers in Psychology. 9. 10.3389/fpsyg.2018.00300.

Kirk, D., Oettingen, G., & Gollwitzer, P. M. (2013). Promoting integrative bargaining: Mental contrasting with implementation intentions. International Journal of Conflict Management, 24, 148–165.

Kotler, S.: The Rise of Superman: Decoding the Science of Ultimate Human Performance. London: Quercus 2015.

Kotler, S./Wheal, J. Stealing Fire: Spitzenleistungen aus dem Labor: Das Geheimnis von Silicon Valley, Navy Seals und vielen mehr. Kulmbach: Plassen-Verlag 2018.

Lazar, Sara & Kerr, Catherine & Wasserman, Rachel & Gray, Jeremy & N Greve, Douglas & Treadway, Michael & Mcgarvey, Metta & T Quinn, Brian & Dusek, Jeffery & Benson, Herbert & L Rauch, Scott & Moore, Christopher & Fischl, Bruce. (2005). Meditation Experience Is Associated with Increased Cortical Thickness. Neuroreport. 16. 1893–7.

Leder, H., Bär, S. & Topolinski, S. (2012). Covert painting simulations influence aesthetic appreciation of artworks. Psychological Science, 23(12), 1479–1481.

Lewak, R. W., Wakefield, J. A., & Briggs, P. F. (1985). Intelligence and personality in mate choice and marital satisfaction. Personality and Individual Differences, 6(4), 471–477.

Limb, C., & Braun, A. (2008). Neural substrates of spontaneous musical performance: An fMRI study of jazz improvisation. PLoS ONE, 3(2), E1679.

Liu, Ying & Zhao, Guoqing & Ma, Guozhen & Bo, Yuwei. (2014). The Effect of Mind Mapping on Teaching and Learning: A Meta-Analysis. Standard Journal of Education and Essay. 2. 17–31.

López-González, Mónica & J. Limb, Charles. (2012). Musical Creativity and the Brain. Cerebrum: the Dana forum on brain science.

Lozanov, Georgi: Suggestopaedia, Gordon & Breach Science Publishers, Philadelphia, Tokyo, Paris, 1971.

Martini, M., Martini, C., Maran, T., & Sachse, P. (2018). Effect of post-encoding wakeful rest and study time on long-term memory performance. Journal of Cognitive Psychology, 1–8.

Maslow, A. H. (1959). Cognition of being in the peak experiences. Journal of Genetic Psychology, 94, 43–66.

Milivojevic, B.; Varadinov, M.; Grabovetsky, A. V.; Collin, S. H.P.; Doeller, C. F.: Coding of event nodes and narrative context in the hippocampus. The Journal of Neuroscience 36 (49), S. 12412–12424 (2016).

Moore, Monica. (1985). Nonverbal courtship patterns in women: Context and consequences. Ethology and Sociobiology. 6. 237–247.

Norsworthy, Cameron & Thelwell, Richard & Weston, Neil. (2017). Flow training, flow states, and performance in elite Athletes. International journal of sport psychology. 49. 134–152

Obermaier, Pamela/Falk, Petra: Gut gebrüllt und schon gewonnen. Was Ihre Stimmer über Sie verrät und wie Sie mit ihrer Kraft überzeugen. Wien/Berlin: Goldegg-Verlag 2017.

Obermaier, Pamela/Hasmann, Gabriele: Gummibärchen für die Seele. Mystik für Einsteiger und Realisten. Wien/Berlin: Goldegg-Verlag 2014.

Obermaier, Pamela/Täuber, Marcus: Gewinner grübeln nicht. Richtiges Denken als Schlüssel zum Erfolg. Wien/Berlin: Goldegg-Verlag 2016.

Oettingen, Gabriele & Mayer, Doris. (2002). The motivating function of thinking about the future: Expectations versus fantasies. Journal of personality and social psychology. 83. 1198–1212.

Oettingen, G. (2012). Future thought and behaviour change. European Review of Social Psychology, 23, 1–63.

Oppezzo, Marily & L. Schwartz, Daniel. (2014). Give Your Ideas Some Legs: The Positive Effect of Walking on Creative Thinking. Journal of experimental psychology. Learning, memory, and cognition. 40. 10.1037/a0036577.

Paulus, Paul & Kenworthy, Jared. (2018). Effective Brainstorming.

Peifer, Corinna & Schulz, André & Schächinger, Hartmut & Baumann, Nicola & Antoni, Conny. (2014). The Relation of Flow-Experience and Physiological Arousal Under Stress – Can U Shape It?. Journal of Experimental Social Psychology. 53. 62–69.

Plochberger, Franz. (2015). Kriterien für das Flow-Erlebnis – nach Mihaly Csikszentmihalyi. Exzerpt des Buches von Mihaly Csikszentmihalyi: »Flow, and the Making of Meanings«, 2003, Viking Verlag New York, Deutsche Ausgabe »Flow im Beruf«, eine Übersetzung nach Ulrike Stopfel aus dem US-Amerikanischen, 2004, Verlag Klett-Cotta, 2004.

Polland, J. Mark. (1996). Mental imagery in creative problem solving. Dissertation Claremont Graduate School.

Raichle, Marus & Mary MacLeod, Ann & Z. Snyder, Abraham & J. Powers, William & Gusnard, Debra & L. Shulman, Gordon. (2001). A default mode of brain function. Proceedings of the National Academy of Sciences of the United States of America. 98. 676–82. 10.1073/pnas.98.2.676.

Ravindranath, Sneha & Abrew, Warnakula & Nadarajah, Vishna. (2016). Student's perception of mind mapping in Problem-based learning. Journal of Contemporary Medical Education. 4(2): 60–66.

Resch, Andreas: Grenzgebiete der Wissenschaft. Innsbruck: Resch-Verlag 2016.

Roth, Gerhard: Persönlichkeit, Entscheidung und Verhalten: Warum es so schwierig ist, sich und andere zu ändern. Stuttgart: Klett-Cotta 2015.

Scheuerl, Hans: Das Spiel. Weinheim: Beltz-Verlag 1994.

Schnack, Gerd: Die Vagus-Meditation. Eine Chance gegen Stress und Burnout im Klinikalltag. In: Klinikarzt 2016; 45(01): 6–8.

Schreiner, Thomas & Rasch, Björn. (2015). Boosting Vocabulary Learning by Verbal Cueing During Sleep. Cerebral Cortex 25 (11): 4169–4179.

Schüler, Julia & Brunner, S. (2009). The rewarding effect of flow experience on performance in a marathon race. 10.5167/uzh-10409.

Schulman, Peter. (1999). Applying Learned Optimism to Increase Sales Productivity. Journal of Personal Selling & Sales Management. 19: 31–37.

Seli, Paul & Carriere, Jonathan & Wammes, Jeffrey & F. Risko, Evan & Schacter, Daniel & Smilek, Daniel. (2018). On the Clock: Evidence for the Rapid and Strategic Modulation of Mind Wandering. Psychological Science. 29. 095679761876103. 10.1177/0956797618761039.

Sheeran, P., Harris, P., Vaughan, J., Oettingen, G., & Gollwitzer, P. M. (2013). Gone exercising: Mental contrasting promotes physical activity among overweight, middle-aged, low-SES fishermen. Health Psychology, 32, 802–809.

Smith, S. Joshua & C. Wertlieb, Ellen. (2005). Do First-Year College Students' Expectations Align with their First-Year Experiences?. Journal of Student Affairs Research and Practice. 42: 153–174.

Snyder, W. Allan. (2009). Explaining and inducing savant skills: Privileged access to lower level, less-processed information. Philosophical transactions of the Royal Society of London. Series B, Biological sciences. 364. 1399–405.

Snyder, W. Allan & Mulcahy, Elaine & Taylor, Janet & John Mitchell, D & Sachdev, Perminder & Gandevia, Simon. (2004). Savant-like Skills Exposed in Normal People by Suppressing the Left Fronto-Temporal Lobe. Journal of integrative neuroscience. 2. 149–58.

Snyder, W. Allan & Ellwood, Sophie & Chi, Richard. (2013). Switching on Creativity. Scientific American. 23. 108–112. 10.1038/scientificamericancreativity1213–108.

Söderlund, G. et al.: Listen to the noise: noise is beneficial for cognitive performance in ADHD. In: J Child Psychol Psychiatry. 2007 Aug;48(8):840–7.

South Palomares, Jennifer & Sutherland, Clare & William Young, Andrew. (2017). Facial first impressions and partner preference models: Comparable or distinct underlying structures?. British Journal of Psychology. 109: 990–1000.

Spitzer, Manfred: Aufklärung 2.0. – Gehirnforschung als Selbsterkenntnis. Stuttgart: Schattauer-Verlag 2013.

Spitzer, Manfred: Die Wissenschaft vom Flirten. M. Ulm. Nervenheilkunde 2011; 30: 855–862.

Spitzer, Manfred: Lernen: Gehirnforschung und die Schule des Lebens. Heidelberg: Spektrum Akademischer Verlag 2007.

Stel, Mariëlle & Vonk, R. (2009). Mimicry in social interaction: Benefits for mimickers, mimickees, and their interaction. British journal of psychology (London, England: 1953). 101. 311–23.

Stephens, Greg & J Silbert, Lauren & Hasson, Uri. (2010). Speaker-Listener Neural Coupling Underlies Successful Communication. Proceedings of the National Academy of Sciences of the United States of America. 107. 14425–30.

Storch, Maja: Das Geheimnis kluger Entscheidungen – von Bauchgefühl und Körpersignalen. München: Piper-Verlag 2011.

Stroop, J. Ridley: Studies of interference in serial verbal reactions. In: Journal of Experimental Psychology. Band 18, 1935, 643–662.

Stulberg Brad/Magness Steve: Peak Performance: Absolute Spitzenleistung mit den neuesten wissenschaftlichen Erkenntnissen erreichen. München: FinanzBuch-Verlag 2018.

Suwabe, Kazuya et al.: Rapid stimulation of human dentate gyrus function with acute mild exercise. Proceedings of the National Academy of Sciences. 2018, 115 (41) 10487–10492.

Tifferet, Sigal & Gaziel, Ofir & Baram, Yoav. (2012). Guitar Increases Male Facebook Attractiveness: Preliminary Support for the Sexual Selection Theory of Music. Letters on Evolutionary Behavioral Science. 4. 4–6.

Tracey, Brian: Eat the frog. 21 Wege, wie Sie in weniger Zeit mehr erreichen. Offenbach am Main: Gabal-Verlag 2019.

Tyson, Gareth & C. Perta, Vasile & Haddadi, Hamed & Seto, Michael. (2016). A First Look at User Activity on Tinder. IEEE/ACM International Conference on Advances in Social Networks Analysis and Mining (ASONAM), San Francisco, CA, 2016, pp. 461–466.

Täuber, Marcus/Obermaier, Pamela: Alles reine Kopfsache! 5 Phänomene aus der Hirnforschung, mit denen Sie alles schaffen, was Sie wollen. Wien/Berlin: Goldegg-Verlag 2018.

Ulrich, M., Keller, J., & Grön, G. (2016). Neural signatures of experimentally induced flow experiences identified in a typical fMRI block design with BOLD imaging. Social Cognitive and Affective Neuroscience, 11(3), 496–507. doi:10.1093/scan/nsv133.

Ulrich, M., Keller, J., Hoenig, K., Waller, C., & Grön, G. (2014). Neural correlates of experimentally induced flow experiences. NeuroImage, 86, 194–202. doi:10.1016/j.neuroimage.2013.08.019

Warwitz, A. Siegbert/Rudolf, Anita: Vom Sinn des Spielens: Reflexionen und Spielideen. Baltmannsweiler/Stuttgart: Schneider-Verlag Hohengehren 2016.

Wegner, D. M., Schneider, D. J., Carter, S. R., & White, T. L. (1987). Paradoxical effects of thought suppression. Journal of Personality and Social Psychology, 53(1), 5–13.Wesensten NJ1, Killgore WD & Balkin TJ. (2005) Performance and alertness effects of caffeine, dextroamphetamine, and modafinil during sleep deprivation. J. Sleep Res.14(3):255–66.

Willis, Janine & Todorov, Alexander. (2006). First Impressions Making Up Your Mind After a 100-Ms Exposure to a Face. Psychological science. 17. 592–8.

Winner, Ellen: Hochbegabte, Wunderkinder und »Savants«. In: Intelligenz. Spektrum der Wissenschaft Spezial 3. 1999. S. 40 ff.

Yoshida, K., Sawamura, D., Inagaki, Y., Ogawa, K., Ikoma, K., & Sakai, S. (2014). Brain activity during the flow experience: A functional near-infrared spectroscopy study. Neuroscience Letters, 573, 30–34. doi:10.1016/j.neulet.2014.05.011.

Yuan Ye, Major-Girardin Judy & Brown Steven. Storytelling Is Intrinsically Mentalistic: A Functional Magnetic Resonance Imaging Study of Narrative Production across Modalities. Journal of Cognitive Neuroscience, 2018; 30 (9): 1298.

Zak, Paul J. (2014). Why Your Brain Loves Good Storytelling. https://hbr.org/2014/10/why-your-brain-loves-good-storytelling

Zak, Paul. (2015). Why Inspiring Stories Make Us React: The Neuroscience of Narrative. Cerebrum: the Dana forum on brain science. 2015. 2.

Züst MA et al. (2019). Implicit Vocabulary Learning during Sleep Is Bound to Slow-Wave Peaks. Current Biology. 29, Issue 4, 18 February 2019, Pages 541–553.e7